民用核安全设备焊工焊接操作工资格管理法规和文件汇编

《民用核安全设备焊工焊接操作工资格管理法规和文件汇编》编委会　编著

北京理工大学出版社
BEIJING INSTITUTE OF TECHNOLOGY PRESS

图书在版编目（CIP）数据

民用核安全设备焊工焊接操作工资格管理法规和文件汇编/《民用核安全设备焊工焊接操作工资格管理法规和文件汇编》编委会编著. —北京：北京理工大学出版社,2012.5

ISBN 978 - 7 - 5640 - 5859 - 3

Ⅰ.①民…　Ⅱ.①民…　Ⅲ.①核电厂 – 安全设备 – 焊接 – 安全管理 – 法规 – 汇编 – 中国②核电厂 – 安全设备 – 焊接 – 安全管理 – 文件 – 汇编 – 中国　Ⅳ.①D922.549②TM623.4

中国版本图书馆 CIP 数据核字（2012）第 087560 号

出版发行／北京理工大学出版社
社　　　址／北京市海淀区中关村南大街5号
邮　　　编／100081
电　　　话／(010)68914775(办公室) 68944990(批销中心) 68911084(读者服务部)
网　　　址／http:// www.bitpress.com.cn
经　　　销／全国各地新华书店
印　　　刷／保定市中画美凯印刷有限公司
开　　　本／880 毫米×1230 毫米　1/32
印　　　张／10.625
字　　　数／258 千字　　　　　　　　　　　　　　　　责任编辑／陈莉华
版　　　次／2012 年5月第1版　2012 年5月第1次印刷　责任校对／周瑞红
总 定 价／100.00 元（全套共2 册）　　　　　　　　　责任印制／王美丽

目　　录

第一部分　核安全法规

第二部分　国家核安全局管理文件

第三部分　焊工资质管理工作文件

第四部分　焊工资质管理相关信息

第一部分

核安全法规

中华人民共和国国务院令

第 500 号

《民用核安全设备监督管理条例》已经 2007 年 7 月 4 日国务院第 183 次常务会议通过,现予公布,自 2008 年 1 月 1 日起施行。

总理　温家宝

二〇〇七年七月十一日

民用核安全设备监督管理条例

第一章　总　　则

第一条　为了加强对民用核安全设备的监督管理,保证民用核设施的安全运行,预防核事故,保障工作人员和公众的健康,保护环境,促进核能事业的顺利发展,制定本条例。

第二条　本条例所称民用核安全设备,是指在民用核设施中使用的执行核安全功能的设备,包括核安全机械设备和核安全电气设备。

民用核安全设备目录由国务院核安全监管部门商国务院有关部门制定并发布。

第三条　民用核安全设备设计、制造、安装和无损检验活动适用本条例。

民用核安全设备运离民用核设施现场进行的维修活动,适用民用核安全设备制造活动的有关规定。

第四条　国务院核安全监管部门对民用核安全设备设计、制造、安装和无损检验活动实施监督管理。

国务院核行业主管部门和其他有关部门依照本条例和国务院规定的职责分工负责有关工作。

第五条　民用核安全设备设计、制造、安装和无损检验单位，应当建立健全责任制度，加强质量管理，并对其所从事的民用核安全设备设计、制造、安装和无损检验活动承担全面责任。

民用核设施营运单位，应当对在役的民用核安全设备进行检查、试验、检验和维修，并对民用核安全设备的使用和运行安全承担全面责任。

第六条　民用核安全设备设计、制造、安装和无损检验活动应当符合国家有关产业政策。

国家鼓励民用核安全设备设计、制造、安装和无损检验的科学技术研究，提高安全水平。

第七条　任何单位和个人对违反本条例规定的行为，有权向国务院核安全监管部门举报。国务院核安全监管部门接到举报，应当及时调查处理，并为举报人保密。

第二章　标　准

第八条　民用核安全设备标准是从事民用核安全设备设计、制造、安装和无损检验活动的技术依据。

第九条　国家建立健全民用核安全设备标准体系。制定民用核安全设备标准，应当充分考虑民用核安全设备的技术发展和使用要求，结合我国的工业基础和技术水平，做到安全可靠、技术成熟、经济合理。

民用核安全设备标准包括国家标准、行业标准和企业标准。

第十条　涉及核安全基本原则和技术要求的民用核安全设备国家标准，由国务院核安全监管部门组织拟定，由国务院标准化主管部门和国务院核安全监管部门联合发布；其他的民用核安全设备国家标准，由国务院核行业主管部门组织拟定，经国务院核安全监管部门认可，由国务院标准化主管部门发布。

民用核安全设备行业标准，由国务院核行业主管部门组织拟定，经国务院核安全监管部门认可，由国务院核行业主管部门发布，并报国务院标准化主管部门备案。

制定民用核安全设备国家标准和行业标准，应当充分听取有关部门和专家的意见。

第十一条　尚未制定相应国家标准和行业标准的，民用核安全设备设计、制造、安装和无损检验单位应当采用经国务院核安全监管部门认可的标准。

第三章　许　　可

第十二条　民用核安全设备设计、制造、安装和无损检验单位应当依照本条例规定申请领取许可证。

第十三条　申请领取民用核安全设备设计、制造、安装或者无损检验许可证的单位，应当具备下列条件：

（一）具有法人资格。

（二）具有与拟从事活动相关或者相近的工作业绩，并且满 5 年以上。

（三）具有与拟从事活动相适应的、经考核合格的专业技术人员，其中从事民用核安全设备焊接和无损检验活动的专业技术人员应当取得相应的资格证书。

（四）具有与拟从事活动相适应的工作场所、设施和装备。

（五）具有健全的管理制度和完善的质量保证体系，以及符合核安全监督管理规定的质量保证大纲。

申请领取民用核安全设备制造许可证或者安装许可证的单位，还应当制作有代表性的模拟件。

第十四条　申请领取民用核安全设备设计、制造、安装或者无损检验许可证的单位，应当向国务院核安全监管部门提出书面申请，并提交符合本条例第十三条规定条件的证明材料。

第十五条 国务院核安全监管部门应当自受理申请之日起45个工作日内完成审查，并对符合条件的颁发许可证，予以公告；对不符合条件的，书面通知申请单位并说明理由。

国务院核安全监管部门在审查过程中，应当组织专家进行技术评审，并征求国务院核行业主管部门和其他有关部门的意见。技术评审所需时间不计算在前款规定的期限内。

第十六条 民用核安全设备设计、制造、安装和无损检验许可证应当载明下列内容：

（一）单位名称、地址和法定代表人。

（二）准予从事的活动种类和范围。

（三）有效期限。

（四）发证机关、发证日期和证书编号。

第十七条 民用核安全设备设计、制造、安装和无损检验单位变更单位名称、地址或者法定代表人的，应当自变更工商登记之日起20日内，向国务院核安全监管部门申请办理许可证变更手续。

民用核安全设备设计、制造、安装和无损检验单位变更许可证规定的活动种类或者范围的，应当按照原申请程序向国务院核安全监管部门重新申请领取许可证。

第十八条 民用核安全设备设计、制造、安装和无损检验许可证有效期为5年。

许可证有效期届满，民用核安全设备设计、制造、安装和无损检验单位需要继续从事相关活动的，应当于许可证有效期届满6个月前，向国务院核安全监管部门提出延续申请。

国务院核安全监管部门应当在许可证有效期届满前作出是否准予延续的决定；逾期未作决定的，视为准予延续。

第十九条 禁止无许可证擅自从事或者不按照许可证规定的活动种类和范围从事民用核安全设备设计、制造、安装和无损检验活动。

禁止委托未取得相应许可证的单位进行民用核安全设备设计、制造、安装和无损检验活动。

禁止伪造、变造、转让许可证。

第四章　设计、制造、安装和无损检验

第二十条　民用核安全设备设计、制造、安装和无损检验单位，应当提高核安全意识，建立完善的质量保证体系，确保民用核安全设备的质量和可靠性。

民用核设施营运单位，应当对民用核安全设备设计、制造、安装和无损检验活动进行质量管理和过程控制，做好监造和验收工作。

第二十一条　民用核安全设备设计、制造、安装和无损检验单位，应当根据其质量保证大纲和民用核设施营运单位的要求，在民用核安全设备设计、制造、安装和无损检验活动开始前编制项目质量保证分大纲，并经民用核设施营运单位审查同意。

第二十二条　民用核安全设备设计单位，应当在设计活动开始 30 日前，将下列文件报国务院核安全监管部门备案：

（一）项目设计质量保证分大纲和程序清单。

（二）设计内容和设计进度计划。

（三）设计遵循的标准和规范目录清单，设计中使用的计算机软件清单。

（四）设计验证活动清单。

第二十三条　民用核安全设备制造、安装单位，应当在制造、安装活动开始 30 日前，将下列文件报国务院核安全监管部门备案：

（一）项目制造、安装质量保证分大纲和程序清单。

（二）制造、安装技术规格书。

（三）分包项目清单。

（四）制造、安装质量计划。

第二十四条　民用核安全设备设计、制造、安装和无损检验单位，不得将国务院核安全监管部门确定的关键工艺环节分包给其他单位。

第二十五条　民用核安全设备制造、安装、无损检验单位和民用核设施营运单位，应当聘用取得民用核安全设备焊工、焊接操作工和无损检验人员资格证书的人员进行民用核安全设备焊接和无损检验活动。

民用核安全设备焊工、焊接操作工由国务院核安全监管部门核准颁发资格证书。民用核安全设备无损检验人员由国务院核行业主管部门按照国务院核安全监管部门的规定统一组织考核，经国务院核安全监管部门核准，由国务院核行业主管部门颁发资格证书。

民用核安全设备焊工、焊接操作工和无损检验人员在民用核安全设备焊接和无损检验活动中，应当严格遵守操作规程。

第二十六条　民用核安全设备无损检验单位应当客观、准确地出具无损检验结果报告。无损检验结果报告经取得相应资格证书的无损检验人员签字方为有效。

民用核安全设备无损检验单位和无损检验人员对无损检验结果报告负责。

第二十七条　民用核安全设备设计单位应当对其设计进行设计验证。设计验证由未参与原设计的专业人员进行。

设计验证可以采用设计评审、鉴定试验或者不同于设计中使用的计算方法的其他计算方法等形式。

第二十八条　民用核安全设备制造、安装单位应当对民用核安全设备的制造、安装质量进行检验。未经检验或者经检验不合格的，不得交付验收。

第二十九条　民用核设施营运单位应当对民用核安全设备质量进行验收。有下列情形之一的，不得验收通过：

（一）不能按照质量保证要求证明质量受控的。

（二）出现重大质量问题未处理完毕的。

第三十条 民用核安全设备设计、制造、安装和无损检验单位，应当对本单位所从事的民用核安全设备设计、制造、安装和无损检验活动进行年度评估，并于每年 4 月 1 日前向国务院核安全监管部门提交上一年度的评估报告。

评估报告应当包括本单位工作场所、设施、装备和人员等变动情况，质量保证体系实施情况，重大质量问题处理情况以及国务院核安全监管部门和民用核设施营运单位提出的整改要求落实情况等内容。

民用核安全设备设计、制造、安装和无损检验单位对本单位在民用核安全设备设计、制造、安装和无损检验活动中出现的重大质量问题，应当立即采取处理措施，并向国务院核安全监管部门报告。

第五章　进　出　口

第三十一条 为中华人民共和国境内民用核设施进行民用核安全设备设计、制造、安装和无损检验活动的境外单位，应当具备下列条件：

（一）遵守中华人民共和国的法律、行政法规和核安全监督管理规定。

（二）已取得所在国核安全监管部门规定的相应资质。

（三）使用的民用核安全设备设计、制造、安装和无损检验技术是成熟的或者经过验证的。

（四）采用中华人民共和国的民用核安全设备国家标准、行业标准或者国务院核安全监管部门认可的标准。

第三十二条 为中华人民共和国境内民用核设施进行民用核安全设备设计、制造、安装和无损检验活动的境外单位，应当事先到国务院核安全监管部门办理注册登记手续。国务院核安全监管部门应当将境外单位注册登记情况抄送国务院核行业主管部门和其他有关部门。

注册登记的具体办法由国务院核安全监管部门制定。

第三十三条 国务院核安全监管部门及其所属的检验机构应当依法对进口的民用核安全设备进行安全检验。

进口的民用核安全设备在安全检验合格后，由出入境检验机构进行商品检验。

第三十四条 国务院核安全监管部门根据需要，可以对境外单位为中华人民共和国境内民用核设施进行的民用核安全设备设计、制造、安装和无损检验活动实施核安全监督检查。

第三十五条 民用核设施营运单位应当在对外贸易合同中约定有关民用核安全设备监造、装运前检验和监装等方面的要求。

第三十六条 民用核安全设备的出口管理依照有关法律、行政法规的规定执行。

第六章　监　督　检　查

第三十七条 国务院核安全监管部门及其派出机构，依照本条例规定对民用核安全设备设计、制造、安装和无损检验活动进行监督检查。监督检查分为例行检查和非例行检查。

第三十八条 国务院核安全监管部门及其派出机构在进行监督检查时，有权采取下列措施：

（一）向被检查单位的法定代表人和其他有关人员调查、了解情况。

（二）进入被检查单位进行现场调查或者核查。

（三）查阅、复制相关文件、记录以及其他有关资料。

（四）要求被检查单位提交有关情况说明或者后续处理报告。

（五）对有证据表明可能存在重大质量问题的民用核安全设备或者其主要部件，予以暂时封存。

被检查单位应当予以配合，如实反映情况，提供必要资料，不得拒绝和阻碍。

第三十九条　国务院核安全监管部门及其派出机构在进行监督检查时，应当对检查的内容、发现的问题以及处理情况作出记录，并由监督检查人员和被检查单位的有关负责人签字确认。被检查单位的有关负责人拒绝签字的，监督检查人员应当将有关情况记录在案。

第四十条　民用核安全设备监督检查人员在进行监督检查时，应当出示证件，并为被检查单位保守技术秘密和业务秘密。

民用核安全设备监督检查人员不得滥用职权侵犯企业的合法权益，或者利用职务上的便利索取、收受财物。

民用核安全设备监督检查人员不得从事或者参与民用核安全设备经营活动。

第四十一条　国务院核安全监管部门发现民用核安全设备设计、制造、安装和无损检验单位有不符合发证条件的情形的，应当责令其限期整改。

第四十二条　国务院核行业主管部门应当加强对本行业民用核设施营运单位的管理，督促本行业民用核设施营运单位遵守法律、行政法规和核安全监督管理规定。

第七章　法　律　责　任

第四十三条　国务院核安全监管部门及其民用核安全设备监督检查人员有下列行为之一的，对直接负责的主管人员和其他直接责任人员，依法给予处分；直接负责的主管人员和其他直接责任人员构成犯罪的，依法追究刑事责任：

（一）不依照本条例规定颁发许可证的。

（二）发现违反本条例规定的行为不予查处，或者接到举报后不依法处理的。

（三）滥用职权侵犯企业的合法权益，或者利用职务上的便利索取、收受财物的。

（四）从事或者参与民用核安全设备经营活动的。

（五）在民用核安全设备监督管理工作中有其他违法行为的。

第四十四条 无许可证擅自从事民用核安全设备设计、制造、安装和无损检验活动的，由国务院核安全监管部门责令停止违法行为，处 50 万元以上 100 万元以下的罚款；有违法所得的，没收违法所得；对直接负责的主管人员和其他直接责任人员，处 2 万元以上 10 万元以下的罚款。

第四十五条 民用核安全设备设计、制造、安装和无损检验单位不按照许可证规定的活动种类和范围从事民用核安全设备设计、制造、安装和无损检验活动的，由国务院核安全监管部门责令停止违法行为，限期改正，处 10 万元以上 50 万元以下的罚款；有违法所得的，没收违法所得；逾期不改正的，暂扣或者吊销许可证，对直接负责的主管人员和其他直接责任人员，处 2 万元以上 10 万元以下的罚款。

第四十六条 民用核安全设备设计、制造、安装和无损检验单位变更单位名称、地址或者法定代表人，未依法办理许可证变更手续的，由国务院核安全监管部门责令限期改正；逾期不改正的，暂扣或者吊销许可证。

第四十七条 单位伪造、变造、转让许可证的，由国务院核安全监管部门收缴伪造、变造的许可证或者吊销许可证，处 10 万元以上 50 万元以下的罚款；有违法所得的，没收违法所得；对直接负责的主管人员和其他直接责任人员，处 2 万元以上 10 万元以下的罚款；构成违反治安管理行为的，由公安机关依法予以治安处罚；构成犯罪的，依法追究刑事责任。

第四十八条 民用核安全设备设计、制造、安装和无损检验单位未按照民用核安全设备标准进行民用核安全设备设计、制造、安装和无损检验活动的，由国务院核安全监管部门责令停止违法行为，限期改正，禁止使用相关设计、设备，处 10 万元以上 50 万元以下的罚款；有违法所得的，没收违法所得；逾期不改正的，暂扣或者吊销许可证，对直接负责的主管人员和其他直接责任人员，处 2 万元以上 10 万元以下的罚款。

第四十九条 民用核安全设备设计、制造、安装和无损检验单位有下列行为之一的，由国务院核安全监管部门责令停止违法行为，限期改正，处 10 万元以上 50 万元以下的罚款；逾期不改正的，暂扣或者吊销许可证，对直接负责的主管人员和其他直接责任人员，处 2 万元以上 10 万元以下的罚款：

（一）委托未取得相应许可证的单位进行民用核安全设备设计、制造、安装和无损检验活动的。

（二）聘用未取得相应资格证书的人员进行民用核安全设备焊接和无损检验活动的。

（三）将国务院核安全监管部门确定的关键工艺环节分包给其他单位的。

第五十条 民用核安全设备设计、制造、安装和无损检验单位对本单位在民用核安全设备设计、制造、安装和无损检验活动中出现的重大质量问题，未按照规定采取处理措施并向国务院核安全监管部门报告的，由国务院核安全监管部门责令停止民用核安全设备设计、制造、安装和无损检验活动，限期改正，处 5 万元以上 20 万元以下的罚款；逾期不改正的，暂扣或者吊销许可证，对直接负责的主管人员和其他直接责任人员，处 2 万元以上 10 万元以下的罚款。

第五十一条 民用核安全设备设计、制造、安装和无损检验单位有下列行为之一的，由国务院核安全监管部门责令停止民用核安全设备设计、制造、安装和无损检验活动，限期改正；逾期不改正的，处 5 万元以上 20 万元以下的罚款，暂扣或者吊销许可证：

（一）未按照规定编制项目质量保证分大纲并经民用核设施营运单位审查同意的。

（二）在民用核安全设备设计、制造和安装活动开始前，未按照规定将有关文件报国务院核安全监管部门备案的。

（三）未按照规定进行年度评估并向国务院核安全监管部门提交评估报告的。

第五十二条 民用核安全设备无损检验单位出具虚假无损检验结果报告的，由国务院核安全监管部门处 10 万元以上 50 万元以下的罚款，并吊销许可证；有违法所得的，没收违法所得；对直接负责的主管人员和其他直接责任人员，处 2 万元以上 10 万元以下的罚款；构成犯罪的，依法追究刑事责任。

第五十三条 民用核安全设备焊工、焊接操作工违反操作规程导致严重焊接质量问题的，由国务院核安全监管部门吊销其资格证书。

第五十四条 民用核安全设备无损检验人员违反操作规程导致无损检验结果报告严重错误的，由国务院核行业主管部门吊销其资格证书，或者由国务院核安全监管部门责令其停止民用核安全设备无损检验活动并提请国务院核行业主管部门吊销其资格证书。

第五十五条 民用核安全设备设计单位未按照规定进行设计验证，或者民用核安全设备制造、安装单位未按照规定进行质量检验以及经检验不合格即交付验收的，由国务院核安全监管部门责令限期改正，处 10 万元以上 50 万元以下的罚款；有违法所得的，没收违法所得；逾期不改正的，吊销许可证，对直接负责的主管人员和其他直接责任人员，处 2 万元以上 10 万元以下的罚款。

第五十六条 民用核设施营运单位有下列行为之一的，由国务院核安全监管部门责令限期改正，处 100 万元以上 500 万元以下的罚款；逾期不改正的，吊销其核设施建造许可证或者核设施运行许可证，对直接负责的主管人员和其他直接责任人员，处 2 万元以上 10 万元以下的罚款：

（一）委托未取得相应许可证的单位进行民用核安全设备设计、制造、安装和无损检验活动的。

（二）对不能按照质量保证要求证明质量受控，或者出现重

14

大质量问题未处理完毕的民用核安全设备予以验收通过的。

第五十七条 民用核安全设备设计、制造、安装和无损检验单位被责令限期整改，逾期不整改或者经整改仍不符合发证条件的，由国务院核安全监管部门暂扣或者吊销许可证。

第五十八条 拒绝或者阻碍国务院核安全监管部门及其派出机构监督检查的，由国务院核安全监管部门责令限期改正；逾期不改正或者在接受监督检查时弄虚作假的，暂扣或者吊销许可证。

第五十九条 违反本条例规定，被依法吊销许可证的单位，自吊销许可证之日起1年内不得重新申请领取许可证。

第八章 附　则

第六十条 申请领取民用核安全设备设计、制造、安装或者无损检验许可证的单位，应当按照国家有关规定缴纳技术评审的费用。

第六十一条 本条例下列用语的含义：

（一）核安全机械设备，包括执行核安全功能的压力容器、钢制安全壳（钢衬里）、储罐、热交换器、泵、风机和压缩机、阀门、闸门、管道（含热交换器传热管）和管配件、膨胀节、波纹管、法兰、堆内构件、控制棒驱动机构、支承件、机械贯穿件以及上述设备的铸锻件等。

（二）核安全电气设备，包括执行核安全功能的传感器（包括探测器和变送器）、电缆、机柜（包括机箱和机架）、控制台屏、显示仪表、应急柴油发电机组、蓄电池（组）、电动机、阀门驱动装置、电气贯穿件等。

第六十二条 本条例自2008年1月1日起施行。

国家环境保护总局令

总局令 第 45 号

民用核安全设备焊工焊接操作工
资格管理规定（HAF603）

《民用核安全设备焊工焊接操作工资格管理规定（HAF603）》已于 2007 年 12 月 25 日经国家环境保护总局 2007 年第四次局务会议审议通过，现予公布，自 2008 年 1 月 1 日起施行。

1995 年 6 月 6 日国家核安全局发布的《民用核承压设备焊工及焊接操作工培训、考试和取证管理规定（HAF603）》同时废止。

国家环境保护总局局长　周生贤
二〇〇七年十二月二十八日

主题词：环保　法规　焊工焊接操作工　令

HAF603

民用核安全设备焊工焊接操作工
资格管理规定

目 录

第一章 总 则

第一条 为了加强民用核安全设备焊工、焊接操作工的资格管理，保证民用核安全设备的焊接质量，根据《民用核安全设备监督管理条例》，制定本规定。

第二条 本规定适用于民用核安全设备焊工、焊接操作工的资格管理。

第三条 从事民用核安全设备焊接活动的焊工、焊接操作工依据本规定参加考核并取得资格证书后，方可从事民用核安全设备焊接活动。

第二章 机构与职责

第四条 国务院核安全监管部门负责核准颁发民用核安全设

备焊工、焊接操作工资格证书，其主要职责是：

（一）选定民用核安全设备焊工、焊接操作工考核中心（以下简称"考核中心"）。

（二）组织制定焊工、焊接操作工考试大纲、基本理论知识考试题库，并组织焊工、焊接操作工基本理论知识考试。

（三）监督检查考核中心的考核和管理工作。

（四）审查考核中心的考试计划和考试结果，并向考试合格的焊工、焊接操作工颁发资格证书。

（五）归档和保存持证焊工、焊接操作工的有关资料。

国务院核安全监管部门可以根据需要设立民用核安全设备焊工、焊接操作工资格鉴定委员会，具体履行相关职责。

第五条 国务院核安全监管部门对符合下列条件的单位，可以选定为考核中心：

（一）建立了健全的焊工、焊接操作工考核质量保证体系，具有完善的考核和管理制度、考试细则、满足考试要求的焊接工艺规程和专项理论知识考试题库等。

（二）具有 5 年以上的核级焊工、焊接操作工考核业绩，且考核焊工、焊接操作工不少于 300 人次。

（三）具有与拟从事的焊工、焊接操作工考核活动相适应的场地，包括技能操作考试场地（至少 20 个工位）、理论考试教室、钢材库或者试件库、焊材库、检验场地、档案库或者资料库等。

（四）具有与拟从事的焊工、焊接操作工考核活动相适应的设备，包括焊接设备、焊条和焊剂烘干设备、试件和试样制作设备、理化检验和无损检验设备、热处理设备及测量工具等。

（五）人员组成至少包括：工程师职称以上的专职焊接专业技术人员 3 名，专职核Ⅱ级以上表面和体积无损检验人员各 1 名。

（六）具备组织焊工、焊接操作工考试和管理焊工、焊接操作工焊接档案的能力。

第六条 考核中心负责组织实施焊工、焊接操作工专项理论知识和操作技能考试，其主要职责是：

（一）制订考试计划。

（二）审查报考焊工、焊接操作工的资格。

（三）确定专项理论知识考试内容和操作技能考试项目。

（四）制备和检验考试试件，并评定考试成绩。

（五）发放焊工、焊接操作工钢印。

（六）编制或者确认焊工、焊接操作工考试用焊接工艺规程。

（七）建立并管理焊工、焊接操作工档案。

第七条 拟从事民用核安全设备焊接活动的焊工、焊接操作工，应当向考核中心提出考试申请。申请考试的焊工、焊接操作工应当具备下列条件：

（一）具有初中或者初中以上学历。

（二）身体健康。

（三）有能力按照焊接工艺规程进行操作。

（四）有能力独立担任焊接工作。

第三章 考试内容和方法

第八条 焊工、焊接操作工考试包括理论知识考试和操作技能考试。

第九条 焊工、焊接操作工理论知识考试包括基本理论知识考试和专项理论知识考试。

拟从事基本理论知识未包括的特殊焊接方法和母材种类的焊接活动的焊工、焊接操作工，在参加操作技能考试前，还应当通过专项理论知识考试。

焊工、焊接操作工基本理论知识考试合格有效期限为 3 年。

第十条 焊工、焊接操作工基本理论知识考试应当包括下列内容：

（一）核电系统基本知识（包括辐射防护方面的知识）和核电质量保证基本知识。

（二）民用核安全设备知识，包括设备类别和核安全级别，有关制造标准和焊接规程，焊接接头分类原则和要求，常用母材和焊材、焊接方法的特点和主要制造技术要求（包括热处理和无损检验基本知识）。

（三）焊接设备、装置和测量仪表的使用和维护要求。

（四）焊接接头的形式、性能及其影响因素，焊缝代号和图样识别。

（五）焊接缺陷的产生原因以及防止措施。

（六）焊接应力和变形的产生原因以及防止措施。

（七）焊接安全技术。

第十一条 焊工、焊接操作工专项理论知识的考试内容应当根据特殊焊接方法和材料特点确定。

第十二条 考核中心应当根据焊接方法、试件形式、母材类别、焊接材料、焊缝形式、焊接位置、试件规格尺寸、焊接要素（衬垫、单面焊、双面焊）等，确定焊工、焊接操作工操作技能考试项目。

第十三条 焊工、焊接操作工操作技能考试试件的数量应当符合要求，不允许多焊试件从中挑选。

试件的制备和焊接应当满足下列要求：

（一）考试用试件的坡口表面和坡口两侧各 25 mm 范围内应当清理干净，去除铁屑、氧化皮、油、锈和污垢等杂物。

（二）焊条和焊剂应当按规定要求烘干，随用随取，焊丝应当除油、除锈。

（三）焊工、焊接操作工应当按照评定合格的焊接工艺规程焊接考试试件。

（四）操作技能考试前，应当在考核中心成员、监考人员与焊工或者焊接操作工共同在场确认的情况下，在试件上标注焊工或者焊接操作工考试编号。

（五）水平固定试件和 45°固定试件上应当标注焊接位置的钟点标记，定位焊缝不得在"6 点"标记处；管材向下焊试件应当按照钟点标记固定试件位置，且只能从"12 点"标记处起弧，"6 点"标记处收弧；向上焊时应当从"6 点"位置起弧。

（六）焊工的所有考试试件，第一层焊缝中至少应当有一个停弧再焊接头；焊接操作工考试时，每一焊道中间不得停弧。

（七）机械化焊接考试时，允许加引弧板和引出板。

（八）试件开始焊接后，焊接位置不得改变；对于管材对接和管板焊缝的 45°固定试件，管轴线与水平面间的夹角应当在 45°±5°范围内。

（九）试件表面最后一层不允许修磨和返修。

（十）试件坡口形式和尺寸应当按照焊接工艺规程制备，或者由考核中心按照相应国家标准和行业标准制备。

第四章　考试结果评定、证书颁发与管理

第十四条　焊工、焊接操作工基本理论知识和专项理论知识考试均采用百分制计分，60 分为合格。

第十五条　焊工、焊接操作工操作技能考试通过试件检验进行评定。考试试件经检验合格后，该考试项目为合格。

第十六条　两名以上焊工、焊接操作工参加组合考试时，如果其中某考试项目不合格，且能够确定导致该考试项目不合格的施焊焊工或者焊接操作工的，则应当认定该焊工或者焊接操作工的考试项目不合格；不能确定导致该考试项目不合格的施焊焊工或者焊接操作工的，则应当认定参与该组合考试的焊工和焊接操作工均不合格。

第十七条　焊工、焊接操作工操作技能考试不合格的，允许在一个月内补考一次。补考不合格者可以重新申请考试，但与前次考试的时间间隔不得少于 3 个月。

第十八条　考核中心应当将焊工、焊接操作工考试的结果记入考试评定报告，将操作技能考试试件的检验结果记入考试检验记录表。

考核中心应当在考试结果评定后 10 个工作日内，将考试合格焊工、焊接操作工的考试评定报告，经中心主任签字并加盖公章后，报国务院核安全监管部门。

第十九条 民用核安全设备焊工、焊接操作工只能从事考试合格项目对应范围内的焊接活动。

第二十条 考核中心应当建立并管理焊工、焊接操作工档案，档案应当包括焊工、焊接操作工连续操作记录等。

焊工、焊接操作工聘用单位应当填写焊工、焊接操作工连续操作记录，并每六个月报相关考核中心备案。

第二十一条 国务院核安全监管部门应当自收到考试评定报告之日起 20 个工作日内，完成对焊工、焊接操作工考试结果的审查，并做出是否授予资格的决定。

国务院核安全监管部门应当自作出决定之日起 10 个工作日内，向考试合格的焊工、焊接操作工颁发资格证书。

第二十二条 焊工、焊接操作工资格证书应当包括下列主要内容：

（一）焊工、焊接操作工姓名及聘用单位。

（二）考试合格项目。

（三）有效期限。

（四）证书编号。

第二十三条 民用核安全设备焊工、焊接操作工不得同时在两个以上单位中执业。

持证焊工、焊接操作工变更聘用单位的，应当由聘用单位向考核中心提出资格证书变更申请，同时应当提供原聘用单位的意见，经国务院核安全监管部门审查同意后更换新的资格证书。更新后的证书有效期适用原证书的有效期。

第二十四条 焊工、焊接操作工资格证书的有效期限为 3 年。资格证书有效期届满，在有效期内从事考试合格项目的焊接工作质量优良，需要继续从事焊接活动的持证焊工、焊接操作工，应当于有效期届满 60 个工作日前，向考核中心提出延续申请。

考核中心应当自收到延续申请之日起 10 个工作日内，完成延续申请的初步审查，提出是否准予延续的建议，并将延续申请和焊工、焊接操作工连续操作记录报国务院核安全监管部门审查。

国务院核安全监管部门应当在焊工、焊接操作工资格证书有效期届满前，作出是否准予延续的决定。准予延续的，可以延长一次，延长期限为 12 个月，延长期自焊工、焊接操作工考试合格项目有效截止日期算起。

不符合延期条件或者延长期满的焊工、焊接操作工，需要继续从事焊接工作的，可以重新提出申请。

第二十五条 连续中断焊接工作超过 3 个月的，焊工、焊接操作工所持资格证书自动失效。

连续中断考试合格项目对应的焊接工作超过 6 个月的，焊工、焊接操作工所持资格证书中的相应考试项目的合格记录自动失效。

第二十六条 考试评定报告和焊工、焊接操作工资格证书中操作技能考试的合格项目应当用代号表示。代号的组合顺序为焊接方法分类号、试件形式代号、焊缝形式代号、母材类别号、焊接材料、试件规格尺寸、焊接位置代号、焊接要素分类号。

第二十七条 取得国外相关资质的境外单位的焊工、焊接操作工，经国务院核安全监管部门核准后，方可在中华人民共和国境内从事民用核安全设备焊接活动。

第二十八条 民用核安全设备焊工、焊接操作工有舞弊行为的，由考核中心取消其考试资格，并停考 1 年。

第五章 监 督 检 查

第二十九条 考核中心应当在进行焊工、焊接操作工考试 10 个工作日前，将考试计划、内容和地点书面通知国务院核安全监管部门。

第三十条 国务院核安全监管部门对考核中心的焊工、焊接操作工考核和管理工作进行监督检查。

监督检查分为综合性检查和专项检查：

（一）综合性检查内容包括考核中心质量保证体系的运行、人员师资力量、考核管理制度和细则、考核活动的相关文件和记录、考核计划及实施等。

（二）专项检查内容是对考核中心焊工、焊接操作工考核活动的抽查。

第三十一条 考核中心应当配合国务院核安全监管部门的监督检查，如实反映情况，提供必要的材料，不得拒绝和阻碍。

第六章　法　律　责　任

第三十二条 考核中心有下列情形之一，由国务院核安全监管部门责令限期整改；情节严重的，停止其资格考核工作：

（一）考核中心条件变化，不满足规定要求的。

（二）不依据本规定进行焊工、焊接操作工考试的。

（三）拒绝或者妨碍国务院核安全监管部门监督检查的。

（四）工作管理混乱，考试工作质量低劣的。

（五）严重违规，弄虚作假的。

第三十三条 从事焊工、焊接操作工资格考核的工作人员，有下列行为之一，由考核中心停止其资格考核工作，并依据有关法律法规予以处罚：

（一）泄露考试内容的。

（二）考试过程中有徇私舞弊行为的。

（三）玩忽职守，导致考场纪律混乱，考试结果失实的。

（四）有其他严重影响资格考试公正性行为的。

第三十四条 民用核安全设备制造、安装单位或者民用核设施营运单位提供虚假证明的，由国务院核安全监管部门处 1 万元以上 3 万元以下罚款。

第三十五条 民用核安全设备焊工、焊接操作工超出考试合格项目范围从事焊接活动的，由国务院核安全监管部门责令其停止民用核安全设备焊接活动，并依据《民用核安全设备监督管理条例》第四十九条的规定对聘用单位予以处罚。

第三十六条　伪造、变造民用核安全设备焊工、焊接操作工资格证书的，依据《中华人民共和国治安管理处罚法》第五十二条的规定，处 10 日以上 15 日以下拘留，可以并处 1 000 元以下罚款；情节较轻的，处 5 日以上 10 日以下拘留，可以并处 500 元以下罚款。

第三十七条　民用核安全设备焊工、焊接操作工违反操作规程，导致严重焊接质量问题的，由国务院核安全监管部门吊销其资格证书。

第七章　附　　则

第三十八条　本规定以外的焊接方法、材料种类的焊工、焊接操作工考试，其内容、方法和评定标准由企业和考核中心按照有关产品设计和制造技术条件制定，并报国务院核安全监管部门备案。

第三十九条　本规定自 2008 年 1 月 1 日起施行。1995 年 6 月 6 日国家核安全局发布的《民用核承压设备焊工、焊接操作工培训、考试和取证管理规定（HAF603）》同时废止。

附件 1　操作技能考试要求

附件 2　考试试件的检验要求

附件 3　特殊情况的举例

附表1 民用核安全设备焊工焊接操作工考试计划

聘用单位： 　　　　　　　　　　　　　　　　　　考核中心编号：

序号	姓名	性别	证书编号	民用核安全设备焊接工龄	考试项目（代号）	考试类别^注	考试日期	考试地点

注：考试类别主要分为初试和复证。初试是指第一次参加考试；复证是指考试合格项目期满再重新考试。

26

附表 2 民用核安全设备焊工焊接操作工考试评定报告

聘用单位：　　　　　　　　　　　　　　　　　资格证书编号：

姓名		性别			身份证号码		
文化程度		钢印号			民用核安全设备焊接工龄		
基本理论考试	考试日期	试卷编号	考试成绩	专项理论考试	考试日期	试卷编号	考试成绩	主考人签字
焊接操作技能考试	考试日期	试件编号	焊接工艺规程编号	考试项目代号		考试结果		主考人签字
考核中心结论： 民用核安全设备焊工、焊接操作工 考核中心签章 年　月　日	审批意见： 民用核安全设备焊工、焊接操作工 鉴委会签章 年　月　日

附表3 民用核安全设备焊工焊接操作工操作技能考试检验记录

焊工、焊接操作工姓名：   试件编号：

焊接方法		焊接位置		
焊接工艺规程编号		焊条牌号、直径		
母材钢号		焊丝（带）牌号、规格		
试件板材厚度		焊剂牌号		
试件管材外径和壁厚		钨极牌号、直径		
试件形式		保护气体和流量		
考试项目代号				
试件外观检验	原始状态			
	焊缝余高	裂纹	咬边	
	焊缝余高差	未熔合	背面凹坑	
	比坡口每侧增宽	夹渣	变形角度	
	宽度差	气孔	错边量	
	焊缝边缘直线度	焊瘤	角焊缝凹凸度	
	背面焊缝余高	未焊透	焊脚尺寸	
	堆焊焊道高度差	堆焊凹下量	通球检验	
	堆焊焊道平面度			
	外观检验结果（合格、不合格）		检验人员	
	检验人员证书号		检验日期	
无损检验	检验人员	检验人员证书号		
	射线检验结果	射线检验报告编号	检验日期	
	其他检验结果	检验报告编号	检验日期	
弯曲试验	面弯	背弯	侧弯	弯曲试验结果
				试验报告编号
断口检验结果		检验报告编号	检验日期	
金相检验结果		检验报告编号	检验日期	
化学成分检验结果		检验报告编号	检验日期	
硬度检验结果		检验报告编号	检验日期	

本民用核安全设备焊工、焊接操作工考核中心确认该焊工（焊接操作工）依据《民用核安全设备焊工焊接操作工资格管理规定》进行焊接操作技能考试，检验数据正确，记录无误。该操作技能考试项目（合格、不合格）。

考核中心主任＿＿＿＿＿＿＿＿＿＿   年   月   日

28

附表 4 《民用核安全设备焊工焊接操作工资格证》式样

（封面）

民用核安全设备焊工焊接操作工资格证

（国务院核安全监管部门标志）

国务院核安全监管部门

正本第一页（中文）

民用核安全设备焊工焊接操作工资格证

（国务院核安全监管部门标志）

国务院核安全监管部门

（国务院核安全监管部门标志）

CERTIFICATE
FOR
WELDER AND WELDING OPERATOR
FOR CIVIL NUCLEAR SAFETY
EQUIPMENT

NUCLEAR SAFETY REGULATORY
AUTHORITY OF STATE COUNCIL

照片

（钢印）

姓名
Name _____

性别
Sex _____

身份证号码
ID Number _____

聘用单位
Employer _____

证书编号
Certif. No. _____

钢印号
Stamp _____

鉴委会负责人
Sponsored by _____

正本第四页（可续表）

序号	考试合格项目代号	考核中心 主任签名（章）	鉴委会 主任签名 （章）	有效截止 日期	备注

附表5 民用核安全设备焊工焊接操作工连续操作记录

聘用单位：　　　　　　　　　　　　　　年　月至　年　月

姓名	钢印号	证书编号	产品名称及编号	合格项目代号	焊缝编号	施焊和终止日期	填表人	施焊质量
焊接检验员		日期		申报单位签章				
焊接责任工程师		日期						

32

附件1 操作技能考试要求

1.1 焊接方法

1.1.1 民用核安全设备制造、安装和维修中常用的焊接方法的分类和代号见表1，表1中的各类焊接方法之间不能互相代替。

1.1.2 操作技能考试可以由一名焊工或者焊接操作工在同一个试件上采用一种焊接方法进行，也可以由一名焊工、焊接操作工在同一个试件上采用不同焊接方法进行组合考试；或者由两名以上焊工、焊接操作工在同一个试件上采用相同或不同焊接方法进行组合考试。由 3 名以上焊工、焊接操作工的组合考试试件的厚度不得小于 20 mm。每个焊工、焊接操作工焊接整体焊缝的有效长度不小于 150 mm。

表 1　焊接方法的分类和代号[注]

焊 接 方 法	代 号
气焊	HQ
焊条电弧焊	HD
手工钨极氩弧焊	HWS
自动钨极氩弧焊	HWZ
熔化极气体保护焊（自动和半自动）	HRZ、HRB
等离子弧焊接	HL
药芯焊丝电弧焊（自动和半自动）	HYZ、HYB
埋弧焊	HM
带极堆焊（埋弧和电渣堆焊）	HJD
电子束焊	HE
螺柱焊	HS

注：对于采用的焊接方法不属于表1的情况，考核中心应将新增的焊接方法分类代号报国务院核安全监管部门备案。

1.1.3 组合焊接方法的代号可用每种焊接方法的代号并列表示。例如，手工钨极氩弧焊打底，其余层采用焊条电弧焊的组合方法表示为"HWS/HD"。

1.2 母材类别

1.2.1 母材金属的分类和代号见表 2。表 2 的分类适用于轧制、锻造和铸造等材料。

1.2.2 焊工、焊接操作工在操作技能考试时应符合下列规定：

（1）焊工采用同类材料中任一钢号考试合格后可免去该类其他材料的考试。

（2）焊工采用 Ⅰ～Ⅳ 类材料中类别较高的考试合格后，可免去类别较低材料的考试。

（3）焊工采用 Ⅵ～Ⅸ 类材料的考试不能由其他类别材料互相代替。

（4）对于异种材料的焊接，焊工若采用母材中的两类材料均包括在表 2 中第 Ⅰ—Ⅳ 类别内，并且对两者中较高类别的材料已考试合格，则可免考；若采用两类材料中有第 Ⅵ 类，且已对两类母材分别考试合格，则可免考，但焊接材料采用镍基合金材料时，仍须考试。

（5）焊接操作工采用某类别任一钢号经焊接操作技能考试合格后，适用其他类别钢号。

表 2　母材金属的分类和代号

类别代号	母 材 类 别	母材钢号示例
Ⅰ	标准规定屈服强度下限≤300 MPa 的碳钢	Q235，20g，20HD，20HR，ZG230
Ⅱ	（1）标准规定屈服强度下限>300 MPa 的碳钢、碳锰钢、弥散强化钢 （2）锰—钼钢 （3）铬—钼钢（0.5%Cr，0.5%Mo） （4）镍含量≤2%的钢	16MnR，16MnHR，20MnHR（A52） 20MnMo 12CrMo，14Cr1Mo 15MnNi，20CrNiMo

类别代号	母　材　类　别	母材钢号示例
III	轧制状态或调质型弥散强化钢	SA508–3，20MnNiMo（18MND5） 18MnMoNb，13MnNiMo54
IV	13%Cr 和马氏体或铁素体不锈钢	0Cr13，1Cr13，2Cr13
V	2.25%～3.5%Ni 镍钢	
VI	奥氏体不锈钢	1Cr18Ni9Ti，0Cr18Ni9， 0Cr18Ni11Nb，0Cr18Ni10Ti， 0Cr19Ni9N，00Cr19Ni10， 0Cr17Ni12Mo2，0Cr19Ni13Mo3， 00Cr17Ni13Mo2N，00Cr18Ni10N， Cr25Ni20
VII	镍基合金	Inconel 600，Inconel 690， Incoloy 800
VIII	铜及铜合金	
IX	特种金属 钛、铬、锆、钴、高铬铁素体钢（17%～26%Cr）等	TA1，TA2，Zr4

1.2.3 异种材料在考试项目代号中的表示方法用"X/Y"表示，X、Y 表示母材金属的类别号。

1.2.4 当母材金属为表 2 之外的材料类别时，考核中心可根据材料焊接性能试验或者焊接工艺评定的结果对母材进行分类，并将分类意见报国务院核安全监管部门备案。

1.3　试件形式

1.3.1 操作和技能考试试件形式分为板、管及管–板（接管）3 种形式，其代号分别为 P、T、P–T。

1.3.2 焊工、焊接操作工考试必须在板或管材上进行，焊工焊接外径 D 大于 25 mm 管材焊缝的考试结果适用于板材的焊缝。

1.3.3 焊工焊接板状试件的考试结果适用于外径大于或等于 500 mm 的管材。在平焊（PA）、横角焊（PB）或横焊（PC）位置板材试件考试合格后，适用于管外径大于或等于 150 mm 的管材。

1.3.4 焊工焊接板材上接管的考试结果不能适用于管材上的接管，但管材上的接管考试结果可以适用于板材上的接管。

1.4 焊缝形式

1.4.1 操作技能考试试件的焊缝形式分为坡口焊缝（包括对接焊缝和接管焊缝）、角焊缝、堆焊 3 种形式，代号分别为 GW、FW、D。

1.4.2 坡口焊缝试件分带衬垫和不带衬垫两种。双面焊、部分焊透的坡口焊缝均视为带衬垫。

1.4.3 对接焊缝的考试结果可以适用于任何接头形式的对接焊缝，但 1.4.5 规定的接管焊缝除外。

1.4.4 产品上多数为角焊缝，焊工、焊接操作工应进行相应的角焊缝考试。产品上多数为对接焊缝，对接焊缝考试结果可以适用于角焊缝。

1.4.5 产品以接管焊接为主或者涉及复杂的接管焊接，焊工应进行接管焊接的考试。焊工进行操作技能考试时，在符合下列条件时，应附加接管典型试件：

（1）对全焊透接管焊缝，主管外径 D_1 与支管的外径 D_2 的比值小于 5。

（2）接管焊接的支管角度小于 75°（主管轴线或支撑板平面与支管轴线的角度）。

1.4.6 主管直径与支管直径比值评定的适用范围为大于或等于考试试件直径的比值。

1.4.7 支管角度评定的适用范围为大于或等于考试试件支管的角度 α。

1.5 焊接位置

1.5.1 焊接位置的分类和代号见图 1、图 2、图 3。

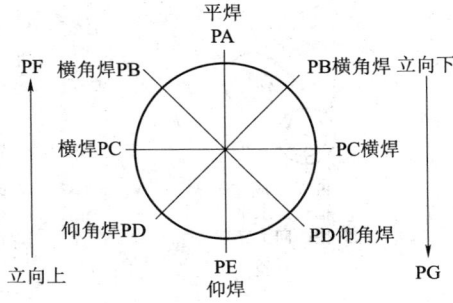

图 1　焊接位置用代号表示图

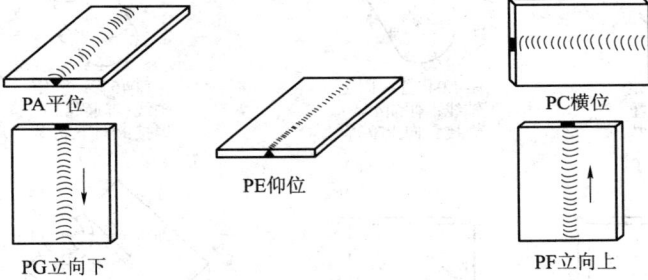

（a）

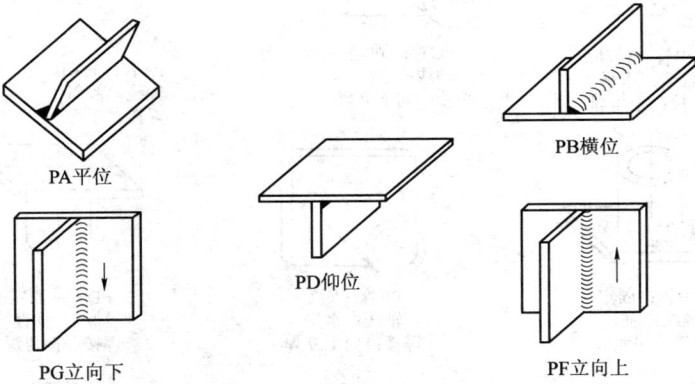

（b）

图 2　板状焊接位置

（a）对接焊缝；（b）角焊缝

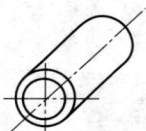

PA管：转动
轴线：水平
焊接：平焊

PF管：固定
轴线：水平
焊接：向上立焊

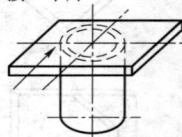

PG管：固定
轴线：水平
焊接：向下立焊

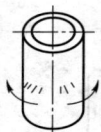

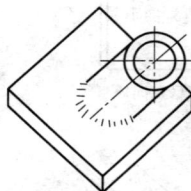

PC管：固定
轴线：垂直
焊接：横焊

H-L045管：固定
轴线：倾斜45°
焊接：向上立焊

J-L045管：固定
轴线：倾斜45°
焊接：向下立焊

（a）

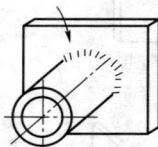

PB管：转动
轴线：水平
焊接：平角焊

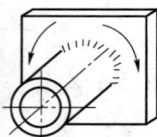

PG管：固定
轴线：水平
焊接：向下立焊

PA管：转动
轴线：倾斜
焊接：平焊

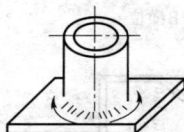

PB管：固定
轴线：垂直
焊接：平角焊

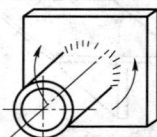

PF管：固定
轴线：水平
焊接：向上立焊

PD管：固定
轴线：垂直
焊接：仰角焊

（b）

图3　管子的焊接位置

（a）对接焊缝；（b）角焊缝

38

1.5.2 焊接位置的适用范围见表3。

表 3　焊接位置的适用范围

考试位置	适 用 范 围[1]										
	PA	PB[2]	PC	PD[2]	PE	PF（板）	PF（管）	PG（板）	PG（管）	H–L045	J–L045
PA	X	X	—	—	—	—	—	—	—	—	—
PB[2]	X	X	—	—	—	—	—	—	—	—	—
PC	X	X	X	—	—	—	—	—	—	—	—
PD[2]	X	X	X	X	X	X	—	—	—	—	—
PE	X	X	X	X	X	X	—	—	—	—	—
PF（板）	X	X	—	—	—	—	—	—	—	—	—
PF（管）	X	X	—	X	X	X	X	—	—	—	—
PG（板）	—	—	—	—	—	—	—	X	—	—	—
PG（管）	X	X	—	X	X	—	—	X	X	—	—
H–L045	X	X	X	X	X	X	X	—	—	X	—
J–L045	X	X	—	X	X	—	—	X	X	—	X

（1）此外还必须参阅 1.3 和 1.4 的要求。
（2）PB 和 PD 的考试位置适用于角焊缝（见 1.4.4），而且仅适用其他位置上的角焊缝。
注：
"X"表示评定的焊接位置；
"—"表示未评定的焊接位置。

1.5.3　管材试件 H–L045 和 J–L045 焊接位置认可了生产工件上所有的焊接位置。

1.5.4　焊接操作工采用螺柱焊试件，经仰焊位置考试合格后，适用于任何位置的螺柱焊试件，其他位置考试合格后，只适用相应位置的焊件。螺柱焊试件焊接位置见图 4。

1S   2S   4S

（a）

315°～45°

1S

45°～135°

2S

4S

135°～225°

（b）

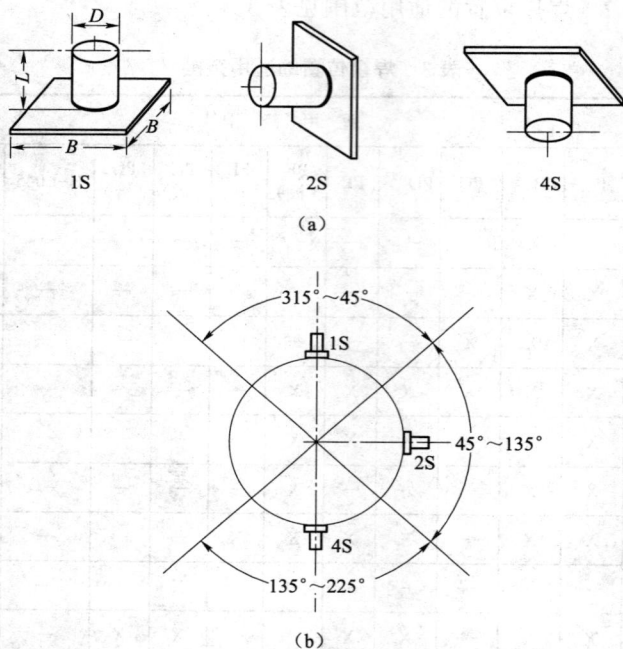

图 4 螺柱焊试件焊接位置

（a）螺柱焊缝——试验位置；（b）螺柱焊缝——焊接位置

1.6 焊缝金属厚度和管材外径

1.6.1 焊工采用坡口焊缝试件进行操作技能考试合格后，试件焊缝金属厚度的适用范围见表 4。t 为每名焊工采用一种焊接方法在试件上的坡口焊缝金属厚度（余高不计），当某焊工用一种焊接方法考试且试件截面全焊透时，t 与试件母材厚度 T 相等。

焊接操作工采用坡口焊缝或角焊缝试件考试时，母材厚度 T 自定，经焊接操作技能考试合格后，适用于焊件焊缝金属厚度 t 不限。

表 4　手工焊板或管材坡口焊缝试件焊缝金属厚度的适用范围

焊缝金属厚度 /mm	适 用 范 围 /mm
$t<3$	$t\sim2t$ [(1)]
$3\leqslant t<12$	$3\sim2t$ [(2)]
$t\geqslant12$	$5\sim2t$ 或 $5\sim2t+h$ [(3)(4)]

注：(1) 气焊：$t\sim1.5t$。
　　(2) 气焊：$3\sim1.5t$。
　　(3) 对于厚度大于 50 mm，考核中心有选择权，或用产品实际厚度，或在带有挡板装置的厚度 $T>20$ mm 的钢板上进行，但挡板装置 h 的坡口开度和深度应模拟实际产品（见图5）。
　　(4) 在用挡板进行试验时，为实施表面焊道，应去掉挡板。

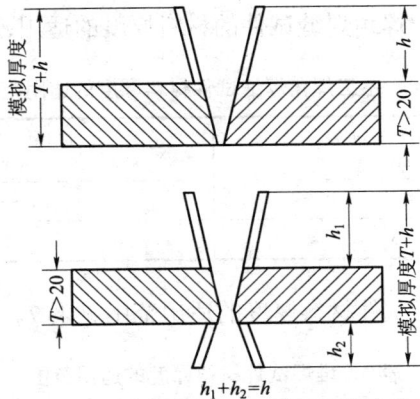

图 5　模拟厚板焊接试样

　　1.6.2　焊工采用坡口焊缝试件进行操作技能考试合格后，管材外径的适用范围见表5。

表5 手工焊管材坡口焊缝试件外径的适用范围

试件外径 D /mm	适 用 范 围 /mm
$D < 25$	$D \sim 2D$
$25 \leqslant D < 76$	$\geqslant 25$
$D \geqslant 76$	$\geqslant 76$
$D > 300$ ^注	$\geqslant 76$

注：管材向下焊试件。

焊接操作工采用管材坡口焊缝或角焊缝考试时，管外径自定，经操作技能考试合格后，适用于管材坡口焊缝和角焊缝试件管外径的最小值为试件外径，最大值不限。

1.6.3 对于接管焊缝，表4中的管材焊缝金属厚度和表5中的管材外径是指：

（1）骑座式：支管焊缝金属厚度及外径。

（2）插入式：主管或壳体焊缝金属厚度及支管外径。

1.6.4 手工焊角焊缝试件的材料厚度的适用范围见表6。

表6 手工焊角焊缝试件材料厚度的适用范围

试件的材料厚度 T /mm	适 用 范 围 /mm
$T < 3$	$T \sim 3$
$T \geqslant 3$	$\geqslant 3$

1.6.5 堆焊试件材料厚度的适用范围见表7。

表7 堆焊试件材料厚度的适用范围

堆焊试件材料厚度 T /mm	适 用 范 围/mm	
	最小值	最大值
< 50	T	不限
$\geqslant 50$	50	不限

42

1.7 焊接材料

1.7.1 焊接材料分类同母材组别，见表 2。如填充材料与母材同组别时，无需单独在项目代号中注明，如填充材料与母材不同组别时，应在考试项目代号中母材代号后以括号注明焊接材料的代号。

1.7.2 电焊条根据涂料的特性分类见表 8。进口焊条可参照本规定进行。

1.7.3 焊丝的制品形式：采用无填充焊丝、实心焊丝的代号分别为 01、02（药芯焊丝代号可通过焊接方法代号体现）。

1.7.4 带填充金属的考试合格后，不带填充金属的焊接可免考，反之则需重新考试。

1.7.5 实心焊丝和药芯焊丝不能互相等效。

1.7.6 熔化衬环：当使用熔化衬环时，熔化衬环的形状和截面变化时要进行重新考试。

1.7.7 当采用奥氏体不锈钢焊接材料进行耐蚀堆焊时，堆焊金属的类别号用"A"表示。采用镍及镍合金的焊接材料堆焊时，堆焊金属的类别号用"Ni"表示。耐磨堆焊用"H"表示。

表 8　焊条分类及适用范围

焊条分组（代号）	(a)	(b)	(c)	(d)
	EXX20	EXX12	EXX15	EXX10
	EXX22	EXX13	EXX16	EXX11
	EXX27	EXX14	EXX18	
		EXX03	EXX40	
考试用焊条		EXX01		
(a) EXX20 氧化铁型	(×)			
(b) EXX12 钛型焊条	×	(×)		
(c) EXX15 低氢型焊条	×	×	(×)	
(d) EXX10 纤维素型焊条				(×)

注："(×)"为考试用焊条，"×"为可替代焊条；无衬垫打底焊道所使用的药皮类型应与实际生产相同。

1.8 试件规格尺寸

1.8.1 板材对接焊缝和角焊缝考试试件的尺寸分别见图 6、图 7。对于机械化焊，图 6 中的试板长应大于或等于 400 mm。

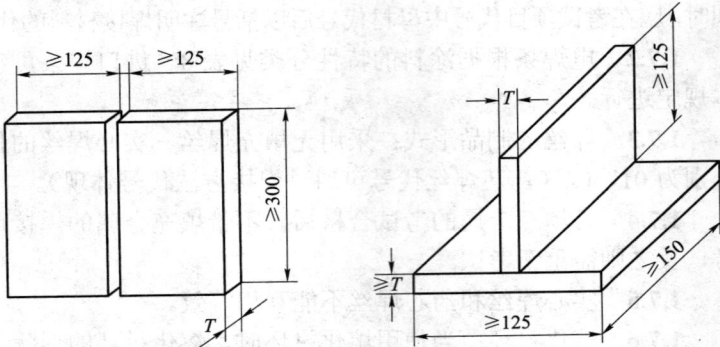

图 6　板材对接焊缝试件尺寸（mm）

T—试板厚度

图 7　板材角焊缝试件尺寸（mm）

T—试板厚度

1.8.2 管材对接焊缝考试试件的尺寸见图 8。管板考试试件的尺寸见图 9。

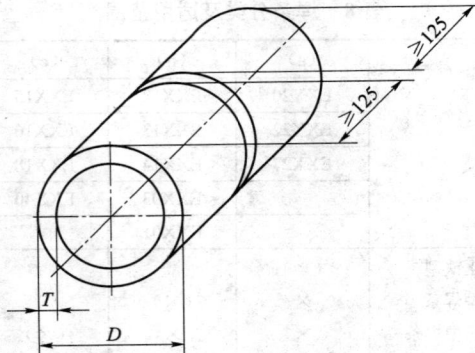

图 8　管材对接焊缝试件尺寸（mm）

D—管外径；T—管壁厚

44

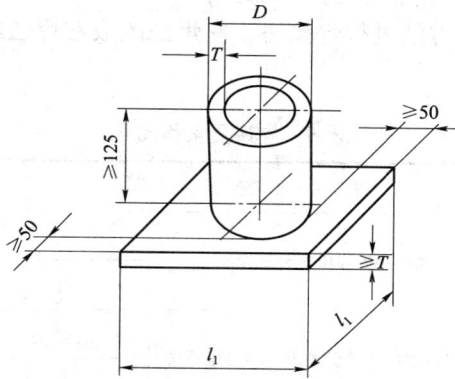

图 9　管板试件尺寸（mm）

l_1—试板长度；D—管外径；T—管壁厚

1.8.3　堆焊试件

试板尺寸不小于宽 150 mm×长 150 mm，堆焊层尺寸不小于宽 38 mm×长 150 mm。如在管子上堆焊，最小管长应为 150 mm，最小直径应能满足取样数量的要求，且应绕圆周连续堆焊。

对耐蚀堆焊焊接操作工技能考试，当焊道熔敷宽度大于 13 mm 时，首层堆焊应至少由 3 个焊道组成。

1.8.4　螺柱焊试件：图 4（a）中 L 为（8～10）D，B 大于或等于 50 mm。

1.9　焊接要素

表 9 为一些焊接要素及其代号。表 10、表 11 为焊接要素的适用范围。

焊接操作工在操作技能考试时，每面坡口内多层焊考试合格后，可以适用单层焊；反之不适用。

自动钨极惰性气体保护焊无稳压系统考试合格后，可以适用有稳压系统的，反之不适用；机械化焊无自动跟踪系统的可以适用有自动跟踪系统的，反之不适用。

使用气焊方法进行焊接时，左焊法改成右焊法或反之均要求新的考试。

表9 焊接要素和代号

焊 接 要 素		代号
手工钨极惰性气体保护焊填充金属焊丝	无	01
	有	02
机械化焊 钨极惰性气体保护焊自动稳压系统	无	03
	有	04
自动跟踪系统	无	05
	有	06
每面坡口内焊层	单层	sl
	多层	ml

表10 坡口焊缝焊接要素的适用范围

试件的焊接要素	适 用 范 围		
	单面焊/不带衬垫（ss nb）	单面焊/带衬垫（ss mb）	双面焊（bs）
单面焊/不带衬垫（ss nb）	X	X	X
单面焊/带衬垫（ss mb）	—	X	X
双面焊（bs）		X	X

注:
"X" 表示得到认可的那些焊缝;
"—" 表示未得到认可的那些焊缝。

46

表 11 角焊缝焊接要素的适用范围

试 件	适 用 范 围	
	单层（sl）	多层（ml）
单层（sl）	X	—
多层（ml）	X	X

注：
"X" 表示认可的焊层种类；
"—" 表示未认可的焊层种类。

1.10 项目代号举例

示例 1

技能考试项目代号：HM P GW PA bs ml 05

变 素	代 号	含 义	适 用 范 围
焊接方法	HM	埋弧焊	埋弧焊
试件形式	P	板	板
焊缝形式	GW	坡口焊缝	坡口或角焊缝均可
焊接位置	PA	平焊位置	PA、PB
焊接要素	bs	双面	双面焊
	ml	每面坡口内多层焊	每面坡口内单层或多层焊均可
	05	无自动跟踪系统	有无自动跟踪系统均可

示例 2

技能考试项目代号：HD PGW Ⅲ c t15 PC ss nb

变 素	代 号	含 义	适 用 范 围
焊接方法	HD	焊条电弧焊	焊条电弧焊
试件形式	P	板	板或管 $D \geqslant 150$ mm

变　素	代号	含　义	适　用　范　围
焊缝形式	GW	坡口焊缝	坡口焊缝或角焊缝
母材类别	III	III	I ～III
焊接材料	c	低氢型焊条	a、b、c
焊缝金属厚度	t 15	焊缝金属厚度 15 mm	5～30 mm
焊接位置	PC	横焊	PA、PB、PC
焊接要素	ss nb	单面焊 无衬垫	单面焊或双面焊、 无衬垫或带衬垫

示例 3

技能考试项目代号：HD P GW III c（VII）t20 PA ss nb

变　　素	代号	含　义	适　用　范　围
焊接方法	HD	焊条电弧焊	焊条电弧焊
试件形式	P	板	板或管 $D \geqslant 150$ mm
焊缝形式	GW	坡口焊缝	坡口焊缝或角焊缝
母材类别	III	III	I ～III
焊接材料	c（VII）	镍基合金、低氢型焊条	镍基合金、a、b、c
焊缝金属厚度	t 20	焊缝金属厚度 20 mm	5～40 mm
焊接位置	PA	平焊	PA、PB
焊接要素	ss nb	单面焊 无衬垫	单面焊或双面焊、 无衬垫或带衬垫

示例 4

技能考试项目代号：HD T GW VII/VI c（VII）t30 D300PFss nb

变　素	代号	含　义	适　用　范　围
焊接方法	HD	焊条电弧焊	焊条电弧焊
试件形式	T	管	板或管

变　素	代号	含　义	适　用　范　围
焊缝形式	GW	坡口焊缝	坡口焊缝或角焊缝
母材类别	Ⅵ与Ⅶ	Ⅵ类与Ⅶ类异种钢焊	同质钢焊接：采用Ⅶ组焊条焊接Ⅵ组材料； 异种钢焊接：采用Ⅶ组焊条焊接Ⅶ组和Ⅵ组材料
焊接材料	c（Ⅶ）	镍基合金低氢型焊条	镍基合金、a、b、c
焊缝金属厚度	t30	焊缝金属厚度 30 mm	5～60 mm
管材外径	D300	管外径 300 mm	≥76 mm
焊接位置	PF	水平固定立向上	PA、PB、PD、PE、PF
焊接要素	ss nb	单面焊 无衬垫	单面焊或双面焊、 无衬垫或带衬垫

示例 5

技能考试项目代号：　HWS T GW　Ⅵ 02 t 6 D60 PF ss nb

变　素	代号	含　义	适　用　范　围
焊接方法	HWS	手工钨极氩弧焊	手工钨极氩弧焊
试件形式	T	管	管或板
焊缝形式	GW	坡口焊缝	坡口焊缝或角焊缝
母材类别	Ⅵ	Ⅵ	仅限Ⅵ类材料
焊接材料	02	带填充金属	带或不带填充金属均可
焊缝金属厚度	t 6	焊缝金属厚度 6 mm	3～12 mm
管材外径	D60	管外径 60 mm	≥25 mm
焊接位置	PF	水平固定立向上焊	PA、PB、PD、PE、PF
焊接要素	ss nb	单面焊 无衬垫	单面焊或双面焊、 无衬垫或带衬垫

示例 6

技能考试项目代号：HWS/HD T GW Ⅵ02/c t 20（5/15）D200 PA ss nb

变　素	代号	含　义	适 用 范 围
焊接方法	HWS/HD	手工钨极氩弧焊/焊条电弧焊	手工钨极氩弧焊/焊条电弧焊
试件形式	T	管	管或板
焊缝形式	GW	坡口焊缝	坡口焊缝或角焊缝
母材类别	Ⅵ	Ⅵ	仅限Ⅵ类材料
焊接材料	02/c	HWS：带填充金属 HD：低氢型焊条	HWS：带或不带填充金属均可 HD：a、b、c
焊缝金属厚度	t 20	焊缝金属厚度 20 mm HWS：t=5 HD：t=15	HWS：3～10 mm HD：5～30 mm
管材外径	D200	管外径 200 mm	≥76 mm
焊接位置	PA	管子水平旋转	PA、PB
焊接要素	ss nb	单面焊 无衬垫	HWS：单面焊、无衬垫或双面焊、带衬垫 HD：单面焊、带衬垫；双面焊

示例 7

技能考试项目代号：HWZ P-T FW01 D16 PF-PT ml04/05（GD[注]）

变　素	代号	含　义	适 用 范 围
焊接方法	HWZ	自动钨极氩弧焊	自动钨极氩弧焊
试件形式	P-T	管-板	管-板
焊缝形式	FW	角焊缝	角焊缝
焊接材料	01	无填充金属	无填充金属
管材外径	D16	管外径 16 mm	见附件 3

50

变　素	代　号	含　　义	适　用　范　围
焊接位置	PF–PT	立向上、立向下	PA、PB、PD、PE、PF、PG
焊接要素	ml	每面坡口内多层焊	每面坡口内多层焊或单层焊
	04	有钨极惰性气体保护焊自动稳压系统	有钨极惰性气体保护焊自动稳压系统
	05	无自动跟踪系统	有或无自动跟踪系统

注：GD 表示管端焊。

示例 8

技能考试项目代号：HDP–T GW Ⅵc t 10 D60/220 PC ss nb

变　素	代　号	含　　义	适　用　范　围
焊接方法	HD	焊条电弧焊	焊条电弧焊
试件形式	P–T	接管	板与管、管与管的接管焊接
焊缝形式	GW	坡口焊缝	坡口焊缝或角焊缝
母材类别	Ⅵ	Ⅵ	仅限Ⅵ类材料
焊接材料	c	低氢型焊条	a、b、c
焊缝金属厚度	t 10	焊缝金属厚度 10 mm	3～20 mm
管材外径	D60/220	主管外径 220 mm；支管外径 60 mm	≥25 mm
焊接位置	PC	横焊	PA、PB、PC
焊接要素	ss nb	单面焊无衬垫	单面焊或双面焊、无衬垫或带衬垫

示例 9

技能考试项目代号：HD（D）P Ⅲc（A）T50 PA

变　素	代号	含　义	适用范围
焊接方法	HD	焊条电弧焊	焊条电弧焊
试件形式	P	板	板
焊缝形式	D	堆焊	堆焊
母材类别	Ⅲ	Ⅲ	Ⅰ～Ⅲ
焊接材料	c（A）	奥氏体低氢型焊条	奥氏体a、b、c
试件厚度	T50	试板厚度 50 mm	≥50 mm
焊接位置	PA	平焊	PA

示例 10

技能考试项目代号：HRB P FW Ⅰ T10 PB ml

变　素	代号	含　义	适用范围
焊接方法	HRB	半自动熔化极气体保护焊	半自动熔化极气体保护焊
试件形式	P	板–板	板或管 D≥150 mm
焊缝形式	FW	角焊缝	角焊缝
母材类别	Ⅰ	Ⅰ类	Ⅰ类
试件厚度	T 10	试板厚度 10 mm	≥3 mm
焊接位置	PB	角焊缝横焊位置	PA、PB
焊接要素	ml	多层焊	单层或多层焊

附件2 考试试件的检验要求

2.1 试件的检验项目、检查数量和试样数量

焊工、焊接操作工操作技能考试试件的检验项目、检查数量和试样数量见表1。每个试件应先进行外观检验，合格后再进行其他项目检验。

表1 试件检验项目、检查数量和试样数量[1]

试件形式		试件厚度或管径		检验项目			冷弯试验/个			宏观金相检验/个
		厚度/mm	管外径/mm	外观检验/件	射线检验/件	断口检验/件	面弯	背弯	侧弯	
坡口焊缝试件	板对接	<12	—	1	1	—	1	1	—	—
		≥12	—	1	1	—	—	—	2[2]	—
	管对接	—	<76	3	0	2	1	1	—	
		—	≥76	1	1	—	1[3]	1[3]	—	
	管材向下焊	<12	≥300	1	1	—	2	2	—	
		≥12		1	1	—	—	—	4[3]	
	板与管	—	<76	2	1（PT）	—	—	—	—	4[4][5]
		—	≥76	1		—	—	—	—	4[4]
角焊缝试件	板、管、板与管			1	—	1	—	—	—	4[6]
堆焊试件[7]	耐蚀	—		1	1（PT）	—	—	—	2	2
	耐磨			1		—	—	—	—	

53

试件形式		试件厚度或管径		检验项目						
		厚度/mm	管外径/mm	外观检验/件	射线检验/件	断口检验/件	冷弯试验/个			宏观金相检验/件
							面弯	背弯	侧弯	
螺柱焊试件	板与柱	板 $B \geqslant 50$ 柱 $L=(8\sim10)D$		5			—	—	5（折弯）	—

注:
（1）表中外观检验试件数量即考试试件数量。
（2）当试件厚度≥10 mm时,可以用两个侧弯试样代替面弯和背弯试样。
（3）对于PF、PG、H–L045及J–L045焊接位置,应做两个面弯和背弯试验,当试件厚度大于或等于10 mm时,可以用4个侧弯试样代替面弯和背弯试样。
（4）当不能经无损检验做内部缺陷检验时,必须做金相检验;沿焊道在4个90°横截面上分别取金相试样。
（5）任一试件取4个检查面。
（6）断口检验和金相检验任选其一。
（7）其他检验要求还需按附件3执行。

2.2 试件的外观检验

2.2.1 试件的外观检验,采用目视或5倍放大镜进行。手工焊的板材试件两端20 mm内的缺陷不计,焊缝的余高和宽度可用焊缝检验尺测量最大值和最小值,但不取平均值,单面焊的背面焊缝宽度可不测定。

2.2.2 试件焊缝的外观检验应符合下列要求:

1. 焊缝表面应是焊后原始状态,不允许加工修磨或返修。

2. 焊缝外形尺寸应符合表2的规定以及下列要求:

（1）焊缝边缘直线度:手工焊≤2 mm;机械化焊≤3 mm。

（2）板材、管板或接管角焊缝凸度或凹度应不大于1.5 mm;板材、管板或接管角焊缝的焊脚尺寸K为$T+(0\sim3)$ mm（T为板或管壁厚）。

（3）不带衬垫的板材试件、管板或接管试件和外径不小于 76 mm 的管材试件，其背面焊缝的余高应不大于 3 mm。

（4）外径小于 76 mm 的管材对接焊缝试件进行通球检查。管外径大于或等于 32 mm 时，通球直径为管内径的 85%；管外径小于 32 mm 时，通球直径为管内径的 75%。

表 2 试件焊缝外形尺寸   mm

焊接方法	焊缝余高		焊缝余高差		焊缝宽度	
	平焊位置	其他位置	平焊位置	其他位置	比坡口每侧增宽	宽度差
手工焊	0～3	0～4	≤2	≤3	0.5～2.5	≤3
机械化焊	0～3	0～3	≤2	≤2	2～4	≤2

3. 堆焊两相邻焊道之间的凹下量不得大于 1.5 mm；焊道高度差应小于或等于 1.5 mm。焊道间搭接接头的平面度在试件范围内不得大于 1.5 mm。

4. 各种焊缝表面不得有裂纹、未熔合、夹渣、气孔、焊瘤和未焊透。机械化焊的焊缝表面不得有咬边和凹坑。手工焊焊缝表面的咬边和背面凹坑不得超过表 3 的规定。

表 3 手工焊焊缝表面咬边和背面凹坑

缺陷名称	允许的最大尺寸
咬边	深度≤0.5 mm；焊缝两侧咬边总长度不得超过焊缝长度的 10%
背面凹坑	当 T≤6 mm 时，深度≤15% T，且≤0.5 mm；当 T>6 mm 时，深度≤10% T，且小于或等于 1.5 mm。除仰焊位置的板材试件不作规定外，总长度不超过焊缝长度的 10%

5. 板状试件焊后变形角度 θ≤3°，见图 1（a）。试件的错边量不得大于 10% T，且小于或等于 2 mm，见图 1（b）。

2.2.3 属于一个考试项目的所有试件外观检验的结果均符合 2.2.2 各项要求，该项试件的外观检验为合格，否则为不合格。

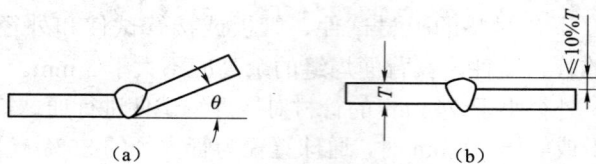

图1　板状试件的变形角度和错边量

（a）试件的变形角度；（b）试件错边量

2.3　无损检验

试件的无损检验应符合民用核安全设备产品一级焊缝的检验要求。

2.4　弯曲试验

2.4.1　弯曲试样应从无损检验中发现的缺陷最多的区域切取。板状试件可按图2的位置截取弯曲试样；管状试件可按图3

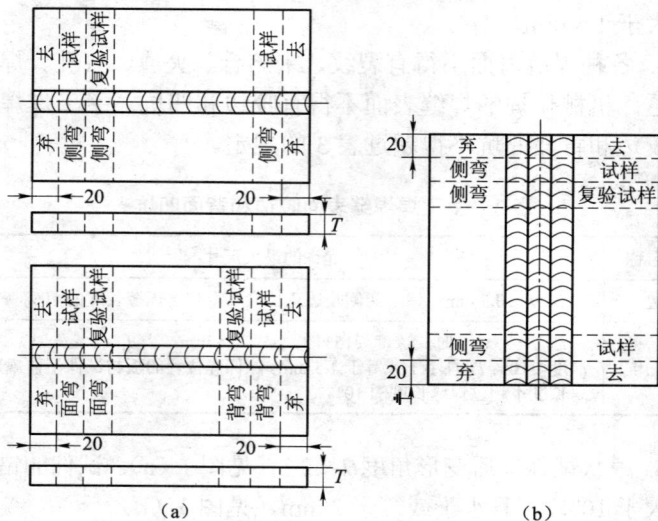

图2　板材试件弯曲试样的截取位置

（a）板材对接焊缝试件；（b）板材堆焊试件

56

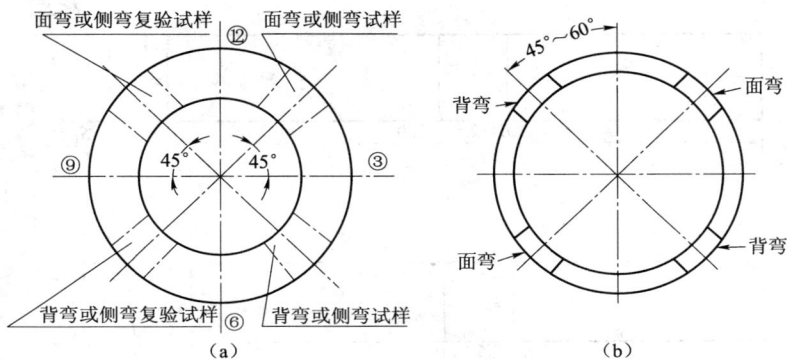

图 3　弯曲试样的截取位置

（a）管材试件弯曲试样的截取位置；（b）表 1 注（3）焊接位置弯曲试样的截取位置

的位置截取弯曲试样，弯曲试样的形式和尺寸见图 4。堆焊侧弯试样宽度至少应包括堆焊层全部、熔合线和基层热影响区。试样上的余高及焊缝背面的垫板应用机械方法去除，面弯和背弯试样的拉伸面应平齐，且保留焊缝两侧中至少一侧的母材原始表面。

2.4.2　做面弯、背弯或者侧弯试验时，对于延伸率 $A \geqslant 20\%$ 的母材，弯头（或内辊）直径应为 $4T$，弯曲角度应为 $180°$。而延伸率 $A < 20\%$ 的母材，应采用下列公式：

$$D_0 = 100S_1/A - S_1$$

式中　D_0——弯头或内辊的直径；

　　　S_1——弯曲试样厚度；

　　　A——母材标准要求的最低延伸率。

2.4.3　对于不均匀焊缝，在确定 D_0 参数时，材料的最低延伸率 A 由两母材中较小的延伸率来确定。

2.4.4　弯曲试验时，应将试样弯到使其两端成平行为止，此时，材料的任何部分不再受到压力。

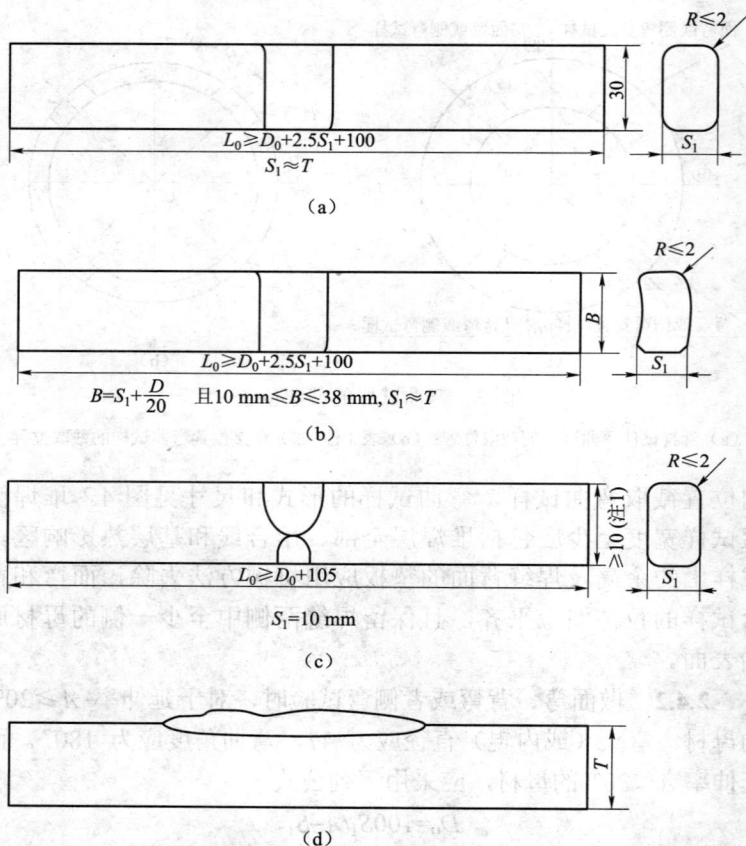

$L_0 \geqslant D_0 + 2.5S_1 + 100$

$S_1 \approx T$

（a）

$L_0 \geqslant D_0 + 2.5S_1 + 100$

$B = S_1 + \dfrac{D}{20}$ 且 $10 \text{ mm} \leqslant B \leqslant 38 \text{ mm}$，$S_1 \approx T$

（b）

$L_0 \geqslant D_0 + 105$

$S_1 = 10 \text{ mm}$

（c）

（d）

图 4 焊接接头弯曲试样的形式和尺寸

（a）板材试件的面弯和背弯试样；（b）管材试件的面弯和背弯试样；

（c）对接侧弯试样；（d）堆焊侧弯试样

D_0—弯轴直径；D—管子外径；T—试件厚度；S_1—试样厚度；

B—试样宽度；L_0—试样长度

注 1：如果组合考试试件厚度 $\geqslant 20 \text{ mm}$ 时，则侧弯试样宽度 $\geqslant 20 \text{ mm}$。

58

2.4.5 试件弯曲到规定的角度后，其拉伸面上不得有任何一个横向（沿试样宽度方向）裂纹或缺陷的长度不大于 1.5 mm，或纵向（沿试样长度方向）裂纹或缺陷的长度不大于 3 mm。试样的棱角开裂不计，但确因焊接缺陷引起试样的棱角开裂，其长度应进行评定。

2.4.6 试件弯曲试样的试验结果均合格时，则弯曲试验为合格。两个以上试样均不合格时，不允许复验，弯曲试验为不合格。若其中一个试样不合格时，允许从原试件上另取一个试样进行复验，复验合格，则弯曲试验为合格。

对于补考，弯曲试验试样不合格的，不允许复验，本次补考应认定为不合格。

2.4.7 在弯曲试验中压头位置相对于焊缝偏离时，弯曲试验结果无效。

2.5 金相检验

2.5.1 金相宏观检验应用机械方法截取、磨光、再用金相砂纸按"由粗到细"的顺序磨制，然后经适当的浸蚀，使焊缝金属和热影响区有一个清晰的界限，该面上的焊接缺陷用目视或 5 倍放大镜检查。若宏观检查显示出存在有疑问区域，则必须进行微观检查。

2.5.2 每个试样检查面经宏观检验应符合下列要求：

1. 没有裂纹、未熔合、未焊透。

2. 蒸汽发生器或热交换器的管子和管板焊缝根部线性缺陷应不超过 0.1 mm。

3. 气孔或夹渣的最大尺寸不得超过 1.5 mm；当气孔或夹渣大于 0.5 mm，不大于 1.5 mm 时，其数量不得多于 1 个；当只有小于或等于 0.5 mm 的气孔或夹渣时，其数量不得多于 3 个。

2.6 断口检验

2.6.1 管材对接焊缝试件的断口检验，用机械方法在其焊缝上加工出一条 $\frac{1}{3}T$ 深，尖角≤45°的沟槽，然后将试件压断或折断，检查断口缺陷。

2.6.2 试件的断口检验应符合下列要求：

1. 断面上没有裂纹和未熔合。

2. 背面凹坑深度不大于 25%T，且不大于 1 mm。

3. 单个气孔沿径向不大于 30%T，且不大于 1.5 mm，沿轴向或周向不大于 2 mm。

4. 单个夹渣沿径向不大于 25%T，沿轴向或周向不大于 30%T。

5. 在任何 10 mm 焊缝长度内，气孔和夹渣不多于 3 个。

6. 沿圆周方向 10T 范围内，气孔和夹渣的累计长度不大于 T。

7. 沿壁厚方向同一直线上各种缺陷总和不大于 30%T，且不大于 1.5 mm。

每个试件位置的两个断口试样检验结果均符合上述要求才合格，否则为不合格。

2.7 螺柱焊试件检验

对每个螺柱焊试件采用下列任何一种方法进行检验时，每个螺柱的焊缝和热影响区在锤击或弯曲试验后，没有开裂为合格：

2.7.1 锤击螺柱上端部，使 1/4 螺柱长度贴在试件板上。

2.7.2 如图 5 所示，用套管使螺柱弯曲不小于 15°，然后恢复原位。

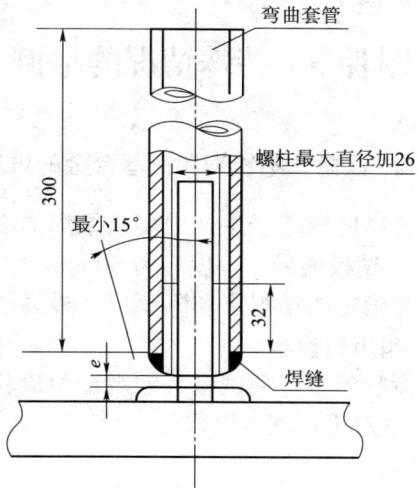

螺柱直径	3	5	6	10	13	16	20	22	25
套管间隙e	3	3	5	6	8	9	12	12	15

图 5　螺柱焊弯曲试验方法

附件 3 特殊情况的举例

例 1 奥氏体–铁素体不锈钢和镍基合金的堆焊和预堆边

（一）试板的厚度应等于生产中要求堆焊的零件厚度，当板厚 $T>50$ mm 时，试板的最小厚度应为 50 mm。

（二）应按照确定的堆焊层和隔离层（最高等级）制造条件进行渗透检验和超声波检验。

（三）破坏检验包括弯曲试验、宏观金相检验、微观金相检验和化学分析（仅对不锈钢堆焊层）。

（1）弯曲试验。

试样数量为 2 个侧弯试样。取样应在垂直于焊缝的方向上，试样的尺寸为厚 10 mm，宽 30 mm，并且整个堆焊层厚度应包含在宽 30 mm 的范围内。

试样的切取应在无损检验发现缺陷最多的地方。

检验标准：压头直径为试样厚度的 4 倍，弯曲 180° 检验区不应出现明显裂缝，单个裂纹、气孔或夹渣的长度不得大于 3 mm。

（2）宏观金相检验和微观金相检验。

在堆焊层的横截面上进行宏观检验和微观检验，对于多层堆焊，无论是第一层还是后面的焊层，这一检验的目的是证实符合搭接条件，在焊缝完好性检验中不存在任何大小的裂纹、未焊透或与母材结合不良、未熔合及任何不合格的气孔、夹杂物。

宏观检验有怀疑的区域，应进行微观检验以消除对观察到的缺陷痕迹的疑问（夹渣、致密性不好、裂纹、组织结构）。

（3）化学分析（仅对不锈钢堆焊层）。

对于焊工操作技能考试，要求进行堆焊层的化学分析。

在距最小评定厚度的堆焊表面层 2～3 mm 范围内取钢屑进行化学分析，其含碳量应在下列范围内：$w(C)\leqslant 0.035$（力求

$w(C) < 0.030$）。

如果晶间腐蚀加速试验的结果合格，并且含铬量高于19.00%，则可允许含碳量高于0.035%，但不超过0.040%。

对于不锈钢隔离层堆焊（在合金钢或非合金钢上堆焊的隔离层），化学分析应从第一层堆焊金属的连续熔敷区取样，要求的值为：$w(Cr) \geqslant 17.00\%$，$w(Ni) \geqslant 9.00\%$。

例2　热交换器或蒸汽发生器管板焊接

（一）母材钢种（管子材料、管板材料或所涉及的堆焊层材料）的要求同焊接工艺评定。

（二）母材形状和尺寸。对于焊工，管子的公称直径或管壁厚度超过考试时采用的管子公称直径或管壁厚度的10%时，应重新考试。对于焊接操作工，可不考虑这种变化。

（三）填充金属和保护气体。对于焊工，填充金属和保护气体的要求同焊接工艺评定。对于焊接操作工，考试所采用填充金属应符合产品所用填充金属的技术条件，具有相同的几何特性和化学成分；填充材料的使用、取消及增加另外一种填充金属均应重新考试。

（四）接头形式。对于焊工，由管子伸出管板表面变为管子凹入管板表面或与管板表面齐平，应重新考试；在气体保护焊情况下，管子的接头几何形状（包括间隙）发生任何改变时，应重新考试。

对于焊接操作工，可不考虑上述两种变化。

（五）焊接位置只对评定的焊接位置有效。

（六）焊接技术参数。对于焊工，对焊接技术参数的要

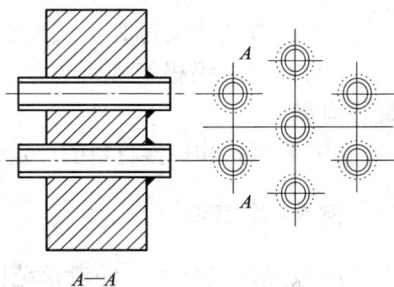

图1　管子–管板示意

求同焊接工艺评定；对于焊接操作工，机械化焊机商标和型号的改变需要重新评定。

（七）每个焊工、焊接操作工要焊接的管子数量为 6 根。

（八）对每一根管子，在通过最后焊道搭接区的径向截面上做两个宏观检验。

（九）进行局部补焊的焊工必须通过试件的模拟补焊进行考试，即补焊一条稍微扩展到焊缝根部以下的沟槽。微观金相检验的截面必须通过补焊区。

例 3　特殊的密封焊缝（顶盖、Ω 接头等）

对特殊的密封焊缝（顶盖、Ω 接头等）的焊工、焊接操作工考试范围、试件的制备与检验等应与焊接工艺评定中所规定的条件相同，且要满足下列要求：

（一）必须对内外表面做外观检验，以验证焊缝是否焊透。

（二）应对每个焊工或焊接操作工分别进行考试。

例 4　管子的承插焊

管子承插焊焊工、焊接操作工的考核范围、试件的制备与检验等应与焊接工艺评定所规定的条件相同，且要满足下列要求：

（一）应进行宏观金相检验。

（二）应对每个焊工或焊接操作工分别进行考试。

（三）考试结果对等于或大于评定试件的直径和厚度有效。

（四）对于钨极氩弧焊方法，其考试结果对小于评定的焊丝直径有效。

（五）母材和焊接材料的评定范围应符合本规定附件 1 的规定。

例 5　摩擦焊

摩擦焊焊接操作工的考核范围、试件的制备与检验等应与摩擦焊的工艺评定相同，且要满足下列要求：

64

（一）应对每个焊接操作工分别进行考试。

（二）必须检查焊接操作工完成下述工作的能力：

（1）校正焊机。

（2）焊前检查焊件的状态。

（3）焊机装料。

（4）核查记录图表。

（5）检查试件尺寸。

例 6　耐磨堆焊

（一）母材应符合本规定附件 1 中 1.2 的规定，但如果产品是铸钢，只要有可能，应选择产品用钢进行考试。

（二）考试用的试板形状及尺寸必须代表产品零件，同时要考虑到几何形状、刚性、可达性和热循环等因素。

（三）焊接方法应符合本规定附件 1 中 1.1 的规定。

（四）填充材料应符合本规定附件 1 中 1.7 的规定。

（五）单层和多层的耐磨堆焊应分别进行考试。根据堆焊的层数（n），考试的有效范围（N）如下：

$$n=1 \qquad N=1$$
$$n=2 \qquad 2 \leqslant N \leqslant 4$$
$$n>2 \qquad n \leqslant N < n+4$$

（六）焊接位置应与工艺评定的焊接位置相同。

（七）采用通过焊接工艺评定确定的焊接技术和参数范围进行考试，超出规定的范围应重新考试。

（八）无损检验应按照确定的堆焊（最高等级）制造条件进行液体渗透检验和超声波检验。

（九）破坏性试验应进行金相检验和最终状态表面硬度测定。金相试样应在与焊道垂直的方向上切取，并用 5 倍放大镜进行肉眼检验。

（十）合格标准：

（1）堆焊层外形尺寸应符合表 1 的规定。

（2）堆焊层表面不得有裂纹、未熔合、夹渣、气孔和焊瘤。

表 1　堆焊层尺寸　　　　　　　　　　　　　mm

堆焊层高	高低差	内径差 $\phi_{max} - \phi_{min}$	外径差 $\phi_{max} - \phi_{min}$
≥4	≤2	≤4	≤4

（3）金相检验：要求基体和热影响区不得有裂纹、未熔合或其他线性缺陷。

（4）表面硬度测定：在加工到最小尺寸的耐磨堆焊层表面上，至少必须测定 10 个 HRC 硬度值，确定这 10 个测点硬度值的平均值和这 10 个测点值中最大值和最小值之间的偏差，要求其平均值和偏差符合相应标准的规定。

HAF003

核电厂质量保证安全规定

（1991 年 7 月 27 日国家核安全局令第 1 号发布
1991 年修改）

本规定自 1991 年 7 月 27 日起实施
本规定由国家核安全局负责解释

1 引 言

1.1 概述

1.1.1 本规定对陆上固定式热中子反应堆核电厂的质量保证提出了必须满足的基本要求。

1.1.2 本规定提出的质量保证原则，除适用于核电厂外，也适用于其他核设施。

1.1.3 为了保证核电厂的安全，必须制定和有效地实施核电厂质量保证总大纲和每一种工作（例如厂址选择、设计、制造、建造、调试、运行和退役）的质量保证分大纲。本规定对制定和实施这些大纲提出了原则和目标。各种质量保证大纲所遵循的原则是相同的。

1.1.4 必须指出：在完成某一特定工作中（例如在厂址选择、设计、制造、建造、调试、运行和退役中），对要达到的质量负主要责任的是该工作的承担者，而不是那些验证质量的人员。

1.1.5 质量保证大纲应包括为使物项或服务达到相应的质量所必需的活动，验证所要求的质量已达到所必需的活动，以及为产生上述活动的客观证据所必需的活动。

1.1.6 质量保证是"有效管理"的一个实质性的方面。通过有效管理促进达到质量要求的途径是：对要完成的任务做透彻的分析，确定所要求的技能，选择和培训合适的人员，使用适当的设备和程序，创造良好的开展工作的环境，明确承担任务者的个人责任等。概括来说，质量保证大纲必须对所有影响质量的活动提出要求及措施，包括验证需要验证的每一种活动是否已正确地进行，是否采取了必要的纠正措施。质量保证大纲还必须规定产生可证明已达到质量要求的文件证据。

1.1.7 各部门执行本规定的具体方法（对于整个核电厂和各种工作）可以有所不同，但在任何情况下，都必须遵循本规定所确定的原则，制定详细的执行程序。还必须指出：质量保证大纲必须周密制定，便于实施，并保证技术性的和管理性的工作两者充分地结合。

1.2 范围

本规定对核电厂的厂址选择、设计、制造、建造、调试、运行和退役期间的质量保证大纲的制定和实施提出了原则和目标。这些原则和目标适用于对安全重要物项和服务的质量具有影响的各种工作，例如设计、采购、加工、制造、装卸、运输、贮存、清洗、土建施工、安装、试验、调试、运行、检查、维护、修理、换料、改进和退役。这些原则和目标适用于所有对核电厂负有责任的人员、核电厂设计人员、设备供应厂商、工程公司、建造人员、运行人员以及参与影响质量活动的其他组织。

附录Ⅰ所列的安全导则是对本规定的说明和补充。

1.3 责任

1.3.1 为了履行保证公众健康和安全的责任，营运单位必须遵照《中华人民共和国民用核设施安全监督管理条例》和本规定的要求制定相应适用的核电厂质量保证总大纲，并报国家核安全部门审核。

1.3.2 对核电厂负有全面责任的营运单位必须负责制定和实施整个核电厂的质量保证总大纲。核电厂营运单位可以委托其他单位制定和实施大纲的全部或其中的一部分，但必须仍对总大纲的有效性负责，同时又不减轻承包者的义务或法律责任。

2 质量保证大纲

2.1 概述

2.1.1 必须根据本规定提出的要求，制定质量保证总大纲，这是核电厂工程不可分割的一部分。总大纲必须对核电厂有关工作（例如厂址选择、设计、制造、建造、调试、运行和退役）的控制作出规定。每一种工作的控制也必须符合本规定的要求。

2.1.2 整个核电厂和某项工作领域的管理人员，必须按照工程进度有效地执行质量保证大纲（包括交货期长的物项的材料采购）。核电厂运行管理部门必须保证在运行期间质量保证大纲的有效执行。

2.1.3 所有大纲必须确定负责计划和执行质量保证活动的组织结构，必须明确规定各有关组织和人员的责任及权力。

2.1.4 大纲的制定必须考虑要进行的各种活动的技术方面。大纲必须包括有关规定，以保证认可的工程规范、标准、技术规格书和实践经验经过核实并得到遵守。除了管理性方面的控制之外，质量保证要求还应包括阐述需达到的技术目标的条款。

2.1.5 必须确定质量保证大纲所适用的物项、服务和工艺。对这些物项、服务和工艺必须规定相应的控制和验证的方法或水平。根据已确定的物项对安全的重要性，所有大纲必须相应地制定出控制和验证影响该物项质量活动的规定。

2.1.6 所有大纲必须为完成影响质量的活动规定合适的控制

条件，这些规定要包括为达到要求的质量所需要的适当的环境条件、设备和技能等。

2.1.7 所有大纲还必须规定对从事影响质量活动的人员的培训。

2.1.8 必须定期地对所有大纲进行评价和修订。

2.1.9 所有大纲必须规定文件的语种。必须采取措施保证行使质量保证职能的人员对书写文件的语言具有足够的知识。文件的翻译本必须由合格的人员进行审查，必须验证是否与原文件相一致[①]。

2.2　程序、细则及图纸

2.2.1 所有大纲必须规定，凡影响核电厂质量的活动（包括核电厂运行期间的活动）都必须按适用于该活动的书面程序、细则或图纸来完成。为确定各种重要的活动是否已满意地完成，程序、细则和图纸必须包括适当的定性和（或）定量的验收准则。

2.2.2 从事各项活动的单位，必须制定有计划地、系统地实施核电厂工程各个阶段的质量保证大纲的程序并形成文件。编写的程序必须便于使用，包括所需的专业技能，内容清楚、准确。必须根据需要定期对程序进行审查和修订，以便保证所有影响质量的活动都得到考虑而无遗漏。

2.3　管理部门审查

所有大纲必须规定，参与实施大纲的单位的管理部门要对其负责的那部分质量保证大纲的状况和适用性定期进行审查。当发现大纲有问题时，必须采取纠正措施。

---

① 在安全导则 HAD003/03、HAD003/06～HAD003/10 中，列有执行本规定这一部分可供采用的方法。

70

3 组　　织

3.1　责任、权限和联络

3.1.1　为了管理、指导和实施质量保证大纲，必须建立一个有明文规定的组织结构①并明确规定其职责、权限等级及内外联络渠道。在考虑组织结构和职能分工时，必须明确实施质量保证大纲的人员既包括活动的从事者也包括验证人员，而不是单一方面的责任范围。组织结构和职能分工必须做到：

（1）由被指定负责该工作的人员来实现其质量目标，可以包括由完成该工作的人员所进行的检验、校核和检查。

（2）当有必要验证是否满足规定的要求时，这种验证只能由不对该工作直接负责的人员进行。

3.1.2　必须对负责实施和验证质量保证的人员与部门的权限及职能作出书面规定。上述人员和部门需行使下列质量保证职能：

（1）保证制定和有效地实施相应适用的质量保证大纲。

（2）验证各种活动是否正确地按规定进行。

这些人员和部门必须拥有足够的权力和组织独立性，以便鉴别质量问题，建议、推荐或提供解决办法。必要时，对不符合、有缺陷或不满足规定要求的物项采取行动，以制止进行下一步工序、交货、安装或使用，直到做出适当的安排。

3.1.3　负责质量保证职能的人员和部门必须向级别足够高的管理部门上报，以保证上述必需的权力和足够的组织独立性，包括不受经费和进度约束的权力。由于人员数目、进行活动的类型和场所等有所不同，因此，只要行使质量保证职能的人员和部门已经拥有所需要的权力和组织独立性，执行质量保证大纲的组织

---

① 进一步说明见安全导则 HAD003/02。

71

结构可以采取不同的形式。但是，不管组织结构如何，在进行影响质量的活动的任何场所负责有效地实施质量保证大纲任何部分的一个或几个人，都必须能直接向为有效地实施质量保证大纲所必需的级别足够高的管理部门报告工作。

3.2 单位间的工作接口

在有多个单位的情况下，必须明确规定每个单位的责任，并采取适当的措施以保证各单位间工作的接口和协调。必须对参与影响质量的活动的单位之间和小组之间的联络作出规定。主要信息的交流必须通过相应的文件。必须规定文件的类型，并控制其分发。

3.3 人员配备与培训

3.3.1 为了挑选和培训从事影响质量活动的人员，必须制定相应的计划。该计划必须反映出工作进度，以便留出充足的时间，用以指定或挑选以及培训所需要的人员。

3.3.2 必须根据从事特定任务所要求的学历、经验和业务熟练程度，对所有从事影响质量的活动的人员进行资格考核。必须制定培训大纲和程序，以便确保这些人员达到并保持足够的业务熟练程度。在某些情况下，必须酌情颁发资格证书，以证明达到和保持的业务水平。安全导则 HAD003/02 列有执行本安全规定这一部分要求的可行方法。

4 文 件 控 制

4.1 文件的编制、审核和批准

必须对工作的执行和验证所需要的文件（例如程序、细则及图纸等）的编制、审核、批准和发放进行控制。控制措施必须包

括明确负责编制、审核、批准和发放有关影响质量活动的文件的人员和单位。负责审核和批准的单位或个人有权查阅作为审核和批准依据的有关背景材料。

4.2　文件的发布和分发

必须按最新的分发清单建立文件发布和分发系统。必须采取措施，使参与活动的人员能够了解并使用完成该项活动所需的正确合适的文件。

4.3　文件变更的控制

变更文件必须按明文规定的程序进行审核和批准。审、批单位有权查阅作为批准依据的有关背景材料，并必须对原文件的要求和意图有足够的了解。变更的文件必须由审核和批准原文件的同一单位进行审核和批准，或者由其专门指定的其他单位审核和批准。必须把文件的修订及其实际情况迅速通知所有有关的人员和单位，以防止使用过时的或不合适的文件。

5　设 计 控 制

5.1　概述

5.1.1　必须制定控制措施并形成文件，以保证把规定的相应设计要求（例如国家核安全部门的要求、设计基准、规范和标准等）都正确地体现在技术规格书、图纸、程序或细则中。设计控制措施还必须包括确保在设计文件中规定和叙述合适的质量标准的条款。必须控制对规定的设计要求和质量标准的变更和偏离。还必须制定措施，对构筑物、系统或部件的功能起重要作用的任何材料、零件、设备和工艺进行选择，并审查其适用性。

5.1.2　必须在下列方面应用设计控制措施：辐射防护；人因；

防火；物理和应力分析；热工、水力、地震和事故分析；材料相容性；在役检查、维护和修理的可达性以及检查和试验的验收准则等。

5.1.3 所有设计活动必须形成文件，使未参加原设计的技术人员能进行充分的评价。

5.2 设计接口的控制

必须书面规定从事设计的各单位和各组成部门间的内部和外部接口。必须足够详细地明确规定每一单位和组成部门的责任，包括涉及接口的文件编制、审核、批准、发布、分发和修订。必须为设计各方规定涉及设计接口的设计资料（包括设计变更）交流的方法。资料交流必须用文件记载并予以控制。

5.3 设计验证

5.3.1 设计控制措施必须为验证设计和设计方法是否恰当作出规定（例如通过设计审查、使用其他的计算方法、执行适当的试验大纲等）。设计验证必须由未参加原设计的人员或小组进行。必须由设计单位确定验证方法，并必须按规定的范围用文件给出设计验证结果。

5.3.2 当用一个试验大纲代替其他验证或校核方法来验证具体设计特性是否适当时，必须包括适当的原型试验件的鉴定试验。这个试验必须在受验证的具体设计特性的最苛刻设计工况下进行。当不能在最苛刻设计工况下进行试验时，如果能把结果外推到最苛刻设计工况，并且试验结果能验证具体设计特性时，则允许在其他工况下做试验。

5.4 设计变更

必须制定设计变更（包括现场变更）的程序，并形成文件。必须仔细地考虑变更所产生的技术方面的影响，所要求采取的措施要用文件记载。对这些变更必须采用与原设计相同的设计控制措施。除非专门指定其他单位，设计变更文件必须由审核和批准原设计文件的同一小组或单位审核和批准。在指定其他单位时，必须根据其是否已掌握有关的背景材料，是否已证明能胜任有关的具体设计领域的工作，以及是否足够了解原设计的要求及意图等条件来确定。必须把有关变更资料及时发送到所有有关人员和单位。

6 采购控制

6.1 概述

6.1.1 必须制定措施并形成文件，以保证在采购物项和服务的文件中包括了或引用了国家核安全部门有关的要求、设计基准、标准、技术规格书以及为保证质量所必需的其他要求。

6.1.2 为保证质量，采购要求必须包括（但根据情况不仅限于）下列方面：

（1）供方承担的工作范围的说明。

（2）根据条例、规范、标准、程序、细则及技术规格书等文件（包括其修订版）对物项或服务所规定的技术要求。

（3）试验、检查和验收要求以及任何有关这些活动的专用细则和要求。

（4）当需要到源地进行检查和监查时，为此目的而进入供方设施、查阅记录的规定。

（5）确定适用于物项或服务采购的质量保证要求和质量保证大纲条款。并不要求所有的供方都要有符合本规定所有条款的质量保证大纲，但采购文件必须根据需要的程序，要求承包者或分包者提出符合本规定有关条款的质量保证大纲。

（6）确定所需要的文件，例如编写并提交买方审核或认可的程序、细则、技术规格书、检查和试验记录以及其他质量保证记录。

（7）有控制地分发、保存、维护和处置质量保证记录的规定。

（8）对处理不符合项进行报告和批准的要求。

（9）把有关的采购文件的要求扩展到下一层次分包者和供方的规定，包括买方便于进入设施和查阅记录的规定。

（10）提交文件限期的规定。

6.2 对供方的评价和选择

6.2.1 必须将被评价的供方按照采购文件的要求提供物项或服务的能力作为选择供方的基本依据。

6.2.2 根据情况，对供方的评价包括：

（1）对供用能表明其以往类似采购活动质量的资料的评价。

（2）对供方新近的可供客观评价的、成文的、定性或定量的质量保证记录的评价。

（3）到源地评价供方的技术能力和质量保证体系。

（4）利用抽查产品进行评价。

6.3 对所购物项和服务的控制

6.3.1 必须对所购物项和服务进行控制，以保证符合采购文件的要求。控制包括由承包者提供质量客观证据、对供方进行源地检查和监查以及物项和服务的交货检验等措施。

6.3.2 如有必要，必须在双方同意的地点，对规定的材料样品保存一段规定的时间并加以控制，以便作为进一步检验的手段。

6.3.3 证明所购物项和服务（包括用于核电厂运行、换料和维修的备件和更换件）符合采购文件要求的文字证据必须在安装或使用前送到核电厂现场。这个证据必须足以证明该物项和服务满足所有的要求。文字证据可以采用注明该物项或服务已满足各项要求的合格证书形式，但必须能够证明这些证书的真实性。

7 物 项 控 制

7.1 材料、零件和部件的标识

7.1.1 必须按照制造、装配、安装和使用要求，制定标识物项（包括部分加工的组件）的措施。根据要求，通过把批号、零件号、系列号或其他适用的标识方法直接标识在物项上或记载在可以追查到物项的记录上，以保证在整个制造、装配和安装以及使用期间保持标识。标识物项所需要的文件，必须在整个建造过程中都能随时查阅。

7.1.2 必须最大可能地使用实体标识，在实际不可能或不满足要求的情况下，必须采用实体分隔、程序控制或其他适用的方法，以保证标识。这些标识措施必须能在各种场合下防止使用不正确的或有缺陷的材料、零件和部件。

7.1.3 在使用标记的情况下，标记必须清楚，不能含混和被擦掉。在使用这种方法时，不得影响物项的功能。标记不得被表面处理或涂层所遮盖，否则必须用其他的标识方法代替。当把物项分成几部分时，每一部分都必须保持原标识。

7.2 装卸、贮存和运输

7.2.1 必须制定措施并形成文件，以控制装卸、贮存和运输。这些措施必须包括按照已制定的程序、细则或图纸对材料和设备进行清洗、包装和保管，以防损伤、变质和丢失。当特定物项需要时，必须规定和提供专用覆盖物、专用装卸设备及特定的保护环境，并验证是否具备这些措施。

7.3 维护

安全重要物项的维护，必须保证其质量相当于该物项原来所规定的质量。

8　工艺过程控制

8.1　必须按照规定的要求，对核电厂的设计、制造、建造、试验、调试和运行中所使用的影响质量的工艺过程予以控制。当所达到的质量取决于所使用的工艺过程，且不能通过对成品的检查来验证时（例如在焊接、热处理和无损检验中使用的工艺），必须根据有关的规范、标准、技术规格书、准则的要求或其他特殊要求，制定一些措施并形成文件，以保证这些工艺由合格的人员、按照认可的程序和使用合格的设备，按现有标准来完成。对于现有规范、标准、技术规格书和准则尚未包括的工艺或质量要求超出这些文件规定的情况，必须对人员资格、程序或设备的鉴定要求另行作出规定。

9　检查和试验控制

9.1　检查大纲

9.1.1　为了验证物项、服务和影响其质量的各项活动是否符合已形成文件的程序、细则及图纸的要求，必须由从事这些活动的单位或由其他单位为该单位制定并实施关于这些物项、服务和影响其质量活动的检查大纲。必须对保证质量所必需的每一个工作步骤都进行检查。对安全重要的检查必须由未参加被检查活动的人员进行。

9.1.2　如果不能对已加工的物项进行检查或要求附加的工艺监视，大纲必须规定间接控制措施，例如通过对加工方法、设备和人员的监视等。当检查和工艺监视缺一就不能充分控制时，必须同时进行检查和工艺监视。

9.1.3 如果要求在停工待检点进行检查或见证这种检查时，必须在适当的文件中注明这些停工待检点。未经指定的单位批准，不得进行停工待检点以后的工作。如果进行规定的停工待检点以后的工作，则必须在开始该工作之前，以文件形式批准。

9.1.4 必须为已建成的构筑物、系统和部件制定和执行所需要的在役检查大纲，必须对照基准数据评价其结果。

9.2 试验大纲

9.2.1 对于为证明构筑物、系统和部件将能满意地工作所需的所有试验，必须制定试验大纲，以确定试验工作，保证其执行并形成文件。试验大纲必须包括所有需要做的试验，必要时，包括程序的鉴定试验以及设备的鉴定试验、样机鉴定试验、安装前的复核试验、调试试验和运行阶段的监测试验。

9.2.2 必须按书面试验程序做试验。书面程序列有设计文件中规定的要求和验收限值，并包括一些规定，以保证试验的先决条件均已具备，试验是在合适的环境条件下由受过适当训练的人员使用已正确标定的仪表来进行。试验结果必须以文件形式给出并加以评定，以保证满足规定的试验要求。

9.3 测量和试验设备的标定

9.3.1 为了确定是否符合验收准则，必须制定一些措施，以保证所使用的工具、量具、仪表和其他检查、测量、试验设备和装置都具有合适的量程、型号、准确度和精度。

9.3.2 为了使准确度保持在要求的限值内，在规定的时间间隔或在使用之前，对影响质量的活动中所使用的试验和测量设备必须进行标定和调整。当发现偏差超出规定限值时，必须对以前测量和试验的有效性进行评价，并重新评定已试验物项的验收。必须制定控制措施，以保证适当地装卸、贮存和使用已标定过的设备。

9.4 检查、试验和运行状态的显示

9.4.1 核电厂各物项的试验和检查状态，必须通过使用标记、打印、标签、签条、工艺卡、检查记录、实体位置或其他合适的方法予以标识，指明经过试验和检查的物项是否可验收或列为不符合项。必须在物项的整个制造、安装和运行中按需要保持检查和试验状态的标识，以保证只能使用、安装或运行已通过了所要求的检查和试验的物项。

9.4.2 必须制定一些措施，以显示核电厂系统和部件的运行状态，例如在阀门和开关上挂标示牌，以防止误操作。

10 对不符合项的控制

10.1 概述

必须制定一些措施，控制不满足要求的物项，以防止误用或误装。为了保证对不符合要求的物项的控制，在实际可行时必须用标记、标签或实体分隔的方法来标识不符合要求的物项。必须为不符合要求的物项或带有缺陷的物项制定控制下一步工序、交货或安装的措施，形成文件并予以实施。

10.2 对不符合项的审查和处理

必须按文件规定的程序对不符合要求的物项进行审查，并确定是否不加修改地接受、拒收、修理或返工。必须规定对不符合项进行审查的责任和对不符合项进行处理的权限。对已经接受的不符合要求（包括偏离采购要求）的物项，必须通知采购人员，必要时，向指定的机构报告。对已接受的变更、放弃要求或偏差的说明都必须形成文件，以指明不符合要求的物项的"竣工"状态。必须按合适的程序，对经修理和返工的物项重新进行检查。

11 纠 正 措 施

质量保证大纲必须规定采取适当的措施，以保证鉴别和纠正有损于质量的情况，例如故障、失灵、缺陷、偏差、有缺陷或不正确的材料和设备以及其他方面的不符合项。对于严重的有损于质量的情况，大纲必须对查明起因和采取纠正措施作出规定，以防止其再次出现。对于严重的有损于质量的情况，必须用文件阐明其鉴别、起因和所采取的纠正措施，并向有关各级的管理部门报告。

12 记 录

12.1 质量保证记录的编写

必须在质量保证大纲实施中编写足够使用的质量保证记录。记录中必须有质量的客观证据，包括审查、检查、试验、监查、工作执行情况的监视、材料分析等的结果，电厂运行日志以及密切相关的资料，例如人员、程序和设备的鉴定资料、所作的必要的修正和其他有关的文件。所有质量保证记录都必须字迹清楚、完整、并与所记述的物项或服务相对应。

12.2 质量保证记录的收集、贮存和保管

12.2.1 必须按书面程序和细则建立并执行质量保证记录制度。该制度必须能保存足够的记录，以便提供影响质量的活动的证据和说明物项运行前状况的基准数据；必须为记录的鉴别、收集、编入索引、归档、贮存、保管和处置作出规定。记录的贮存方式必须便于检索，并将记录保存在适当的环境中，以尽量减少变质或损坏和防止丢失。

12.2.2 必须以文件的形式对质量保证记录、有关的试验材料和样品的保存时间做出规定。正确地标明核电厂物项"竣工"状态的记录，必须在该物项从制造直到贮存、安装及运行的有效寿期内，由营运单位或由其指定的部门保存。对于不需要全寿期保存的记录，必须根据该记录的类别规定相应的保存时间。必须根据书面程序处置记录①。

13 监 查

13.1 概述

必须采取措施验证质量保证大纲的实施及其有效性。必须根据需要执行有计划的、有文件规定的内部及外部监查制度，以验证是否符合质量保证大纲的各个方面，并确定大纲实施的有效性。监查必须根据书面程序和监查项目表（提问单）进行。负责监查的单位必须选择和指定合格的监查人员。参加监查的人员必须是对所监查的活动不负任何直接责任的。在内部监查时，对被监查的活动的实施负有直接责任的人，不得参与挑选监查小组人员的工作。监查人员必须用文件给出监查结果。必须由对被监查领域负责的机构对监查中所发现的缺陷进行审核和纠正。必须采取后续行动，以验证纠正措施的实施。

13.2 监查的计划安排②

必须根据活动情况及其重要性来安排监查计划，在出现下列一种或多种情况时必须进行监查：

（1）有必要对大纲实施的有效性进行系统或部分的评价时。

---

① 进一步说明见安全导则 HAD003/04。
② 进一步说明见安全导则 HAD003/05。

（2）在签订合同或发给订货单前，有必要确定承包者执行质量保证大纲的能力时。

（3）已签订合同并在质量保证大纲执行了足够长的一段时间之后，有必要检查有关部门在执行质量保证大纲、有关的规范、标准和其他合同文件中是否行使所规定的职能时。

（4）对质量保证大纲中规定的职能范围进行重大变更（例如机构的重大改组或程序的修订）时。

（5）在认为由于质量保证大纲的缺陷会危及物项或服务的质量时。

（6）有必要验证所要求的纠正措施的实施情况时。

名 词 解 释

在核电厂安全规定中下列名词术语的含义为：

运行状态

正常运行或预计运行事件两类状态的统称。

正常运行

核电厂在规定运行限值和条件范围内的运行，包括停堆状态、功率运行、停堆过程、启动、维护、试验和换料。

预计运行事件①

在核电厂运行寿期内预计可能出现一次或数次的偏离正常运行的各种运行过程；由于设计中已采取相应措施，这类事件不至于引起安全重要物项的严重损坏，也不会导致事故工况。

事故（事故状态）

事故工况和严重事故两类状态的统称。

---

① 属于预计运行事件的事例有：正常电源断电和汽轮机脱扣、核电厂正常运行中个别部件的误动作、控制设备中个别元件失灵和主泵断电等。

事故工况

以偏离①运行状态的形式出现的事故,事故工况下放射性物质的释放可由恰当设计的设施限制在可接受限值以内,严重事故不在其列。

设计基准事故

核电厂按确定的设计准则在设计中采取了针对性措施的那些事故工况。

严重事故

严重性超过事故工况的核电厂状态,包括造成堆芯严重损坏的状态。

事故处理

为使核电厂恢复到受控安全状态并减轻事故后果而采取的一系列阶段性行动,行动阶段的顺序如下:

(1)事故序列在发展中,但尚未超出核电厂设计基准的阶段。

(2)发生严重事故,但堆芯尚未损坏的阶段。

(3)堆芯损坏后的阶段。

上述 8 个术语相互间的关系参见附图 1。

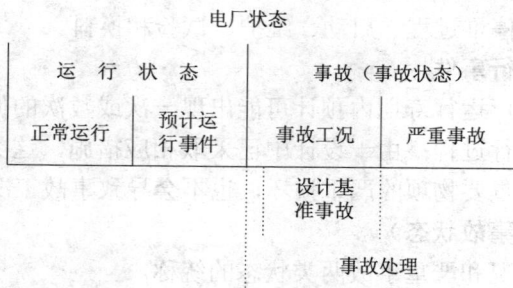

附图 1　8 个术语相互间的关系

---

① 偏离的例子有较大的燃料破损、冷却剂丧失事故等。

核安全（安全）

完成正确的运行工况、事故预防或缓解事故后果从而实现保护厂区人员、公众和环境免遭过量辐射危害。

安全系统[①]

安全上重要的系统，用于保证反应堆安全停堆、从堆芯排出余热或限制预计运行事件和事故工况的后果。

保护系统

有各种电器件、机械器件和线路（从传感器到执行机构的输入端）组成的产生与保护功能相联系的信号系统。

安全执行系统

由保护系统触发用以完成必需的安全动作的设备组合。

安全系统辅助设施

为保护系统和安全执行系统提供所需的冷却、润滑和能源等服务的设备组合。

上述 5 个术语相互间的关系参见附图 2。

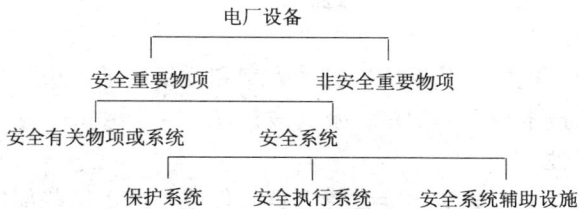

```
                    电厂设备
        ┌──────────────┴──────────────┐
    安全重要物项                  非安全重要物项
    ┌──────┴──────┐
安全有关物项或系统        安全系统
              ┌──────────┼──────────────┐
          保护系统    安全执行系统    安全系统辅助设施
```

附图 2   5 个术语相互间的关系

可接受限值

国家核安全部门认可的限值。

---

① 安全系统包括保护系统、安全执行系统和安全系统辅助设施。安全系统的部件可以专用于执行安全功能，亦可在某些运行状态下执行安全功能而在另一些运行状态下执行非安全功能（见附图2）。

能动部件①

依靠触发、机械运动或动力源等外部输入而行使功能，因而能以主动态影响系统的工作过程的部件（参见"非能动部件"）。

调试②

核电厂已安装的部件和系统投入运行并进行性能验证，以确认是否符合设计要求、是否满足性能标准的过程。调试由反应堆装载燃料前和反应堆进入临界、链式裂变反应在持续进行中两种条件下的试验组成。

共因故障③

由特定的单一事件或起因导致若干装置或部件功能失效的故障。

建造

包括核电厂的部件制造、组装、土建施工、部件和设备的安装及有关联的试验在内的过程。

退役

核电厂最终退出运行的过程。

设计

制定核电厂及其组成部分的方案和详细图纸，进行支持性计算并制订技术规格书的过程及其成果。

多样性

为执行某一确定功能设置多重部件或系统，这些部件或系统

---

① 能动部件的例子有：泵、风机、继电器和晶体管等等。应强调指出实际上这一定义只能是比较笼统的（非能动部件的定义也是如此），某些部件，如爆破膜、逆止阀、安全阀、喷射器和某些固态电子器件等，需要对其特性进行专门研究后始可列属能动部件或非能动部件。

② 审批过程通常以厂址选择、设计、建造、调试、运行和退役命名的 6 个主要阶段组成。6 个阶段中若干阶段可交叉进行，如建造或调试和运行。

③ 例如设计缺陷、制造缺陷、运行和维修差错、自然事件、人为事件、信号饱和或源自其他操作、故障或环境条件改变的意外的级联效应。

总起来说具有一个或几个不同属性[①]。

燃料组件

作为一个整体装入堆芯，尔后又自堆芯撤除的燃料元件组。

燃料元件

以燃料为其主要组成部分的最小独立结构件。

功能隔离

为防止线路或系统的功能受到相邻线路或系统的运行方式或故障的影响所采取的措施。

检查

通过检验、观察或测量等手段，确定材料、零件、部件、系统、构筑物及工艺和程序是否符合规定要求的活动。

许可证（执照）

由国家核安全部门颁发的，申请单位据以确定核电厂厂址、进行核电厂的建造、调试、运行和退役等特定活动的授权证书。

营运单位

持有国家核安全部门许可证（执照），负责经营和运行核电厂的单位。

运行

为实现核电厂的建厂目的而进行的全部活动，包括维护、换料、在役检查及其他有关活动。

运行限值和条件

经国家核安全部门认可的，为核电厂的安全运行列举参数限值、设备的功能和性能及人员执行任务的水平等一整套规定。

---

① 不同属性的例子有：不同的运行条件、大小不等的设备、不同的制造厂、不同的工作原理以及基于不同物理方法、不同类型的设备。

非能动部件①

无须依赖外部输入而执行功能的部件。非能动部件内一般没有活动的组成部分，其功能的执行系在感受到某种参数，如压力、温度、流量的变化后完成。然而，基于不可逆动作或变化又十分可靠的部件，可划为这个类别。

实体分隔

（1）几何分隔（增大间距、改变走向等）。

（2）设置适当的屏障。

（3）前两者的结合。

假设始发事件

经签明可能导致预计运行事件或事故工况及其后续故障效应的事件②。

规定限值

由国家核安全部门确定或认可的限值。

质量保证

为使物项或服务与规定的质量要求相符合，并提供足够的置信度所必需的一系列有计划的系统的活动。

多重性

通过设置数量高于最低需要的单元或系统（相同的或不同的），以达到任一单元或系统的失效不至于引起所需总体安全功能丧失的措施。

余热

放射性衰变和停堆后裂变所产生的热量以及积存在反应堆结

---

① 非能动部件的例子有：热交换器、管道、容器、电缆和构筑物。应强调指出，实际上这一定义只能是比较笼统的（能动部件的定义也是如此）。某些部件，如爆破膜、逆止阀、安全阀、喷射泵和某些固态电子器件等，需要对其特性进行专门研究后始可列属能动部件或非能动部件。

② 假设始发事件的主要原因有：可信的设备故障和人员差错（核电厂内外）、人为事件或自然事件。核电厂假设始发事件的清单（明细表）必须经国家核安全部门认可。

构材料中和传热介质中的热量之总和。

安全功能

为安全着想必须完成的特定目的。

安全组合

用于完成某一特定假设始发事件下所必需的各种动作的设备组合，其使命是防止事件的后果超过设计基准规定的限值。

安全系统整定值

为防止出现超过安全限值的状态，在发生预计运行事件和事故工况时启动有关自动保护装置的触发点。

单一故障

导致某一部件不能执行其预定安全功能的一种随机故障。由单一随机事件引起的各种继发故障，均视作单一故障的组成部分。

厂址、厂区

具有确定的边界，在核电厂管理人员有效控制下的核电厂所在领域。

厂区人员

在厂内工作的全部人员，包括在编的和临时的。

厂址选择

为核电厂选择合适厂址的过程，包括针对有关设计基准的评定。

试验

为确定或验证物项的性能是否符合规定要求，使之置于一组物理、化学、环境或运行条件考验之下的活动。

最终热阱

接受核电厂所排出余热的大气或水体，或两者的组合。

废物处理

有利于安全或经济的改变废物特性的处理过程，其 3 种基本途径为：

（1）减容。

（2）去除废物中的放射性核素。

（3）改变成分。

设计基准外部事件

与某个外部事件或几个外部事件组合有关，能表达其特征，选定用于核电厂全部或其任何部分的设计参数值。

外围地带

直接围绕厂区、须在人口分布和密度、山地和水的利用等方面考虑采取应急措施的可能性的地带。

区域

足以把与某一现象有关的或某一特定事件影响所及的所有特征都包含在内的足够大的一个地理区域。

物项

材料、零件、部件、系统、构筑物以及计算机软件的通称。

客观证据

基于观察、测量或试验的、可被验证的、关于某物项或服务质量的定量或定性资料、记录或事实说明。

合格人员

符合特定要求、具备一定条件，而且被正式指定执行规定任务和承担责任的人员。

能动断层

在地表或接近地表处有可能引起明显错动的断层。

对供方的评价

对某个供应单位进行评价，以确定供方是否有能力生产或提供规定质量的物项或服务，并是否有能力提供据以验收其物项或服务的证据。

运行人员

厂区人员当中参加核电厂运行的人员。

运行记录

记载着核电厂运行情况的历史资料，如仪表记录纸、各种证书、运行日志、计算机打印输出和磁带等。

核电厂运行管理者

由核电厂营运单位（或其主管部门）委任的负责指挥核电厂运行，并承担直接安全责任的人员（或组织）。

安全限值

过程变量的各种限值，核电厂在这些限值范围内运行已证明是安全的。

记录

为各种物项或服务的质量以及影响质量的各种活动提供客观证据的文件。

技术规格书（技术条件）

一种书面规定，说明产品、服务、材料或工艺必须满足的要求，并指出确定这些规定的要求是否得到满足的程序。

文件

对于质量保证有关的活动、要求、程序或结果加以叙述、定义、说明、报告或证明的文字记录或图表资料。

检验

检查工作的一部分，包括对材料、部件、供应品或服务进行调查，在只靠这种调查就能判断的范围内确定它们是符合规定的要求[①]。

不符合项

性能、文件或程序方面的缺陷，因而使某一物项的质量变得不可接受或不能确定。

监查

通过对客观证据的调查、检查和评价，为确定所制定的大纲、程序、细则、技术规格书、规程、标准、行政管理计划或运行大纲及其他文件是否齐全适用，是否得到切实遵守以及实施效果如何而进行的审核并提出书面报告的工作。

---

① 质量保证检验一般采用无损检验，包括手动检验、计量和测量。

附录 I 核电厂质量保证安全导则目录

注　解

1. 在安全导则 HAF0403~HAF0406、HAF0408 及 HAF0410 中，列有执行本规定这一部分可供采用的方法。

2. 进一步说明见安全导则 HAF0407。

3. 进一步说明见安全导则 HAF0402。

4. 进一步说明见安全导则 HAF0409。

5. 属于预计运行事件的事例有：正常电源断电和汽轮机脱扣、核电厂正常运行中个别部件的误动作、控制设备中个别元件失灵和主泵断电等。

6. 偏离的例子有较大的燃料破损、冷却剂丧失事故等。

7. 安全系统包括保护系统、安全执行系统和安全系统辅助设施。安全系统的部件可以专用于执行安全功能，亦可在某些运行状态下执行安全功能而在另一些运行状态下执行非安全功能（见附图 2）。

8. 能动部件的例子有：泵、风机、继电器和晶体管等。应强调指出实际上这一定义只能是比较笼统的（非能动部件的定义也是如此），某些部件，如爆破膜、逆止阀、安全阀、喷射器和某些固态电子器件等，需要对其特性进行专门研究后始可列属能动部件或非能动部件。

9. 审批过程通常以厂址选择、设计、建造、调试、运行和退役命令的 6 个主要阶段组成。6 个阶段中若干阶段可交叉进行，如建造或调试和运行。

10. 例如设计缺陷、制造缺陷、运行和维修差错、自然事件、人为事件、信号饱和或源自其他操作、故障或环境条件改变的意外的级联效应。

11. 不同属性的例子有：不同的运行条件、大小不等的设备、不同的制造厂、不同的工作原理以及基于不同物理方法、不同类型的设备。

12. 非能动部件的例子有：热交换器、管道、容器、电缆和构筑物。应强调指出，实际上这一定义只能是比较笼统的（能动部件的定义也是如此）。某些部件，如爆破膜、逆止阀、安全阀、喷射泵和某些固态电子器件等，需要对其特性进行专门研究后始可列属能动部件或非能动部件。

13. 假设始发事件的主要原因有：可信的设备故障和人员差错（核电厂内外）、人为事件或自然事件。核电厂假设始发事件的清单（明细表）必须经国家核安全部门认可。

14. 技师保证检验一般采用无损检验，包括手动检验、计量和测量。

第二部分

国家核安全局管理文件

国家核安全局办公室函

国核安办〔2008〕176号

关于申报民用核安全设备焊工焊接操作工
考核中心的通知

电力行业民用核承压设备焊工资格鉴定委员会、机械行业民用核安全设备焊工资格鉴定委员会、中国核工业建设集团公司民用核承压设备焊工资格鉴定委员会、中国核仪器设备总公司民用核承压设备焊工资格鉴定委员会、各民用核承压焊工焊接操作工考核中心：

根据《民用核安全设备焊工焊接操作工资格管理规定》（HAF603）的有关规定，国家核安全局拟选定一批民用核安全设备焊工、焊接操作工考核中心，从事焊工、焊接操作工专项理论知识考试和操作技能考试。

现将有关事项通知如下：

一、按自愿原则，凡符合《民用核安全设备焊工焊接操作工考核中心申报条件》（见附件一），能够按照《焊工项目考试管理指南》（见附件二）的要求开展专项理论知识考试和操作技能考试的单位，均可向国家核安全局提出申请。

二、申请单位应根据《民用核安全设备焊工焊接操作工考核中心申请指南》（见附件三）的要求在2008年11月底前提出申请，并提交相关材料。

三、国家核安全局将组织技术后援单位对申请单位进行技术审查，审查相关信息将在环境保护部的政府网站（www.zhb.gov.cn）公布。

四、国家核安全局将根据《民用核安全设备焊工焊接操作工资格管理规定》（HAF603）的有关要求，考虑地域分布和焊工考核的需求选定首批考核中心。

五、选定首批考核中心后，焊工、焊接操作工专项理论知识考试和操作技能考试均应在选定的考核中心进行。

联系人：国家核安全局核设备处 沈伟

电话：（010）66556367

传真：（010）66556366

E-mail：shenweibuct@163.com

地址：北京市西城区西直门内南小街 115 号

邮编：100035

附件：1. 民用核安全设备焊工焊接操作工考核中心申报条件

2. 焊工项目考试管理指南

3. 民用核安全设备焊工焊接操作工考核中心申请指南

二〇〇八年十月二十日

国家核安全局文件

国核安发〔2007〕168号

关于公布《民用核安全设备目录
（第一批）》的通知

各有关单位：

根据《民用核安全设备监督管理条例》的规定，我局制定了《民用核安全设备目录（第一批）》，现予以公布，请各单位遵照执行。

附件：民用核安全设备目录（第一批）

二〇〇七年十二月二十九日

主题词：环保　核安全设备　目录　第一批　通知

附件：

民用核安全设备目录（第一批）

设备种类	设 备 类 别	设 备 品 种 举 例
核安全 机械设备	钢制安全壳	
	安全壳钢衬里	
	压力容器	
	储罐	
	热交换器	管壳式热交换器
		板式热交换器
	管道和管配件	直管
		热交换器传热管
		管道预制
		弯头
		三通
		异径管
	泵	离心泵
		往复泵
		屏蔽泵
		其他类型核安全级泵
	堆内构件	
	控制棒驱动机构	
	风机	
	压缩机	离心式
		往复式

设备种类	设备类别	设备品种举例
核安全机械设备	阀门	隔离阀
		单向阀
		安全阀、释放阀
		调节阀
		其他类型核安全级阀
	支承件	设备支承件
		管道支承件
		阻尼器
	波纹管，膨胀节	金属波纹膨胀节
		特种形式金属膨胀节
		金属波纹管
	闸门	人员闸门
		设备闸门
		应急闸门
	机械贯穿件	
	法兰	
	铸锻件	容器类
		泵阀类
		支承类
核安全（1E级）电气设备	传感器（包括探测器、变送器）	温度计
		流量计
		压力变送器、差压变送器、液位变送器
		辐射监测传感器
		核测仪表

设备种类	设 备 类 别	设备品种举例
核安全（1E级）电气设备	电缆	电力电缆
		控制电缆
		仪表电缆
		同轴电缆
		电缆连接件
	电气贯穿件	
	机柜（包括机箱和机架）	仪控机架、机柜
		仪控接线箱
	控制台屏、显示仪表	控制屏、台、箱
		事故后监测仪表
	应急柴油发电机组	
	蓄电池（组）	
	阀门驱动装置	阀门电动装置
	电动机	交流电动机
		直流电动机

国家核安全局文件

国核安发［2010］10号

关于选定民用核安全设备焊工焊接操作工
资格考核中心的通知

各相关单位：

依据《民用核安全设备焊工焊接操作工资格管理规定》（HAF603），根据原各行业认定的核承压设备考核中心的工作业绩，考核中心申请单位从事核安全设备工作的情况，以及核电发展的要求，我局决定选择中国核工业第二三建设公司等七家单位为民用核安全设备焊工、焊接操作工考核中心。

各考核中心可于2010年3月1日起组织实施民用核安全设备焊工、焊接操作工基本理论知识考试、专项理论知识考试和操作技能考试。各考核中心根据审评意见和《焊工项目考试质量保证补充要求》，修订考核中心申请文件和《焊工项目考试质量保证分大纲》，并于2010年2月底前报我局备案。

附件：民用核安全设备焊工焊接操作工考核中心信息表

二〇一〇年二月五日

主题词：环保　核安全设备　管理　通知

民用核安全设备焊工焊接操作工考核中心信息表

序号	考核中心申请单位	地　　址	质量总监	联系人	电　　话
1	中国核工业第二三建设公司	河北省三河市燕郊镇宫东大街37号	王贵洪	谌彬	010-61592323-3115
		深圳市大亚湾核电厂二三公司		张海波	0755-84472587
		浙江省海盐县环城南路125号二三公司		周志奎	0573-86934817
2	上海电气核电设备有限公司	上海市南汇区临港新城层林路77号	苏艺	尹崟新	021-38220331
3	上海电气电站设备有限公司	上海杨树浦路1900号	陈光	彭暐华	021-65431040-1288
4	东方锅炉（集团）股份有限公司	四川省自贡市自流井区五星街黄桷坪150号	潘乾刚	孔建伟	0813-4734357
5	中国第一重型机械集团公司	大连市甘井子区大连湾镇棉花岛棉港路1号	王发民	祁恒江	0411-39539916
6	江苏省电力建设第一工程公司	江苏省南京市中央门电建路8号	王强	徐佩兰	025-85325018
7	核工业第五建设公司	上海市金山区石化卫五北路198号，第五焊接研究所	梁选翠	刘卫华	021-57948491

国家核安全局文件

国核安发〔2010〕27号

关于选用中国核工业第二四建设有限公司等
五家民用核安全设备焊工焊接操作工
资格考核中心的通知

各相关单位：

依据《民用核安全设备焊工焊接操作工资格管理规定》（HAF603），根据原各行业认定的核承压设备考核中心的工作业绩、考核中心申请单位从事核安全设备工作的情况以及核电发展的需要，我局决定选择中国核工业第二四建设有限公司等五家单位为民用核安全设备焊工焊接操作工考核中心。

各考核中心可于2010年3月1日起组织实施民用核安全设备焊工、焊接操作工基本理论知识考试、专项理论知识考试和操作技能考试。各考核中心根据审评意见和《焊工项目考试质量保证补充要求》，修订考核中心申请文件和《焊工项目考试质量保证分大纲》，并于2010年2月底前报我局备案。

附件：民用核安全设备焊工焊接操作工考核中心基本信息

二〇一〇年二月二十三日

主题词：环保　核安全设备　管理　通知

附件:

民用核安全设备焊工焊接操作工考核中心基本信息

序号	考核中心	地　　址	质量总监	联系人	电　话
1	中国核工业第二四建设有限公司	福建省福清市三山镇前薛村中国核工业第二四建设有限公司福清核电项目部	伍崇明	邓国平	0591-85930312
2	中国核工业第二二建设有限公司	浙江省海盐县核电基地中核建第二二公司核电事业部	季钊徐	彭姿云	0573-86403390
3	大连宝原核设备有限公司	大连市甘井子区海北路2号技术部	温殿水	程惠君	0411-86681340
4	中国核工业华兴建设有限公司	江苏省仪征市中国核工业华兴建设有限公司核电工程事业部	刘诗和	路书永	0514-83232614
5	江苏电力建设第三工程公司	江苏镇江市丁卯桥路138号总经理工作部	陈新华	庄海青	0511-85582979

国家核安全局办公室函

国核安发〔2010〕28 号

关于加强民用核安全设备
焊工焊接操作工资格管理的通知

各相关单位：

根据《民用核安全设备焊工焊接操作工资格管理规定》（HAF603），我局已选定民用核安全设备焊工、焊接操作工考核中心，并制定了具体管理要求（见附件）。

2010 年 3 月 1 日以后，各民用核安全设备焊工、焊接操作工考核中心以及民用核安全设备焊工、焊接操作工的聘用单位应根据相关要求开展民用核安全设备焊工、焊接操作工资格管理工作。

附件：1. 民用核安全设备焊工焊接操作工资格管理程序
2. 焊工项目考试质量保证补充要求
3. 焊工项目考试合格项目代号编制方法及其适用范围

二〇一〇年二月十一日

主题词：环保 核安全 焊工 管理 通知

环境保护部办公厅 2010 年 3 月 2 日印发

国 家 核 安 全 局

国核安函〔2010〕71 号

关于明确民用核安全设备焊工焊接操作工
若干管理要求的通知

各考核中心及相关聘用单位：

根据核电发展形势和核安全设备管理工作需要，经研究，现对核安全设备焊工、焊接操作工有关工作要求通知如下：

一、民用核安全电气设备活动中焊接活动为流量计、电动机、电气贯穿件和应急柴油发电机组中的机械结构或密封焊接。各民用核安全电气设备活动单位应采取措施保证相关人员在 2011 年 1 月 1 日前取得焊工资质证书。

二、各聘用单位上报焊工连续操作记录的时间尽量相对固定，建议为该聘用单位第一批焊工证书生效后的每三个月的最后 10 个工作日。聘用单位上报焊工连续操作记录时，应同时上报本单位现有民用核安全设备焊工、焊接操作工人数和合格项目总数，以及过去 3 个月内失效的合格项目列表。

三、鉴于焊接技术的发展，将 HWS、HWZ 分别指为手工非熔化极气体保护焊和自动非熔化极气体保护焊。

四、暂不将保护气体种类列入技能变素。

五、焊接母材和焊材的分类应结合该材料所依据的国家核安全局批准的在建核电厂所采用的标准（核电适用标准）所确定的材料焊工考核分类原则，根据 HAF603 的要求进行分类。如材料所依据的核电适用标准对该材料焊工考核暂无明确分类，该材料应视为特殊材料处理。

六、对于补焊操作考试，母材强度补焊焊缝视同为对接焊缝，堆焊层内补焊焊缝视同为堆焊焊缝。

七、对于焊接操作工管材焊接，在合格项目代号中焊接相关尺寸标注技能考试施焊最小直径，适用范围为大于该尺寸。

八、对于耐磨堆焊，焊缝材料表示为 H+焊材相应的母材金属类别号，其适用范围同母材金属类别号。

九、为便于管理，发布《考试用焊接工艺规程基本内容和格式》。

请各单位遵照执行。

附件：考试用焊接工艺规程基本内容和格式

二〇一〇年四月二十八日

主题词：环保核安全焊工管理通知

环境保护部办公厅 2010 年 4 月 28 日印发

附件：

民用核安全设备焊工焊接操作工
操作技能考试

考试用焊接工艺规程基本内容和格式

考试用焊接工艺规程应按照 HAF603 和评定合格的焊接工艺评定进行编制，规程中必须包括影响考试结果的各种技能变素，焊接参数应细化到能使焊工、焊接操作工按照考试用焊接工艺规程独立施焊。考试用焊接工艺规程至少应包括下述内容：

1. 焊接工艺规程编号和工艺评定编号。

2. 技能考试项目代号。

3. 编审批人员的签名和编制日期。

4. 编制单位的名称。

5. 自动化程度。

6. 焊接母材的牌号和类别号。

7. 焊接材料的牌号和型号。

8. 坡口形式（附焊接接头简图）：

（1）以示意图形式表示坡口角度、间隙、钝边等参数。

（2）如使用两种以上焊接方法，或选用两种以上规格的焊条，应明确每种焊接方法或每种规格焊条对应的熔敷金属厚度。

（3）对于多层焊，在焊接接头简图中给出层数范围，且标示出不同层的施焊顺序。

9. 衬垫材料及形式、截面尺寸参数。

10. 钨极氩弧焊钨极的类型和直径。

11. 熔化性电极或填充材料的尺寸。

12. 保护气体及其流量（正面、背面和尾部）。

13. 焊接位置和前进方向（如适用）。

14. 焊缝金属厚度。

15. 焊接参数：

（1）依据焊接工艺评定制定焊接参数。

（2）针对不同层，给出所用焊材直径等特征参数，并明确电流值、电压值和速度值。

16. 热处理参数：预热温度、层间温度、性能热处理或消应力热处理的温度范围和保温时间等。

17. 其他焊接技术要求，如单道焊或多道焊、背面清根方法、打底和中间层清理方法、摆动焊和线性焊等，应根据具体的工艺特征增加相关内容。

18. 对于电子束焊、螺柱焊等特种焊接方法，可按照其技能变素对推荐的工艺规程进行修改，但应在考核中心质保体系中明确其格式。

推荐的焊工考试焊接工艺规程的格式和内容见后。

考试用焊接工艺规程推荐格式

编号：

技能考试项目代号				
工艺评定报告编号/依据标准/有效期		自动化程度/稳压系统/自动跟踪系统		
焊 接 接 头		焊接接头简图（有衬垫的应标明衬垫的形式和截面尺寸）：		
坡口形式				
衬垫（材料）				
焊缝金属厚度				
管子直径				
其他				
母 材		填 充 金 属		
类别号		焊材类型（焊条、焊丝、焊带等）		
牌号		焊材型（牌）号/规格		
规格		焊剂型（牌）号		
焊接位置		保护气体类型/混合比/流量		
焊接位置		正面		
焊接方向		背面		
其他		尾部		
预热和层间温度		焊后热处理		
预热温度		温度范围		
层间温度		保温时间		
预热方式		其他		

112

焊 接 技 术			
最大线能量			
喷嘴尺寸		导电嘴与工件距离	
清根方法		焊缝层数范围	
钨极类型/尺寸		熔滴过渡方式	
直向焊、摆动焊及摆动方法			
背面、打底及中间焊道清理方法			

焊 接 参 数							
焊层	焊接方法	焊 材		焊 接 电 流		电压范围/V	焊接速度/（mm·min⁻¹）
		型（牌）号	规格/mm	极性	范围/A		

施 焊 操 作 要 领

编制		审核		批准	
日期		日期		日期	
编制单位名称					

国家核安全局函

国核安函〔2010〕148号

关于印发《民用核安全设备焊工焊接操作工资格管理工作会议纪要》的通知

中国核工业集团公司，中国广东核电集团有限公司，中国电力投资集团公司，国家核电技术公司，各考核中心及相关聘用单位：

2010年7月15日至16日，我局在京组织召开了全国民用核安全设备焊工、焊接操作工资格管理第二次会议。会议讨论了民用核安全设备焊工、焊接操作工资格管理规定的有关问题。现将《会议纪要》印发你们，请参照执行。

附件：民用核安全焊工焊接操作工资格管理工作会议纪要

二〇一〇年九月二十五日

主题词：环保　核安全　焊工　管理　会议纪要　通知

抄送：环境保护部北方核与辐射安全监督站、环境保护部上海核与辐射安全监督站、环境保护部东北核与辐射安全监督站、环境保护部广东核与辐射安全监督站、环境保护部四川核与辐射安全监督站、环境保护部西北核与辐射安全监督站。

114

国家核安全局函

国核安函〔2011〕53号

关于印发《2011年民用核安全设备焊工焊接操作工资格管理工作会议纪要》的函

各焊工考核中心及相关聘用单位：

2011年3月2日至3日，我局组织召开了2011年全国民用核安全设备焊工、焊接操作工资格管理工作会议。会议讨论了民用核安全设备焊工、焊接操作工资格管理规定的有关问题。现将《会议纪要》印发你们，请参照执行。

附件：1. 2011年民用核安全设备焊工焊接操作工资格管理工作会议纪要

2. 参会人员名单

3. 民用核安全设备焊工焊接操作工资格证书格式

二○一一年五月五日

主题词：环保 核安全 焊工 会议纪要 函

抄送：中国核工业集团公司，中国广东核电集团有限公司，中国电力投资集团公司，国家核电技术公司，环境保护部华北核与辐射安全监督站、环境保护部华东核与辐射安全监督站、环境保护部东北核与辐射安全监督站、环境保护部华南核与辐射安全监督站、环境保护部西南核与辐射安全监督站、环境保护部西北核与辐射安全监督站、环境保护部核与辐射安全中心。

国 家 核 安 全 局

国核安函〔2011〕52号

关于印发《民用核安全设备审评监督
第二次经验交流会会议纪要》的通知

环境保护部华北核与辐射安全监督站、环境保护部核与辐射安全中心，机械院核设备安全与可靠性中心，苏州核安全中心，北京核安全审评中心，上海核工程研究设计院：

　　2011年2月17—19日，国家核安全局在北京组织召开了民用核安全设备审评监督第二次经验交流会。环境保护部华北核与辐射安全监督站、环境保护部核与辐射安全中心、机械院核设备安全与可靠性中心、苏州核安全中心、北京核安全审评中心、上海核工程研究设计院的有关人员参加了会议。

　　会议讨论了《民用核安全设备目录（第一批）设备类别及品种的进一步解释》《民用核安全设备设计制造安装和无损检验不能分包的关键工艺和技术》《民用核安全设备监督检查大纲及程序》等文件，并对《民用核安全设备监督管理条例》及其配套规章实施3年以来，各审查单位在民用核安全设备活动许可审评和监督过程中遇到的问题进行了讨论和交流。现将会议纪要印发你们，请按照会议纪要做好相关工作。

附件：民用核安全设备审评监督第二次经验交流会会议纪要

国家核安全局

二〇一一年五月三日

主题词：环保 核安全设备 审评监督 会议纪要 通知

环境保护部办公厅 2011 年 5 月 4 日印发

附件：

民用核安全设备审评监督
第二次经验交流会会议纪要

（2011 年 2 月 19 日）

国家核安全局于 2011 年 2 月 17—19 日在北京组织召开了民用核安全设备审评监督第二次经验交流会。环境保护部华北核与辐射安全监督站、环境保护部核与辐射安全中心、机械院核设备安全与可靠性中心、苏州核安全中心、北京核安全审评中心、上海核工程研究设计院的代表（名单见附表）参加了会议。

本次会议讨论了《民用核安全设备目录（第一批）设备类别及品种的进一步解释》《民用核安全设备设计制造安装和无损检验不能分包的关键工艺和技术》《民用核安全设备监督检查大纲及程序》等文件，并对《民用核安全设备监督管理条例》及其配套规章实施 3 年以来，各审查单位在民用核安全设备活动许可审评和监督过程中遇到的问题进行了讨论和交流。经深入细致的讨论，形成会议纪要如下。

一、关于铸锻件、法兰、管道和管配件等设备类别的许可活动范围表格式

1. 铸锻件制造许可活动范围表中特征参数删除"重量"和"尺寸"两栏，根据"典型部件""核安全级别"和"材料类别"体现单位能力。

2. 法兰制造许可活动范围表中特征参数删除"公称压力"栏。

3. 管道预制制造活动范围表中，增加热挤压管嘴的成型方式；对于弯制成型，取消对于最小弯曲半径的限制，并修改相应

的模拟件实施细则。

4. 主管道制造许可活动范围表中增加"主要关键工艺"栏。

5. 管配件制造许可活动范围表中不再区分冷热成型，将成型工艺合并为"推制、压制、锻制、焊接"，取消对于弯头长短半径的限制，并修改相应的模拟件实施细则。

二、关于风机和压缩机许可活动范围表格式

1. 风机的设备品种区别为离心风机和轴流风机两类，核安全级别确定为"核安全级"。

2. 风机设计许可活动范围表中设计能力特征参数删除"设计温度"和"主体材料"两栏，保留"抗震类别""性能特征参数"和"工作介质"三栏，其中性能特征参数为"风量"和"静压"。

3. 风机制造许可活动范围表中制造能力特征参数删除"抗震类别"和"典型设备名称"两栏，保留"性能特征参数"和"主体材料"两栏。

4. 压缩机设计许可活动范围表中的"设计能力特征参数"只保留"容积流量"和"设计温度"及"工作介质"三栏。

5. 压缩机制造许可活动范围表中的"制造能力特征参数"只保留"容积流量"和"主体材料"两栏。

三、关于泵、阀门许可活动范围表格式

关于泵的许可活动范围表：

1. 泵制造许可活动范围表中制造能力特征参数删除"抗震类别"一栏。

2. 泵设计、制造许可活动范围表中的"典型设备名称"一列应结合申请单位的实际能力、模拟件制作、以往供货业绩和核电厂实际产品，给出有能力设计、制造的泵的具体名称。对于目前许可活动范围表中"典型设备名称"栏列出的设备名称，供各核

与辐射安全监督站参考使用。

3. 泵设计许可活动范围表的备注栏填写申请单位在设计活动中的主要分包项目，如抗震分析、部分鉴定试验（如抗震试验等）。泵制造许可活动范围表的备注栏填写申请单位在制造活动中的主要采购项目和主要分包项目。主要采购项目如铸件、锻件、电机、机械密封等，主要分包项目如高温拉伸、热处理、射线探伤等。

关于阀门的许可活动范围表：

1. 阀门制造许可活动范围表中制造能力特征参数删除"抗震类别"和"工作介质"两栏。

2. 阀门设计许可活动范围表中的备注栏填写申请单位在设计活动中的主要分包项目，如抗震分析、部分鉴定试验（包括：热循环试验、热态寿命试验、冷热交变试验、流体阻断性能试验、端部加载试验、抗震试验、流量系数测试等）。阀门制造许可活动范围表中的备注栏填写申请单位在制造活动中的主要采购项目和主要分包项目。主要采购项目如铸件、锻件、电动装置、气动装置等；主要分包项目如微量元素分析、射线检验等。

3. 阀门设计、制造许可活动范围表中的能力特征参数（公称通径、设计压力、设计温度）应结合申请单位的实际能力、模拟件规格、以往供货业绩以及核电厂的实际产品参数确定。对于公称通径，在常规业绩覆盖的情况下，结合核电厂的实际目标产品情况，可以按照模拟件最大扩大到两倍；对于压水堆，一般情况下设计压力的限值不宜超过 17.6 MPa，设计温度的限值不宜超过 370 ℃。其他堆型，根据实际情况确定。

四、关于审领民用核安全设备设计、制造、安装和无损检验许可证单位下设独立法人公司和租赁活动场所的问题

1. 申请单位应当具备与所申请目标产品相适应的人员、活动场所、设施和装备，原则上不允许人员、活动场所、设施和装备隶属于其他具有独立法人资格的公司或单位。

120

2. 申请单位应当具备与所申请的目标产品相适应的活动场所、设施和装备，原则上不允许租赁。

五、关于核二、三级泵设计、制造许可证取证申请模拟件选取原则及许可范围表中相关参数确定的问题

1. 模拟件实施细则中取消"卧式可代替立式"的原则。

2. 如果模拟件选取立式多级泵，且以往有卧式的常规泵业绩，可以在特征参数栏中增加卧式。

六、关于主泵法兰锻件及容器类法兰锻件是否监管的问题

1. 主泵法兰属于承压边界，其锻件应纳入监管范围，对于主泵法兰的具体范围以及各种结构形式的主泵泵壳和泵盖所包含的部件范围，在《民用核安全设备目录（第一批）设备类别及品种的进一步解释》中进行补充说明。

2. 设备制造单位可以自行加工配对法兰，但必须在持有锻件或法兰制造许可证的单位购买法兰锻坯。

七、关于电气设备持证单位的不符合项上报要求

各民用核安全电气设备持证单位应参照国核安函〔2008〕89号文的要求将最高级别的不符合项上报国家核安全局。

八、关于多级分包监管管理

核安全设备的采购单位（含营运单位、工程总承包单位、制造单位）与制造单位必须直接建立接口关系，在核安全设备采购合同签订方中必须包括制造该设备的持证单位，并且相关活动不得超出其许可证范围。

九、关于持证单位在异地新活动场所开展活动的审查

审查至少包括以下 4 个方面：

1. 质保体系的延伸覆盖性。

2. 人员配备情况及相应的生产经验。

3. 新活动场所的设施、装备情况。

4. 根据新场所开展的活动，进行试验件试制。

十、关于持证单位小范围调整参数是否需要制作模拟件的问题

针对国内持证单位申请小范围调整参数的情况，如果在原许可范围内具有上限尺寸规格或接近上限尺寸规格的核级业绩（近5年内），同时拟申请调整的参数范围有大量的常规业绩，原则上可不需要进行模拟件试制。

十一、制造厂许可活动范围中"认可的施工图纸"由谁认可的问题

1. 制造单位转化的施工总图应由持设计资质的单位确认，以保证制造单位图纸转化输入的正确性。

2. 其他图纸可由制造单位技术部门确认。

3. 开展施工图转化活动的制造单位应严格按《核电厂设计中的质量保证》（HAD003/06）的有关规定开展活动，并接受监督。

十二、核二、三级容器制造单位制造配套的设备支承是否需要取得许可证的问题

核二、三级容器制造单位的能力能够满足配套设备支承的制造，且为自己生产的容器制造设备支承的，不需要取得许可证。

十三、关于业绩认定的相关问题

1. 样机的制造和鉴定活动不能作为业绩。

2. 持证期间仅承接了一次活动，许可证期满该活动未完成的，许可证到期日至活动结束日之间，不得承接新合同；相关活动结束后，视其活动完成情况确定是否延证。

3. 核专项或军工业绩可以作为相近业绩。

十四、关于 1E 级电缆模拟件选型的问题

新申请 1E 级电缆设计/制造许可证和扩证的单位应按照 IEEE383—2003 中的有关要求选择模拟件。

十五、关于变径电缆是否进行许可管理的问题

变径电缆暂不纳入许可范围，但变径电缆生产厂家至少应该持有 1E 级电缆的许可证，如果针对某些具体项目进行变径电缆的生产，则应报国家核安全局批准，报环境保护部华北核与辐射安全监督站备案，并接受监督。

十六、关于模拟件施工图纸和制作技术要求的来源问题

模拟件的施工图纸和制作技术要求可由有资质的设计单位出具，也可由申请单位根据核电厂系统设计要求和相关标准自行制定。

十七、关于核安全机械设备制造许可证的逐级申请问题

对于压力容器、热交换器、管道、管配件、泵、阀门、铸锻件等设备，原则上初次提出取证申请的单位只能申领核二、三级设备的制造许可证，在取得核二、三级设备的制造业绩后，才能向国家核安全局提出相应核一级机械设备的制造取证申请。

十八、关于安装单位延续申请中"持证期间活动业绩不能覆盖原许可范围"的问题

1. 对于在原持证期间核级设备安装活动业绩比较充分的延续申请单位，可以受理其延续申请并进行技术审查。

2. 对于完全没有核级设备安装活动业绩的延续申请，则不予受理。应按照 HAF601 第十六条的规定，重新申请许可证。

3. 对于核级设备安装活动业绩不足，但分包了部分核岛系统的安装活动或有完整的常规岛安装业绩的，可以受理，但需对其分包的部分核岛系统安装活动或常规岛安装活动进行监督检查并对申请单位相关人员进行考核。

十九、关于《民用核安全设备目录（第一批）》中整机和部件如何监管的问题

整机设计、制造商必须按照我局规定取得相应许可证，其部件可以自行设计、制造或向取得相应设计、制造许可证的单位采购，自行设计、制造的需取得相应的许可证。

在模拟件试制阶段，参照上述要求执行。对于确实存在采购困难的，申请单位应当向国家核安全局提交相关情况说明以及解决方案报批。

二十、关于《民用核安全设备目录（第一批）设备类别及品种的进一步解释》等文件

《民用核安全设备目录（第一批）设备类别及品种的进一步解释》（附一）和《民用核安全设备设计制造安装和无损检验不能分包的关键工艺和技术》（附二）经会议讨论并修改完善》各审查单位参照执行。

请环境保护部华北核与辐射安全监督站对《民用核安全设备监督检查大纲及程序》做进一步修改后报核安全司审批。

《民用核安全设备目录（第一批）》
设备类别及品种的进一步解释

序号	设备类别	设备品种举例	具体许可证、品种和解释
1	钢制安全壳		无
2	安全壳钢衬里		无
3	压力容器		1. 堆芯补水箱属于核一级压力容器； 2. 对于带压力壳的过滤器设备，应取得压力容器类设备许可
4	储罐		无
5	热交换器	管壳式热交换器	非能动余热排出热交换器属于核一级热交换器
		板式热交换器	
6	管道和管配件	直管	含无缝和有缝两类，不包容工艺介质的除外
		传热管	包括直管、弯管（含盘管）
		管道预制	包括弯制、挤压、焊接（含对焊和支管焊）
		弯头	无
		三通	
		异径管	
7	泵	离心泵	无
		往复泵	
		屏蔽泵	
		其他类型核安全级泵	
8	堆内构件		无

序号	设备类别	设备品种举例	具体许可证、品种和解释
9	控制棒驱动机构		包括耐压壳和驱动机构，非压水堆统称反应性控制机构
10	风机		无
11	压缩机		无
12	阀门	隔离阀	无
		单向阀	
		安全阀、释放阀	
		调节阀	
		其他类型核安全级阀	
13	支承件	设备支承件	设备支承件包括反应堆压力容器支承、稳压器支承、蒸汽发生器垂直/水平支承、主泵的垂直支承、主管道的防甩装置、二三级容器支承等
		管道支承件	管道支承件包括刚性支承件、恒力吊架、弹簧吊架、横向限制件、防甩件等
		阻尼器	阻尼器包括设备和管道的液压和机械阻尼器
14	波纹管膨胀节		不含泵、阀用波纹管
15	闸门	人员闸门	无
		设备闸门	
		应急闸门	
16	机械贯穿件		1. 机械贯穿件包括管道贯穿件和燃料运输通道，仅指与安全壳相连接的贯穿通道，具有与安全壳相同的气密性和结构完整性要求； 2. 压力容器上的贯穿件属于管道类别，如：控制保护系统驱动机构贯穿件、堆芯仪表贯穿件、排气接管、后备接管等
17	法兰		针对主泵，包括主法兰、导叶法兰和热屏法兰

126

序号	设备类别	设备品种举例	具体许可证、品种和解释
18	铸锻件	容器类	容器类锻件（含压力容器、热交换器、主管道）包括封头、筒体、接管（包括接管、管座、安全端、人孔等）、管板、控制棒驱动机构中的耐压壳
		泵阀类	泵阀类锻件只包括承压部件，如泵壳（含多级泵泵体）、泵盖（离心泵含主法兰、导叶法兰、热屏法兰，屏蔽泵含定子主法兰、定子筒体、定子下法兰和定子盖）、阀体、阀盖等
		支承类	支承类锻件限于主设备用支承锻件，包括反应堆压力容器、蒸汽发生器、稳压器、主泵、主管道、堆内构件（限于法兰和支承板）、堆芯补水箱、非能动余热排出热交换器等
19	传感器（包括探测器、变送器）	温度计	包括热电阻、热电偶、温度传感器、温度开关等
		流量计	申请流量计设计、制造许可证的单位应同时设计/制造取样装置、差压变送器和处理单元，并且负责流量计成套装配和整机试验
		压力变送器、差压变送器	包括液位变送器和压力开关等
		辐射监测传感器	包括电离室、NaI 闪烁体探测器、塑料闪烁体探测器、半导体探测器等
		核测仪表	包括硼计数管、补偿电离室、长中子电离室、裂变室等形式的核测量仪表
20	电缆	电力电缆	包括中压、低压电力电缆
		控制电缆	无
		仪表电缆	包括仪表电缆、补偿电缆
		同轴电缆	无
		电缆连接件	1. 不包括安装在机柜机箱内部的接线端子、端子台； 2. 一次侧仪表设计制造单位不需要申请电缆连接件许可证

序号	设备类别	设备品种举例	具体许可证、品种和解释
21	电气贯穿件		无
22	机柜（包括机箱和机架）	仪控机架、机柜	1. 仪控机架、机柜是指由模拟电路或数字电路构成，以机架、机柜形式存在并执行相应功能的独立系统。如堆外核测量仪表机柜，过程仪表机柜，反应堆保护系统逻辑机柜，辐射监测机柜等； 2. 开关柜、配电柜供货单位暂不需要申请许可证； 3. 仅制造机柜柜体机械结构件或功能模块的单位不需要申请许可证； 4. 申请单位应负责机柜设备的设计、总装和整机试验，并对技术和质量负总责
		仪控接线箱	无
23	控制台屏、显示仪表	控制屏、台、箱	包括控制室台/屏（如后备盘/应急控制盘，紧急停堆盘/远程停堆盘等）、就地控制台/屏、控制箱
		事故后监测仪表	包括指针式仪表、数字式显示仪表、视频显示器、记录仪以及氢浓度监测仪表等仪表
24	应急柴油发电机组		1. 申请应急柴油发电机组制造许可证的单位必须具备柴油机的制造能力，并且同时负责应急柴油发电机组的成套装配和整机试验； 2. 发电机设计、制造单位暂时不需要申请许可证
25	蓄电池（组）		1. 设计制造蓄电池组金属支架的单位不需要单独申请许可证； 2. UPS（不间断电源）供货单位暂不需要申请许可证
26	阀门驱动装置	阀门电动装置	1. 新申请单位必须从持有电动机制造许可证的单位采购阀门电动装置的配套电动机； 2. 已持证单位限采购原样机鉴定时配套供货单位的电动机，如果发生设计变更需向国家核安全局提出申请，或从持证单位采购
27	电动机	交流电动机	无
		直流电动机	无

128

附二：

民用核安全机械设备设计、制造、安装和
无损检验不能分包的关键工艺和技术

一、民用核安全机械设备设计活动

序号	设备类别	设备名称与核安全级别	设计关键技术
1	压力容器、储罐	核 1 级压力容器	1. 选材； 2. 结构设计； 3. 分析法设计（抗震分析、防脆断分析、疲劳分析）； 4. 设计验证（仅限于设计评审和不同于设计中使用的计算方法的其他计算方法）； 5. 鉴定试验要求及大纲； 6. 制造、检验和安装等技术要求
		核 2、3 级压力容器、储罐	1. 选材； 2. 结构设计； 3. 设计验证（仅限于设计评审和不同于设计中使用的计算方法的其他方法计算）； 4. 鉴定试验要求及大纲； 5. 制造、检验和安装等技术要求
2	热交换器	核 1 级热交换器	1. 选材； 2. 结构设计； 3. 分析法设计（抗震分析、防脆断分析、疲劳分析、热工水力分析、流致振动分析）； 4. 设计验证（仅限于设计评审和不同于设计中使用的计算方法的其他方法计算）； 5. 鉴定试验要求及大纲； 6. 制造、检验和安装等技术要求
		核 2、3 级热交换器	1. 选材； 2. 结构设计； 3. 设计验证（仅限于设计评审和不同于设计中使用的计算方法的其他方法计算）； 4. 鉴定试验要求及大纲； 5. 制造、检验和安装等技术要求序号

序号	设备类别	设备名称与核安全级别	设计关键技术
3	管道（含热交换器传热管）	核1级管道	1. 选材； 2. 结构计算； 3. 分析法设计（抗震分析、防脆断分析、疲劳分析）； 4. 设计验证（仅限于设计评审和不同于设计中使用的计算方法的其他方法计算）； 5. 鉴定试验要求及大纲； 6. 制造、检验和安装等技术要求
		核2、3级管道	1. 选材； 2. 结构设计； 3. 设计验证（仅限于设计评审和不同于设计中使用的计算方法的其他方法计算）； 4. 鉴定试验要求及大纲； 5. 制造、检验和安装等技术要求
4	管配件	弯头、三通、异径管	1. 选材； 2. 结构设计； 3. 设计验证（仅限于设计评审和不同于设计中使用的计算方法的其他方法计算）； 4. 鉴定试验要求及大纲； 5. 制造、检验和安装等技术要求
5	泵	核1级主泵	1. 选材； 2. 结构设计； 3. 分析法设计（抗震分析、防脆断分析、疲劳分析、热工分析）； 4. 水力设计； 5. 设计验证（设计评审、不同于设计中使用的计算方法的其他方法计算、部分鉴定试验）； 6. 鉴定试验要求及大纲； 7. 制造、检验和安装等技术要求
		核2、3级泵	1. 选材； 2. 结构设计； 3. 水力设计； 4. 设计验证（设计评审、不同于设计中使用的计算方法的其他方法计算、部分鉴定试验）； 5. 鉴定试验要求及大纲； 6. 制造、检验和安装等技术要求

130

序号	设备类别	设备名称与核安全级别	设计关键技术
6	堆内构件	堆内构件	1. 选材； 2. 结构设计（包括机械稳定性分析）； 3. 分析法设计（抗震分析、疲劳分析、热工水力分析、跌落分析、流致振动分析）； 4. 设计验证（仅限于设计评审和不同于设计中使用的计算方法的其他方法计算）； 5. 鉴定试验要求及大纲； 6. 制造、检验和安装等技术要求序号
7	控制棒驱动机构	控制棒驱动机构	1. 选材； 2. 结构设计（包括承压边界的机构承压边界的设计和运动机构的可靠性设计等）； 3. 电磁式驱动机构的电磁设计； 4. 设计验证（仅限于设计评审和不同于设计中使用的计算方法的其他方法计算）； 5. 鉴定试验要求及大纲； 6. 制造、检验和安装等技术要求
8	风机	风机	1. 选材； 2. 结构设计（包括强度计算、叶轮叶片设计等）； 3. 设计验证（设计评审、不同于设计中使用的计算方法的其他方法计算、部分鉴定试验）； 4. 鉴定试验要求及大纲； 5. 制造、检验和安装等技术要求
9	压缩机	压缩机	1. 选材； 2. 结构设计； 3. 设计验证（设计评审、不同于设计中使用的计算方法的其他方法计算、部分鉴定试验）； 4. 鉴定试验要求及大纲； 5. 制造、检验和安装等技术要求
10	阀门	核1级阀门	1. 选材； 2. 结构设计； 3. 分析法设计（抗震分析除外）； 4. 设计验证（设计评审、不同于设计中使用的计算方法的其他方法计算、部分鉴定试验）； 5. 鉴定试验要求及大纲； 6. 制造、检验和安装等技术要求

序号	设备类别	设备名称与核安全级别	设计关键技术
10	阀门	核2、3级阀门	1. 选材； 2. 结构设计； 3. 设计验证（设计评审、不同于设计中使用的计算方法的其他方法计算、部分鉴定试验）； 4. 鉴定试验要求及大纲； 5. 制造、检验和安装等技术要求
11	支承件	阻尼器	1. 选材； 2. 结构设计（包括阻尼器和其他支承组件有效刚度计算等）； 3. 应力分析（核2、3级除外）； 4. 设计验证（设计评审、不同于设计中使用的计算方法的其他方法计算、部分鉴定试验）； 5. 鉴定试验要求及大纲； 6. 制造、检验和安装等技术要求
11		设备支承件和管道支承件	1. 选材； 2. 结构设计； 3. 应力分析（核2、3级除外）； 4. 设计验证（仅限于设计评审和不同于设计中使用的计算方法的其他方法计算）； 5. 鉴定试验要求及大纲； 6. 制造、检验和安装等技术要求
12	波纹管、膨胀节	波纹管、膨胀节	1. 选材； 2. 结构设计； 3. 设计验证（仅限于设计评审和不同于设计中使用的计算方法的其他方法计算、部分鉴定试验）； 4. 鉴定试验要求及大纲； 5. 制造、检验和安装等技术要求
13	闸门	人员闸门应急闸门设备闸门	1. 选材； 2. 结构设计（包括功能设计、密封设计）； 3. 设计验证（仅限于设计评审和不同于设计中使用的计算方法的其他方法计算）； 4. 鉴定试验要求及大纲； 5. 制造、检验和安装等技术要求
14	机械贯穿件	机械贯穿件	1. 选材； 2. 结构设计； 3. 设计验证（仅限于设计评审和不同于设计中使用的计算方法的其他方法计算）； 4. 鉴定试验要求及大纲； 5. 制造、检验和安装等技术要求

序号	设备类别	设备名称与核安全级别	设计关键技术
15	法兰	法兰	1. 结构设计； 2. 设计验证（仅限于设计评审和不同于设计中使用的计算方法的其他方法计算）； 3. 制造、检验和安装等技术要求
16	钢制安全壳、安全壳钢衬里	钢制安全壳、安全壳钢衬里	1. 选材； 2. 结构设计； 3. 设计验证（仅限于设计评审和不同于设计中使用的计算方法的其他方法计算）； 4. 鉴定试验要求及大纲； 5. 制造、检验和安装等技术要求

二、民用核安全机械设备制造活动

序号	设备类别	设备名称与核安全级别	制造关键工艺
1	压力容器、储罐	核1级反应堆压力容器	最终机加工、焊接、热处理、水压试验
		核1级稳压器	最终试验工、筒体卷制、焊接、热处理、水压试验
		核2、3级压力容器、储罐	最终试验加工、筒体卷制、焊接、热处理、水压试验
2	热交换器	核1、2、3级管壳式热交换器	最终机加工、筒体卷制、管板钻孔、焊接、热处理、胀管、热处理、水压试验
		核2、3级板式热交换器	板片成型、焊接、热处理、装配、水压试验
3	管道	核1级主管道（铸造）	冶炼、铸造、补焊、理化检验、热处理、水压试验、最终机加工
		核1级主管道（锻造）	锻造、堆焊（非不锈钢管道）、热处理、水压试验、最终机加工
		其他核1级管道	挤压、锻造（不包括锻坯）、轧制、拉拔、矫直、堆焊（非不锈钢管道）、热处理、水压试验

133

序号	设备类别	设备名称与核安全级别	制造关键工艺
3	管道	核2、3级管道	挤压、轧制、拉拔、矫直、锻造（不包括锻坯）、焊接、热处理、水压试验
		核1、2、3级热交换器传热管	穿（钻）孔、挤压、轧制、拉拔、矫直、弯制、热处理、水压试验
		管道预制	挤压、弯制、焊接、热处理、水压试验
4	管配件	弯头、三通、异径管	推制、压制、锻制、焊接、热处理
5	泵	核1级主泵	最终机加工、装配、焊接、热处理（泵轴除外）、动平衡试验、功能性试验
		核2、3级泵	最终机加工、装配、焊接、动平衡试验、功能性试验
6	堆内构件	堆内构件	最终机加工、吊兰筒体装配对中焊接、导向筒装配焊接、摩擦力试验、最终组装及检测
7	控制棒驱动机构	控制棒驱动机构	最终机加工、线圈组件制造、密封壳装配焊接、水压试验、冷态试验、热态试验
8	风机	风机	关键部件成型、最终机加工、焊接、装配、动平衡试验、超速试验、功能性试验
9	压缩机	压缩机	最终机加工、焊接、装配、动平衡试验、功能性试验
10	阀门	阀门	最终机加工、装配、焊接、热处理、功能性试验（安全阀热态整定试验除外）
11	支承件	设备支承件	成型、焊接、热处理
		管道支承件	成型、焊接、功能性试验
		阻尼器	装配、焊接、功能性试验
12	波纹管、膨胀节	波纹管膨胀节	波纹管成型、膨胀节的装配、焊接、热处理、气密性试验、功能性试验
13	闸门	人员闸门应急闸门设备闸门	最终机加工、筒体卷、焊接、热处理、气密性试验、功能性试验

134

序号	设备类别	设备名称与核安全级别	制造关键工艺
14	机械贯穿件	机械贯穿件	焊接、水压试验
15	法兰	法兰	锻造、热处理、最终机加工
16	铸、锻件	铸件	冶炼、铸造、补焊、热处理、理化检验
		锻件	冶炼（针对主设备大型锻件）、锻造、热处理、理化检验、最终机加工（针对主设备大型锻件）
17	钢制安全壳	钢制安全壳	封头板片压制、筒体板片卷制、环吊支承梁的制作、封头的预拼装

三、民用核安全机械设备安装活动（无）

四、民用核安全机械设备无损检验活动（无）

国家核安全局

国核安函〔2011〕125 号

关于发布 2012 年度民用核安全设备焊工 焊接操作工基本理论知识考试计划的通知

各焊工考核中心及相关聘用单位：

经研究，决定发布 2012 年度民用核安全设备焊工、焊接操作工基本理论知识考试计划（共举行 20 次，报名时间和地点见附件一）。

焊工基本理论知识考试依据《民用核安全设备焊工焊接操作工资格管理程序》进行。

2012 年民用核安全设备焊工、焊接操作工基本理论知识考试使用新题库（见附件二），同时在环境保护部网站上公布。

附件：1. 2012 年度民用核安全设备焊工焊接操作工基本理
论知识考试计划

2. 民用核安全设备焊工焊接操作工基本理论知识考
试题库

国家核安全局

二〇一一年九月七日

主题词：环保　核安全　焊工　考试　题库　通知

抄送：中国核工业集团公司，中国广东核电集团有限公司，
中国电力投资集团公司，国家核电技术公司，环境保护部华北核
与辐射安全监督站，机械科学研究总院核设备中心。

环境保护部办公厅 2011 年 9 月 9 日印发

国家核安全局

关于印发《2011 年民用核安全设备焊工焊接操作工资格管理工作第二次会议纪要》的函

各焊工考核中心及相关聘用单位：

2011 年 8 月 21 日至 23 日，我局组织召开了 2011 年民用核安全设备焊工、焊接操作工资格管理工作第二次会议，讨论了民用核安全设备焊工、焊接操作工资格管理规定的有关问题。现将《2011 年民用核安全设备焊工焊接操作工资格管理工作第二次会议纪要》印发你们，请参照执行。

  附件：1. 2011 年民用核安全设备焊工焊接操作工资格管理工作会议纪要

     2. 与会人员名单

     3. 民用核安全设备焊工焊接操作工资格考核焊工理论换证考试报名表

国家核安全局

二〇一一年九月九日

主题词：环保 核安全 焊工 会议纪要 函

抄送：中国核工业集团公司，中国广东核电集团有限公司，中国电力投资集团公司，国家核电技术公司，环境保护部华北、华东、东北、华南、西南、西北核与辐射安全监督站，机械科学研究总院核设备中心。

环境保护部办公厅 2011 年 9 月 13 日印发

第三部分

焊工资质管理工作文件

民用核安全设备焊工焊接操作工
考核中心申报条件

1. 目的

为了明确民用核安全设备焊工、焊接操作工考核中心应该具备的基本条件，根据《民用核安全设备焊工焊接操作工资格管理规定》（HAF603），制定本文件。

2. 适用范围

本文件适用于民用核安全设备焊工、焊接操作工考核中心（简称"考核中心"）的选定。

3. 基本要求

考核中心应由民用核安全设备制造、安装许可证的持证单位组建。该持证单位作为申请单位提出考核中心的申请，其法定代表人即为考核中心的主任。

考核中心有效期为 5 年。有效期到期，且需要继续进行焊工考试工作的考核中心应由申请单位在有效期到期 6 个月前提出重新申请。

4. 申请范围

申请单位应根据 HAF603 附件 1 的表 1 和《焊工项目考试指南》明确考核中心申请进行考试的焊接方法和专项焊接项目。考试申请范围内的焊接方法和专项焊接项目应在申请单位民用核

141

安全设备制造、安装许可证范围之内。申请进行 Y 类专项考试的除外。

对于申请范围内有 Y 类专项考试的考核中心，应在拟进行该专项操作技能考试的单位设置专项焊工考点，该单位应持有民用核安全设备制造、安装许可证，所涉及的考试项目应在其许可范围内。

申请单位还可申请设置考核中心的焊工集中考点。

对以上项目和考点，申请单位可在申请考核中心时同时提出，也可在被选定后，由申请单位提出扩大范围申请。

5. 技术能力

（1）考核中心应至少有能力承担焊条电弧焊、手工钨极氩弧焊、埋弧焊和熔化极气体保护焊中 3 种焊接方法的焊工项目考试。

（2）申请范围内有 X 类专项考试的，考核中心应具有相应的专项理论知识考试的培训教材及考试题库；每项专项焊接考试题库应不少于 100 道题目；对于同一考核中心，类似的专项焊接考试题库可以合并，但合并后的题库题目数量应不少于 200 道。

（3）针对申请范围，考核中心应掌握操作技能考试的技术要求；具有试样制备、检验和考试结果的评定能力；具有确认或编制焊工项目考试用焊接工艺规程的能力。

6. 人员配置和能力

申请单位法定代表人为考核中心主任，负责考核中心的全面工作。

对每一个考核中心，申请单位应推荐一名具有高级技术职称和相应工作能力的考核中心质量总监人选，国家核安全局选定考核中心时予以确认。考核中心质量总监负责核安全文化的宣传和普及工作，焊工项目考试质量保证体系建立和维护，焊工项目考试的检查和监督，并向国家核安全局报告相关情况。

质量总监对所有报送文件的真实性负责。

对每一个考核中心，申请单位任命一名专职常务副主任，负责考核中心的日常工作。

考核中心应当是申请单位负责焊工项目考试的具有独立编制的机构。考核中心专职人员应当至少包括：常务副主任 1 人；工程师职称以上的专职焊接专业技术人员 3 人；核 II 级表面和体积无损检验人员各 1 人。

考核中心质量总监和常务副主任不得由同一人担任；原则上，考核中心质量总监可由考核中心编制之外的人员兼任。

7. 场地条件

（1）申请单位应明确考核中心申请范围内的操作技能考试的考试场地和焊工项目考试工位数量。考试场地内采光照明、通风除尘以及防火等设施应符合有关规定。

（2）考核中心应具备独立的工作场所。考核中心工作场所内的考试场地应至少有 20 个考试工位，每个考试工位不小于 4 平方米，并应配有相应工作台架、工夹具等。

（3）考核中心工作场所应具有对其内部考试工位操作技能考试全过程分别进行视频监控和录像的手段。

（4）考核中心工作场所内应具有专用库房存放试板、试样、工具、辅料、考试试件以及焊接材料。

（5）考核中心工作场所内应设立质量总监监控室、考核中心办公室及学员更衣室。

（6）考核中心工作场所内应设置能容纳 30 人以上的教室，作为进行考场制度陈列、考前说明、考试用焊接设备介绍及使用讲解以及候考焊工休息等的场所。

8. 设备能力

申请单位应具备与申请范围相适应的焊接设备、仪器仪表、焊条和焊剂烘干设备、试件和试样加工设备、理化检验和无损检验设备、热处理设备、测量工具等。焊工项目考试相关活动不得分包。

考核中心工作场所内至少应当具备焊条电弧焊、手工钨极氩弧焊、埋弧焊和熔化极气体保护焊中的 3 种焊接方法的焊接设备，总数不低于焊工项目考试工位数量，并配备相应的仪器仪表、焊接材料烘干和保温设备等。

9. 焊工项目考试管理

申请单位应根据《焊工项目考试指南》建立完善的焊工考核和管理制度，并编制工作程序和规章制度以及相应的考试细则。

申请单位应根据本单位民用核安全设备活动质量保证大纲编写《民用核安全设备焊工焊接操作工专项理论知识和操作技能考试质量保证分大纲》，建立健全焊工、焊接操作工考核质量保证体系。该分大纲中除满足 HAF003 的相关要求外还应明确考核中心负责人、考核中心质量总监、常务副主任、主考人、专项理论知识考试负责人、试件制备人（人员或单位）、考试监考人（人员或单位）、试件检验人（人员或单位）等的组成、资格条件和职责。

申请单位至少应针对焊工项目考试活动形成以下书面程序，以保证焊工项目考试在受控状态下进行：

焊工项目考试组织机构、职责及资质管理程序；

焊工项目考试管理程序；

焊工项目考试质量计划管理程序；

焊工项目考试用焊接工艺规程控制程序；

焊工项目考试试件检验控制程序。

10. 焊工集中考点和专项焊工考点

10.1 申请单位对所有的焊工集中考点和专项焊工考点的焊工项目考试工作负责。

申请单位应当定期对各考点的考试业绩、质量保证体系、设备设施、检验试验、考试材料准备、考试场地、安全环境等方面进行质量评估，并出具评估报告。

10.2　焊工集中考点需满足下述条件：

（1）设置在申请单位的焊工、焊接操作工集中，有焊工项目考试需要的民用核安全设备活动地点。

（2）考点应当至少有 10 个焊工项目考试工位，其他条件应满足考核中心工作场所和考试场地的要求，检验活动不得分包。

（3）申请单位应负责将焊工项目考试的质保要求传递到各焊工集中考点，编制专门的管理程序控制各考点的焊工项目考试工作。

10.3　专项焊工考点应具有与申请考试项目相适应的焊接设备和工辅具等硬件条件。

专项焊工考点所在持证单位应至少指定两名技术人员配合考核中心协调相关管理工作。

申请单位应负责将焊工项目考试的质保要求传递到各专项焊工考点，应与专项焊工考点所在持证单位签订建立专项焊工考点的协议书，确定双方责任、考试方式、考试项目、考试材料准备、考试场地、使用设备设施保障、考试人员选择、质量保证、考试费用和安全环境等方面的要求。如果协议书失效，则专项焊工考点资格自动失效。

11. 焊工项目考试档案管理

考核中心工作场所应具有专用的档案室，焊工项目考试有关档案应当保存齐全。各焊工集中考点和专项焊工考点的焊工项目考试有关档案也应保存在该档案室内。

国核安办〔2008〕176 号附件三：

民用核安全设备焊工焊接操作工
考核中心申请指南

1. 需提交的申请文件和材料

（1）申请公文两份。

（2）符合《民用核安全设备焊工焊接操作工资格管理规定》（HAF603）附件 1～附件 3、《民用核安全设备焊工焊接操作工考核中心申报条件》和本指南附件一《标准申请公文格式和主要申请文件》要求的选定申请书等申请文件（一式三份，同时提交电子版文件两份）。

（3）为便于文件的传递和归档管理，对选定申请文件做如下要求：

① 申请公文与申请文件分开装订。

② 申请文件用 A4 纸张双面打印，胶订成册，不能用活页夹装订。

2. 申请联系方式和时限

（1）国家核安全局联系方式为：

环境保护部（国家核安全局）核安全司

电话：010—66556367

传真：010—66556366

地址：北京市西城区西直门内南小街 115 号

邮编：100035

（2）受理接待时间为每周二上午 8:30 至 11:30，下午 13:30

至 16:30，受理地点为环境保护部行政许可受理大厅（环境保护部东门）。

3. 国家核安全局将不定期在环境保护部网站上公布和更新考核中心的有关信息

附件一：考核中心申请公文格式和主要申请文件

附件二：考核中心申请书格式

附件一：考核中心申请公文格式和主要申请文件

考核中心申请公文格式和主要内容

文　　种：申请单位带文号的正式文件名称

公文标题：《关于申请办理民用核安全设备焊工焊接操作工考核中心资格的请示》

主送机关：国家核安全局

公文内容：1. 写明申请的核安全法规依据；焊工项目考试的申请范围

　　　　　　2. 申请单位联系人的地址和联系方法

单位公章

发文日期

　　附件 1：申请书
　　附件 2：申请说明文件（申请书的文字描述、补充资料和证明性文件）
　　附件 3：申请单位《民用核安全设备焊工焊接操作工专项理论知识和操作技能考试质量保证分大纲》

148

民用核安全设备焊工焊接操作工考核中心
申请书格式

考 核 中 心 名 称_____

考核中心申请单位名称_____（章）

申请单位法定代表人_____

申 请 日 期_____

一、考核中心申请单位基本情况

考核中心申请单位全称		电话		传真	
单位地址				邮编	
联系人		E-mail		电话	
民用核安全设备制造或安装资格许可证					
国家核安全局批准发证公文文号					

二、考核中心基本情况

考核中心全称	
单位地址	

三、考核中心申请范围

考核中心拟申请的焊接方法			
气焊	□	焊条电弧焊	□
手工钨极氩弧焊	□	自动钨极氩弧焊口	□
熔化极自动气体保护焊	□	熔化极半自动气体保护焊	□
手动等离子弧焊接	□	自动等离子弧焊接	□
药芯焊丝自动电弧焊	□	药芯焊丝半自动电弧焊	□
埋弧焊	□	带极堆焊	□
电子束焊	□	螺柱焊	□
考核中心拟申请的专项焊接种类及项目			
X 类	□	Y 类	□	Z 类	□

150

四、考核中心拟申请的考点

4.1 焊工集中考点

焊工集中考点名称	
民用核安全设备焊接活动地点	
焊工集中考点拟进行考试的焊接方法	
焊工集中考点地址	

4.2 专项焊工考点

专项焊工考点名称	
专项焊工考点所在单位	
专项焊工考点拟进行的专项考试项目	
专项焊工考点所在单位民用核安全设备制造或安装资格许可证	
专项焊工考点所在单位国家核安全局批准发证公文文号	

五、考核中心技术能力（包括专项焊工考点）

5.1 考核中心总体技术能力

序号	焊接方法名称	拥有的考试用焊接工艺规程数量	考核中心可否进行焊接工艺评定	考核中心进行过的焊接工艺评定数量

5.2 拥有考试用焊接工艺规程基本情况

考试用焊接工艺规程					适用的焊接方法、专项考试类别				
序号	名称	编写单位	批准单位	批准人	焊接方法	专项考试类别	初次考试时间	初次考试项目代号	所有考试合格人（次）数

5.3 支持考试用焊接工艺规程的焊接工艺评定基本情况

考试用焊接工艺规程		支持考试用焊接工艺规程的焊接工艺评定						
序号	名称	名称	使用规范（含版本号）	工艺评定实施单位	编号	批准单位	批准人	有效期

5.4 X 类专项理论考试题库的基本情况

序号	特殊焊接方法种类	特殊母材种类	HAF603 附件 1 的表 2 中所列 IX 类母材的特种金属种类	题库题目总量	判断题数量	单项选择题数量

六、考核中心人员配置与能力

6.1 推荐的质量总监基本情况

描述质量总监基本情况、工作经历，质量保证工作、核安全工作或焊接工作所获得资格证书或工作业绩。

6.2 考核中心的编制和职责

6.2.1 考核中心主要职责

6.2.2 考核中心工作人员编制

6.2.3 考核中心领导成员情况简介

6.2.4 考核中心技术人员情况简介

6.2.5 考核中心技术工人情况简介

6.3 考核中心从事焊工项目考试人员主要情况表

序号	姓名	年龄	性别	技术职称	职务（职责）	是否拟担任主考人	毕业学校	专业	毕业时间	学历	现从事专业	现从事专业年限

七、场地条件

7.1 考核中心申请单位平面图

平面图中应标出考核中心工作场所、车间焊工项目考试地点、车间焊工项目考试相关工作地点所在建筑物位置。

7.2 考核中心工作场所平面图和实景照片

平面图中应标出考试场地内每个焊接工位的位置和尺寸、摄像机机位以及各有关房间的具体位置和尺寸。

7.3 考核中心工作场所设施

类别	名称	选择项		备注
考试场所	钳工台	□有	□无	数量
	集中气源	□有	□无	气源种类
	防火设施	□有	□无	
	安全通道	□有	□无	
考试工位	视频探头形式	□云台可调	□焦距可调	
		□自带光源	□自动启停	
	试件台架	□多功能	□单一功能	
	采光照明	□外加光源	□自然光线	
	通风除尘设备	□强制	□自然对流	
库房	材料库房	□有	□无	面积
	试件存放间	□有	□无	面积
	焊材间	□有	□无	面积
	工具间	□有	□无	面积
	辅料间	□有	□无	面积
	试样间	□有	□无	面积
	废料堆放场	□有	□无	面积
办公室和教室	质量总监监控室	□有	□无	面积
	考核中心办公室	□有	□无	面积
	教室或休息室	□有	□无	面积座位数目
	档案室	□有	□无	面积
	学员更衣室	□有	□无	面积

154

7.4 车间焊工项目考试工位所在建筑物的平面图和实景照片

平面图中应标出车间内每个焊接工位的位置和尺寸、摄像机机位。

7.5 车间焊工项目考试相关工作地点所在建筑物平面图和实景照片

7.6 考核中心和车间焊接工位、摄像机安装的实景照片

八、设备和设施能力

包括考核中心及车间所用于焊工项目考试的设备和设施。

8.1 焊接设备

	名称	型号	规格	台数
焊接设备				

8.2 仪器仪表

8.3 焊条、焊剂烘干设备和保温设备

8.4 试件和试样加工设备

8.5 理化检验设备

8.6 无损检验设备

8.7 热处理设备

8.8 测量工具

九、考核中心焊工项目考试管理

9.1 考核中心焊工项目考试和管理制度描述

针对《民用核安全设备焊工焊接操作工专项理论知识和操作技能考试管理办法》每项要求，列出相应的工作程序、规章制度

和相应考试细则的文件名，并在申请说明文件中说明其内容。

9.2 考核中心工作程序、规章制度和考试细则列表

名称	编制时间	编制单位	批准人	使用单位或责任人

9.3 质量保证分大纲所用程序清单

名称	编制时间	编制单位	批准单位	是否与申请单位质量保证体系共用

十、焊工集中考点

10.1 焊工集中考点在考核中心申请单位中的职能和归属

10.2 焊工集中考点从事焊工项目考试人员主要情况表（可附页）

序号	姓名	年龄	性别	职务（职责）	技术职称	毕业学校	是否拟担任主考人	专业	毕业时间	学历	现从事专业	现从事专业年限

156

10.3 焊工集中考点场地条件

10.3.1 焊工集中考点平面图

平面图中应标出集中考点考试场所、集中考点焊工项目考试相关工作地点所在建筑物位置。

10.3.2 焊工集中考点考试场地平面图和实景照片

平面图中应标出考试场地内每个焊接工位的位置和尺寸、摄像机机位以及各有关房间的具体位置和尺寸。

10.3.3 焊工集中考点工作场所设施

类别	名 称	选 择 项		备注
考试场所	钳工台	□有	□无	数量
	集中气源	□有	□无	气源种类
	防火设施	□有	□无	
	安全通道	□有	□无	
考试工位	视频探头形式	□云台可调	□焦距可调	
		□白带光源	□自动启停	
	试件台架	□多功能	□单一功能	
	采光照明	□外加光源	□自然光线	
	通风除尘设备	□强制	□自然对流	
库房	材料库房	□有	□无	面积
	试件存放间	□有	□无	面积
	焊材间	□有	□无	面积
	工具间	□有	□无	面积
	辅料间	□有	□无	面积
	试样间	□有	□无	面积
	废料堆放场	□有	□无	面积
办公室和教室	质量总监监控室	□有	□无	面积
	考核中心办公室	□有	□无	面积

类别	名　称	选　择　项		备注
办公室和教室	教室或休息室	□有	□无	座位数目
		□有	□无	面积
	档案室	□有	□无	面积
	学员更衣室	□有	□无	面积

10.3.4 焊工集中考点考试相关工作地点所在建筑物平面图和实景照片

10.3.5 焊工集中考点焊接工位、摄像机安装的实景照片

10.4 设备和设施能力

10.4.1 焊接设备

焊接设备	名称	型号	规格	台数

10.4.2 仪器仪表

10.4.3 焊条、焊剂烘干设备和保温设备

10.4.4 试件和试样加工设备

10.4.5 理化检验设备

10.4.6 无损检验设备

10.4.7 热处理设备

10.4.8 测量工具

10.5 焊工集中考点管理

10.5.1 焊工集中考点所涉及的焊工项目考试和管理制度描述

针对《民用核安全设备焊工焊接操作工专项理论知识和操作技能考试管理办法》每项要求，列出相应的工作程序、规章制度和相应考试细则的文件名，并在申请说明文件中说明其内容。

10.5.2 焊工集中考点所涉及的工作程序、规章制度和考试细则文件列表

名称	编制时间	编制单位	批准人	使用单位或责任人

十一、专项焊工考点

11.1 专项焊工考点所在单位支持考试用焊接工艺规程的焊接工艺评定基本情况

考试用焊接工艺规程		支持考试用焊接工艺规程的焊接工艺评定						
序号	名称	名称	使用规范（含版本号）	工艺评定实施单位	编号	批准单位	批准人	有效期

11.2 专项焊工考点所在单位从事焊工项目考试人员主要情况

序号	姓名	年龄	性别	职务（职责）	技术职称	毕业学校	是否拟担任主考人	专业	毕业时间	学历	现从事专业	现从事专业年限

11.3   专项焊工考点场地条件

11.3.1   专项焊工考点所在单位平面图

平面图中应标出车间焊工项目考试场所、焊工项目考试相关工作地点所在建筑物位置。

11.3.2   车间焊工项目考试工位所在建筑物的平面图和实景照片

平面图中应标出考试场地内每个焊接工位的位置和尺寸、摄像机机位。

11.3.3   车间焊工项目考试相关工作地点所在建筑物平面图和实景照片

11.3.4   车间焊接工位、摄像机安装的实景照片

11.4   专项焊工考点设备能力

11.4.1   焊接设备

	名称	型号	规格	台数
焊接设备				

11.4.2   仪器仪表

11.4.3   焊条、焊剂烘干设备和保温设备

11.4.4   试件和试样加工设备

11.4.5   理化检验设备

11.4.6   热处理设备（与所承担的专项焊接项目有关）

11.4.7   测量工具

11.5   专项焊工考点管理

11.5.1   专项焊工考点所涉及的焊工项目考试和管理制度描述

针对《民用核安全设备焊工焊接操作工专项理论知识和操作

技能考试管理办法》每项要求，列出相应的工作程序、规章制度和相应考试细则的文件名，并在申请说明文件中说明其内容。

11.5.2 专项焊工考点所涉及的工作程序、规章制度和考试细则文件列表

名称	编制时间	编制单位	批准人	使用单位或责任人

附件 2-1：考核中心申请单位民用核安全设备制造或安装资格许可证（复印件）

附件 2-2：国家核安全局批准考核中心申请单位民用核安全设备制造或安装资格许可证公文（复印件）

附件 2-3：考核中心质量总监推荐书

附件 2-4：专项焊工考点所在单位民用核安全设备制造或安装资格许可证（复印件）

附件 2-5：国家核安全局批准专项焊工考点所在单位公文（复印件）

附件 2-6：历年核级焊工焊接操作工考核合格项目统计表（可附页）

序号	焊工姓名	焊工代号	焊工钢印号	焊工资格证书编号	理论考试成绩	焊工考试合格项目代号	焊工专项考试类别	焊工考试合格时间	聘用单位	发证日期

国核安发［2010］28 号附件一：

民用核安全设备焊工焊接
操作工资格管理程序

一、目的

为了规范民用核安全设备焊工焊接操作工资格管理工作，依据《中华人民共和国民用核设施安全监督管理条例》（HAF0500）、《民用核安全设备监督管理条例》（国务院第 500 号令）和《民用核安全设备焊工焊接操作工资格管理规定》（HAF603），制定本管理程序。

二、适用范围

本管理程序适用于从事民用核安全设备焊接活动的焊工、焊接操作工的资格管理工作。民用核安全设备焊接活动指持有国家核安全局颁发的核安全许可证件方可进行的核安全机械设备活动中的焊接活动（钎焊除外）。

民用核安全设备焊工、焊接操作工的聘用单位应为持有民用核安全许可证的中华人民共和国境内单位。在特殊情况下，聘用单位可为国家核安全局已经受理其许可证申请的许可证申请单位。

三、制定依据

（1）《中华人民共和国民用核设施安全监督管理条例》（HAF0500）。

（2）《民用核安全设备监督管理条例》（国务院 500 号令）。

（3）《民用核安全设备焊工焊接操作工资格管理规定》（HAF603）。

四、焊工资质管理技术见解

为了规范民用核安全设备焊工、焊接操作工资格管理工作，国家核安全局将在焊接方法、焊接活动用母材以及相关规范的适用等方面发布焊工资质管理技术见解。焊工资质管理技术见解将作为《民用核安全设备焊工焊接操作工资格管理规定》（HAF603）的解释和补充。

五、聘用单位代号备案

凡拟推荐焊工、焊接操作工参加焊工理论考试的聘用单位，应在焊工理论考试开始前一个月以单位公文形式向国家核安全局提交聘用单位代号申请备案。

申请备案公文应包括建议聘用单位代号、聘用单位法定代表人姓名、聘用单位联系人、聘用单位联系方式、国家核安全局颁发核安全许可证或受理核安全许可证申请的通知公文复印件以及所持有的核安全许可证复印件。

聘用单位代号为：代表聘用单位的三位英文字母。

国家核安全局审查完聘用单位代号备案申请文件后，将通知考核中心，并不定期公布备案结果。

六、焊工理论考试年度计划和焊工理论考试题库

每年年底国家核安全局组织召开民用核安全设备焊工焊接操作工资格鉴定委员会定期会议，确定下一年度的焊工焊接操作工基本理论知识考试（焊工理论考试）计划，并修订焊工理论考试题库。

七、焊工考核报名

聘用单位要从本单位选择技术优秀的焊工、焊接操作工进行核安全文化教育和相应的培训，加强质量和核安全意识的培养，掌握焊接基本理论知识和操作技能，不断提高业务水平。

聘用单位应根据本单位民用核安全设备焊接活动的需要，确定能够满足民用核安全设备焊接活动的持证焊工数量和资格证书适用范围要求，推荐焊工、焊接操作工参加焊工考核。

焊工、焊接操作工根据焊工理论考试年度计划向考核中心报名参加焊工理论考试，填写《焊工理论考试报名表》（见附表一）。聘用单位签署推荐意见。考核中心负责审查报名参考焊工资格。

基本理论知识考试报名表编号为：L–聘用单位代号–年度代号–三位流水号。

八、焊工理论考试

考核中心根据《焊工理论考试程序》（见附件一），实施焊工理论考试，接受国家核安全局检查。

对于考试合格的，国家核安全局通知聘用单位焊工理论考试合格名单及其焊工理论考试合格编号，并抄送考核中心。

焊工理论考试合格编号为：L+聘用单位代号+三位流水号（+意为不空格）。

焊工理论考试合格编号有效期为 3 年。

九、焊工项目考试

对于具有有效理论考试合格编号的焊工、焊接操作工，由聘用单位填写《焊工项目考试报名表》（见附表二），向考核中心报名参加焊工、焊接操作工专项理论知识考试和操作技能考试（焊工项目考试）。

考核中心根据《焊工项目考试程序》（见附件二）以及国家核

安全局批准的《焊工项目考试质量保证分大纲》，实施焊工项目考试，接受国家核安全局检查。

考核中心负责根据相关要求，确定焊工项目考试合格项目代号适用范围表。

十、专项焊接考试考点

对于因设备原因不能在考核中心申请单位进行焊工项目考试的，考核中心申请单位可申请设立专项焊接考试考点（简称为 Y 类考点）。Y 类考点应设置在持有核安全许可证的单位。

考核中心申请单位应与 Y 类考点所在单位协商，参照《焊工项目考试程序》编制《Y 类考点控制程序》，并由考核中心申请单位向国家核安全局提出申请，报送该程序。

在得到国家核安全局批准后，可开始焊工项目考试。考核中心申请单位负责保证考试质量。

十一、焊工资格证书的颁发

对于第一次通过焊工项目考试的焊工、焊接操作工，国家核安全局颁发焊工资质证书。

焊工资质证书包括焊工资格证书编号、聘用单位、身份证号、照片、焊工理论考试有效期。

焊工、焊接操作工资格证书编号为：H+焊工理论考试合格编号后六位（"+"意为不空格）。

对于每一个通过的焊工项目考试项目，国家核安全局发放合格项目附页。

合格项目附页包括焊工资格证书编号、聘用单位、身份证号、照片、焊工项目考试合格项目代号、项目代号个人编号、合格项目代号生效时间以及合格项目代号适用范围表。

项目代号个人编号为该焊工所持项目代号的流水号。

十二、持证焊工资格管理

聘用单位要针对每一位核安全设备焊工、焊接操作工建立档案，保存核安全设备焊工、焊接操作工所有学历、操作、培训、考核和奖惩记录。

聘用单位要采取措施并制定焊工管理程序，满足如下要求：

1. 保证持证焊工、焊接操作工的焊接活动不超出焊工项目考试合格项目代号适用范围。

2. 在核安全设备焊接活动中，制定判断焊工、焊接操作工实际工作能力的指标，对持证焊工、焊接操作工进行焊接质量评价管理，对不能胜任相应的焊接活动的，应重新培训考核或调离该岗位。

3. 保存完整的持证焊工、焊接操作工连续操作记录资料，并进行动态管理。

4. 在持证焊工、焊接操作工资格证书适用范围失效 5 个工作日前通知内部各相关部门，防止焊工、焊接操作工无证操作。

持证焊工违反操作规程，导致严重焊接质量问题的，聘用单位应及时上报国家核安全局。

十三、连续操作记录管理

13.1 连续操作记录的适用

聘用单位应按照 HAF603 和《焊工项目考试合格项目代号编制方法及其适用范围》的规定给出焊接活动的等效项目代号。等效项目代号应与焊工所持合格项目附页中的项目代号相互适用。

13.2 连续操作记录的报告

聘用单位每三个月向国家核安全局书面报送连续操作记录，并抄送国家核安全局监督单位。格式见下表。

聘用单位：　　　　　　　　　　　　　　　　　　连续操作记录编号：

持证焊工姓名		持证焊工资格证书编号	
连续操作记录针对的合格项目代号			
焊接活动简要介绍			
设备名称		设备编号		核安全级别	
施焊日期		施焊地点		焊缝编号	
焊接活动的等效项目代号			

焊工、焊接操作工连续操作记录编号为：C-焊工理论考试合格编号后六位-两位项目代号个人编号-两位流水号。

13.3 连续操作记录的特殊情况

对于焊工、焊接操作工在有效期内未能从事核安全设备焊接活动而从事非核安全设备活动的，还应以附件形式给出焊工、焊接操作工所持有资格证书的颁发单位，证书复印件，进行该项活动所依据的合格项目编号，以及各代号的含义及其适用范围。

对于采用试件焊接作为焊工、焊接操作工连续操作记录的，应在第一次试件焊接前三个月向国家核安全局报送相关管理程序，程序中应当明确为保证焊接试件作为连续操作记录有效性的具体措施，经国家核安全局批准后按该程序执行。

十四、焊工、焊接操纵工资质的现场检查

聘用单位应对合格项目附页进行塑封，焊工、焊接操作工进行相应焊接活动时应随身携带。

聘用单位向国家核安全局上报连续操纵记录时，应同时向焊工发放相应连续操纵记录证明，焊工、焊接操作工进行相应焊接活动时应携带最近有效的连续操纵记录证明。

国家核安全局监督人员现场检查合格项目附页和连续操纵记录证明。对连续操纵记录证明有疑问的，向聘用单位或相关单位查询文件原件。

民用核安全设备焊工焊接操作工资格考核
焊工理论考试报名表

报考焊工理论考试编号：　　　　　　　　　　　报名表编号：

聘用单位		聘用单位代号		参考焊工 1寸免冠 照片
聘用单位持有或被受理证书		发文号		
单位地址		联系人		
焊工姓名		身份证号码		性别	
文化程度		焊接工龄		核安全设备焊接工龄	

参考焊工 工作简历	

已有焊工 资格证	颁发单位	证书编号和适用范围	证书有效期

参加过的 核安全设 备活动、核 安全培训	活动时间	活动地点及内容	活动质量或成绩

个人 材料	（1）身份证原件和复印件 （2）初中或者初中以上毕业证书原件和复印件 （3）县级以上医院出具的健康体检证明 （4）与此表所贴照片同底的近期1寸彩色照片1张　　　　　　　　参考焊工：（签字）　　　　　　　　　　日期：
聘用 单位 声明	我单位推荐×××参加民用核安全设备焊工、焊接操作工资格考核。 　　×××为我单位聘用人员，已经过核安全文化、工业安全教育和培训。通过选拔、培训和考核，我单位认为其有能力按照焊接工艺规程进行操作，有能力独立担任相应的核安全设备焊接工作，身体状况能够适应所申请考核项目焊接作业需要。 　　我单位对所填写的内容和所提交材料内容的真实性负责。 　　　　　　　　　　　　　　　　　　　　　　（聘用单位公章） 　　　　　　　　　　　　　　　　　　　　　　　　年　月　日

　　注：1. 聘用单位持有或被受理证书指核安全许可证种类。

　　　　2. 发文号为国家核安全局颁发证书或受理申请通知的文号。

　　　　3. 核安全培训包括核安全文化、核安全知识、辐射安全和核安全质保培训等。

附表二：

民用核安全设备焊工焊接操作工资格考核
焊工项目考试报名表

报考考核中心名称：　　　　　　　　　　　　　　报名表编号：

聘用单位			聘用单位代号			参考焊工 1 寸免冠 照片
单位地址			联系人			
焊工姓名		身份证号码		性别		
焊接工龄		焊工类别		核安全设备焊接工龄		
参加的焊工理论考试编号、地点						
参考焊工 工作简历						

已有焊工 资格证	颁发单位	证书编号和适用范围	证书有效期

参考焊工 考前培训 情况	培训时间	培训地点及内容	培训成绩

参加焊工 项目考试 情况	焊工项目考试项目代号		考试类别

聘用单位 声明和其 他需求	我单位推荐×××参加焊工项目考试。我单位认为其核安全文化素养、焊接操作技能和身体状况能够适应所申请考试项目焊接活动需要。 　　我单位对所填写的内容和所提交材料内容的真实性负责。 　　（聘用单位其他需求） 　　　　　　　　　　　　　　　（聘用单位公章） 　　　　　　　　　　　　　　　年　　月　　日

注：1. 焊工类别分为焊工或焊接操作工。

　　2. 考试类别分为初试、扩证或复证。

　　3. 聘用单位其他需求是指聘用单位对考试监考、考试规程与试件选择等的特殊需求。

169

国核安发［2010］28号附件一之附件一：

焊工理论考试程序

一、目的

为加强焊工、焊接操作工基本理论知识考试（焊工理论考试）的管理，根据《民用核安全设备焊工焊接操作工资格管理规定》（HAF603），制定本程序。

二、适用范围

本程序适用于民用核安全设备焊工、焊接操作工资格考核中的焊工考核报名和焊工理论考试。

国家核安全局选定的民用核安全设备焊工焊接操作工考核中心负责具体组织焊工理论考试，考核中心申请单位对焊工理论考试的质量负责。

聘用单位根据焊接活动的需求和国家核安全局发布的焊工理论考试年度计划，直接向考核中心推荐焊工、焊接操作工报名参加焊工理论考试。报名参加焊工理论考试即为报名参加民用核安全设备焊工、焊接操作工资格考核。

三、焊工考核报名流程

3.1 焊工理论考试年度计划

国家核安全局发布焊工理论考试年度计划，确定各次焊工理论考试的编号。焊工理论考试年度计划中规定报名时间和地点。

焊工理论考试编号为：L-两位年度代号+两位流水号-考核中心申请单位代号（"+"意为无空格；考核中心申请单位代号同该单位作为聘用单位的聘用单位代号）。

170

3.2　焊工考核报名条件

符合以下条件的焊工、焊接操作工均可被推荐参加焊工考核：

（1）具有初中或者初中以上学历。

（2）身体健康。

（3）有能力按照焊接工艺规程进行操作。

（4）有能力独立担任焊接工作。

3.3　报名所提交的资料

（1）身份证复印件。

（2）初中或者初中以上毕业证书复印件。

（3）县级或二级以上医院开具的健康体检证明。

（4）近期 1 寸免冠彩色照片两张。

（5）《焊工理论考试报名表》所贴照片应与所交照片一致。聘用单位为所提交信息的真实性负责，凡发现弄虚作假的现象，情节严重的取消今后该单位的推荐资格。

3.4　资格审查

考核中心不得接受未经聘用单位代号备案的聘用单位推荐的焊工、焊接操作工参加焊工考核。

考核中心工作人员负责进行参考焊工资格审查。审查通过后，向聘用单位发放《焊工理论考试通知》（格式见附表 1）。

《焊工理论考试通知》编号为：焊工理论考试编号前五位–ZK–聘用单位代号+一位流水号（"+"意为无空格）。

四、焊工理论考试流程

4.1　考场要求

每次理论考试必须在同一考场内进行，考试时每个参考焊工离最近参考焊工距离横向不得小于 100 cm，纵向不得小于 75 cm。

4.2　焊工理论考试计划

考核中心应根据参考焊工情况，在报名结束的 5 个工作日内，以考核中心申请单位公文的形式向国家核安全局提交《焊工理论考试计划》（格式见附表 2）。考核中心将《焊工理论考试报名表》副本随《焊工理论考试计划》一同上报。

《焊工理论考试计划》编号为：焊工理论考试编号前五位–JH–申请单位代号+一位流水号（"+"意为无空格）。

4.3 焊工理论考试监督计划

收到考核中心考试计划后，国家核安全局监督单位在理论考试开始前两个工作日向考核中心申请单位发文通知焊工理论考试监督计划。

4.4 考前准备

每个考试由国家核安全局监督单位监督人员，采用从理论考试题库中计算机随机抽题的方法，形成试卷和相应答案。随后，在考核中心提供的条件下，监督人员负责印刷与参考焊工等量的考试试卷，并封存。

考核中心提供参考焊工考场分布图供监督人员使用。参考人员考场分布图中应包括参考焊工姓名、照片和考试座位编号等信息。

4.5 考试

参考焊工应携带身份证参加考试。每场考试开始前 20 分钟封闭考场，监督人员在确认参考焊工身份、答题纸已正确发放后，下发考试试卷，宣布考试开始。考试时间为 90 分钟。考试应由监督人员和考核中心监考人员共同监考。

4.6 试卷评判

考试结束时，参考焊工退场，考核中心监考人员统一收取考卷。参考焊工退场完成后，考核中心试卷评判人员入场，评卷应在监督人员监督下进行。原则上，考核中心质量总监应观察整个试卷评判过程。

4.7 考试成绩确认

试卷评判结束后，考核中心监考人员负责将考试成绩登录到事先准备的考试成绩表上，该表应包括参考焊工姓名、准考证号和身份证号。经认真核对无误后，将该表送交监督人员和考核中心质量总监。两人分别在每张成绩表上签字，考试成绩生效。

考核中心负责将考试成绩通知聘用单位。

4.8　焊工理论考试评定报告

焊工理论考试结束后，考核中心以考核中心申请单位公文的形式向国家核安全局上报《焊工理论考试评定报告》（格式见附表3）。

《焊工理论考试评定报告》编号为焊工理论考试编号前五位–PD–申请单位代号+一位流水号（"+"意为无空格）。

4.9　档案

理论考试工作结束后，考核中心应对参考焊工的相关文件和记录单独存档。档案保存期为5年。

五、成绩公布和焊工理论考试合格编号

国家核安全局根据《焊工理论考试评定报告》和监督单位的报告，向聘用单位发文通知焊工理论考试合格者的名单、身份证号和焊工理论考试合格编号，并抄送焊工理论考试申请单位和国家核安全局监督单位。

焊工理论考试合格编号为：L+聘用单位代号+三位流水号。

六、附则

对发现在焊工理论考试报名和考试中，有营私舞弊和违反本程序等现象的考核中心，国家核安全局将进行调查，视情节分别给予警告、限期整改和取消指定资格的处分，并通报各考核中心和聘用单位。报名参加焊工理论考试的参考焊工和聘用单位，如发现上述问题，可直接向国家核安全局投诉。

民用核安全设备焊工焊接操作工资格考核
焊工理论考试通知

焊工理论考试编号：　　　　　　　　　　　　　　通知编号：

聘用单位				聘用单位代号	
考试地点				考试时间	
考核中心联系人			联系人联系方法		
序号	姓名	身份证号码		报名单编号	座位编号
1					
2					
3					
4					
5					
6					
7					
8					
9					
10					
11					
12					
13					
14					
15					

　　（聘用单位）推荐的以上焊工、焊接操作工已通过资格审查，准许参加（焊工理论考试编号）焊工理论考试。

　　请（聘用单位）通知以上焊工、焊接操作工携身份证原件，准时参加考试。

（公章）年　　月　　日

　　注：1. 每次焊工理论考试分别向各聘用单位发出考试通知。对于一个聘用单位一次报名考试多于15人的情况，应使用多份考试通知，每份单独编号。

　　2. 报名单编号为焊工理论考试报名单编号。

　　3. 座位编号为焊工理论考试时的座位编号，由考核中心给出。

附表2:

民用核安全设备焊工焊接操作工资格考核
焊工理论考试计划

考试计划编号：   附件份数：

考核中心				考核中心代号	
考试地点				考试负责人	
考试监考人			考试阅卷人		
焊工理论考试参考焊工情况					
序号	姓名	身份证号码	聘用单位	报名单编号	座位编号
1					
2					
3					
4					
5					
6					
7					
8					
9					
10					
11					
12					
13					
14					
15					

以上焊工、焊接操作工由聘用单位推荐。（考核中心）已根据《焊工理论考试程序》对其进行了资格审查，拟准许其参加（焊工理论考试编号）焊工理论考试。

（考核中心申请单位公章）

年   月   日

注：1. 对于焊工理论考试参考焊工多于 15 人情况，应使用多份考试计划，每份单独编号。

2. 报名单编号为焊工理论考试报名单编号。

3. 座位编号为焊工理论考试时的座位编号，由考核中心给出。

4. 考核中心应将焊工理论考试报名表副本随考试计划上报，并在表头给出附件份数。

附表3：

民用核安全设备焊工焊接操作工资格考核
焊工理论考试评定报告

考试计划编号：   附件份数：

考核中心			考核中心代号	
考试地点			考试负责人	
考试监考人		考试阅卷人		

焊工理论考试情况					
序号	姓名	身份证号码	聘用单位	成绩单编号	考试成绩
1					
2					
3					
4					
5					
6					
7					
8					
9					
10					
11					
12					
13					
14					
15					

　　以上焊工、焊接操作工由聘用单位推荐，并已在（焊工理论考试编号）焊工理论考试中考试通过。

　　我单位对考试过程的真实性与考试结果的客观性负责。

（考核中心申请单位公章）

年　　月　　日

　　注：1. 考核中心只上报考试合格焊工。对于一次考试合格焊工多于15人的情况，应使用多份评定报告，每份单独编号。

　　　　2. 成绩单编号为焊工理论知识考试成绩单编号。

　　　　3. 考核中心应将焊工理论知识考试成绩单副本随考试计划上报，并在表头给出附件份数。

国核安发［2010］28号附件一之附件二：

焊工项目考试程序

一、目的

为了加强民用核安全设备焊工、焊接操作工专项理论知识考试和操作技能考试管理，根据《民用核安全设备焊工焊接操作工资格管理规定》（HAF603）制定本程序。

二、适用范围

本指南适用于民用核安全设备焊工、焊接操作工考核中心及其申请单位对焊工项目考试的管理。

三、制定依据

（1）《民用核安全设备焊工焊接操作工资格管理规定》（HAF603）。

（2）《核电厂质量保证安全规定》及其有关导则（HAF003）。

（3）《民用核安全设备焊工焊接操作工资格管理程序》。

（4）其他有关法律法规文件

四、焊工项目考试重要工作

4.1 焊工项目考试准备

1. 编制《焊工项目考试任务单》【重要工作编号：1】。

［工作内容］考核中心根据焊工、焊接操作工聘用单位提交的《焊工项目考试报名表》，核准申请焊工项目考试的焊工资格和考试申请项目；分析、确认和落实聘用单位的需求；确定焊工项目考试项目代号，编写《焊工项目考试任务单》并报考核中心常务

177

副主任。考核中心常务副主任批准焊工项目考试任务单，并确认主考人。

[管理要求]考核中心申请单位内部参考人员和外来参考人员采用同一表格。

聘用单位应为持有我局颁发的核安全许可证单位，或已被国家核安全局受理的核安全许可证的申请单位。

2. 编制《焊工项目考试实施计划》【重要工作编号：2】。

[工作内容]对需要进行专项理论知识考试的，主考人根据《焊工项目考试任务单》和聘用单位焊工项目考试的申请项目确定焊工项目考试项目、专项理论知识考试题库；决定考试时间、考试地点及焊工项目考试实施计划编号；确认焊工项目考试用焊接工艺规程；确认专项理论知识考试负责人、试件制备负责人、考试监考人和检验负责人等。主考人将以上内容编制成《焊工项目考试实施计划》，并报考核中心常务副主任批准。

对不需要进行专项理论知识考试的情况，主考人根据《焊工项目考试任务单》和聘用单位焊工项目考试的申请项目确定焊工项目考试项目；决定考试时间、考试地点及焊工项目考试实施计划编号；确认焊工项目考试用焊接工艺规程；确认试件制备负责人，考试监考人和检验负责人等。主考人将以上内容编制成《焊工项目考试实施计划》，并报考核中心常务副主任批准。

[管理要求]每一个考试项目对应一个实施计划编号，该项目的焊工项目考试中生成的文件和记录都应能反映该编号。

《焊工项目考试实施计划》编号规则为：考核中心代号–两位年份代码–三位流水号。

3. 进行或确认焊接工艺评定【重要工作编号：2A】。

[工作内容]对于每个考试项目，应使用适用的工艺评定作为编制《考试用焊接工艺规程》的支持，并确认其适用性。若没有适用的工艺评定的，可根据 HAF603 进行焊接工艺评定。

[管理要求]适用的工艺评定应满足以下几点：

178

（1）采用国家核安全局批准的在建核电厂所采用的标准。

（2）适用范围能覆盖操作技能考试。

（3）在申请单位、聘用单位或考点所在单位应为有效状态。

在没有适用的工艺评定的情况下，申请单位可能会考虑焊工项目考试的具体情况，根据 HAF603 有关要求实施的焊接工艺评定作为考试用工艺规程的支持。此时，焊工项目考试的合格项目代号应与所做焊接工艺评定一致，且能适用于聘用单位提出的合格项目代号，并征得聘用单位的同意。

4. 编制《考试用焊接工艺规程》【重要工作编号：2B】。

5. 验证《考试用焊接工艺规程》【重要工作编号：2C】。

［工作内容］ 对于不能判定支持考试用工艺规程的焊接工艺评定的检验方法满足 HAF603 的要求时，应用实验验证考试用焊接工艺规程是否满足 HAF603 的要求。

［管理要求］ 对于可能出现的特殊情况，考核中心应将解决方案报国家核安全局批准后，方能进行考试。

6. 选定监考人【重要工作编号：2D】。

［工作内容］对于考核中心承担过参考人员考前培训的，考试监考人由质量总监和考核中心常务副主任共同确定。

［管理要求］为保证独立和公正。参加过考前培训的考试监考后备人不得担任考试监考人。考试监考人与参考工位的比例不能小于 1/3。

7. 编制《焊工项目考试质量计划》【重要工作编号：3】。

［工作内容］主考人负责针对每一焊工项目考试的实施计划编制《焊工项目考试质量计划》，并报考核中心质量总监批准。

8. 上报《焊工项目考试计划》【重要工作编号：4】。

［工作内容］质量总监负责组织编制焊工项目考试计划，以考核中心申请单位公文形式报国家核安全局。焊工项目考试计划格式见附表一。

［管理要求］ 《焊工项目考试报名表》副本随《焊工项目考

试计划》一同上报。

9. 焊工项目考试通知【重要工作编号：5】。

[工作内容]《焊工项目考试实施计划》和《焊工项目考试质量计划》得到批准后，主考人负责将焊工项目考试实施计划和质量计划的内容通知到相关考试负责人员和具体组织。

主考人负责将焊工项目考试的时间和地点及时通知到焊工、焊接操作工的聘用单位。

[管理要求]聘用单位应保证本单位的焊工、焊接操作工准时参加考试。

10. 专项理论知识考试【重要工作编号：6】。

[工作内容]专项理论知识考试应用针对特定题库计算机随机抽题的考试方法，形成试卷，即考即评，现场给出考试成绩。对于一名焊工、焊接操作工一次考多项专项理论知识考试的，可将各项考试的题库合并，形成试卷后再进行考试。

考试题目为 50 道，时间为 45 分钟。满分 100 分，合格为 60 分。

考试结束后，由主考人负责将考试合格人员、操作技能考试时间和地点通知聘用单位。

[管理要求]专项理论知识考试均应在考核中心工作场所内进行。

11. 焊工项目考试试件制备【重要工作编号：7】。

[工作内容]主考人负责根据焊工项目考试的项目编制试件加工委托单和试件加工图纸，委托试件制备负责人加工焊工项目考试试件。

12. 母材和焊材采购文件提出【重要工作编号：7A】。

[管理要求]此项工作适用于对于专为焊工项目考试采购或焊工项目考试对采购有特殊要求的情况。

4.2 焊工项目考试实施

1. 考试用母材和焊材质量确认【重要工作编号：7B】。

［工作内容］考试用母材和焊材的质量确认主要是文件审查，确认母材和焊材满足采购文件的要求，确定为考试用母材和焊材前的储存都满足相关要求。如认为文件审查不能确认质量，可向考核中心主任、质量总监或常务副主任提出源地验证、复检和复验等建议。必要时，可开启不符合项。

［管理要求］对于源地验证、复检和复验等建议，考核中心主任、质量总监或常务副主任按申请单位有关规定处理。

2. 考试用母材和焊材的储存【重要工作编号：7C】。

［工作内容］保证确定为考试用母材和焊材后，考试用母材和焊材在考试前的储存中的隔离、标识和维护满足相关要求。

3. 考试试件加工质量确认【重要工作编号：7D】。

［工作内容］确认考试试件的质量满足相关要求。

4. 焊工项目考试试件装配【重要工作编号：8】。

［工作内容］考试焊工按照相关焊工项目考试试件和焊材管理程序领取考试试件和焊材，并按焊工项目考试用焊接工艺规程的要求负责制备焊工项目考试试件。

5. 考前检查【重要工作编号：9】。

［工作内容］主考人负责对试件形式和坡口形式、试件装配、焊条烘焙、焊接位置、试件数量等进行检查。

6. 焊工项目考试试件的标注【重要工作编号：10】。

［工作内容］操作技能考试前，主考人针对每个参考焊工确认工位编号和考试监考人。主考人应负责在参考焊工和考试监考人在场的情况下，在焊工项目考试试件的适当位置上标注焊工项目考试编号。

［管理要求］焊工项目考试编号应是焊工项目考试实施计划编号的后三位+焊工代号。焊工代号由考核中心确定，但应不引起混淆。原则上，焊工代号可为1位或两位数字；也可为一位英文字母。

7. 焊接操作【重要工作编号：11】。

［工作内容］焊工、焊接操作工应按焊工项目考试用焊接工艺规程的要求焊接焊工项目考试的试件。

8. 参考焊工评价【重要工作编号：11A】。

［工作内容］ 要求参考焊工在完成操作技能考试后对焊工项目考试的场地条件、设备能力、使用材料和环境安全等方面进行评价。

［管理要求］参考焊工评价的方式、内容和形式应长期稳定，便于进行数据汇总、分析和存档。考核中心应有相应的程序或规章制度。

9. 考试监考【重要工作编号：12】。

［工作内容］考试监考人保证考试顺利进行，确认焊接过程各参数（包括预热和道间温度）符合焊工项目考试用焊接工艺规程。对于Y类专项考试，至少应有一名考试监考人是考核中心的人员。

10. 过程录像【重要工作编号：13】。

［工作内容］ 在考核中心工作场所内或其他有条件的考试工位，应对每个考试过程录像。质量总监应可通过视频手段对整个考试过程进行监控。

［管理要求］ 每台视频摄像头只能监控一名监考焊工，考试过程录像应完整、清晰。工位编号应能在考试监控图像中清晰地看到，并在考试录像中记录。

在没有视频监控手段的车间内的焊接设备上进行操作技能考试时，应有主考人进行现场监考，不得有3个以上工位同时进行操作技能考试。

对于Y类专项考试，应有主考人进行现场监考，不得3个以上工位同时进行操作技能考试。

11. 考试试件封存【重要工作编号：14】。

［工作内容］操作技能考试完成后，主考人负责封存焊工项目考试试件。必要时，主考人负责委托相关部门进行焊工项目考试试件的焊后处理。

12. 考试试件检测委托【重要工作编号：15】。

［工作内容］主考人负责委托试件检验人按焊工项目考试焊接工艺规程的要求，对焊工项目考试试件进行无损检验和理化检验。

13. 考试试件检测单【重要工作编号：16】。

［工作内容］主考人应在《无损检验委托单》和《理化检验委托单》中注明焊接方法、母材牌号、规格、检验部位、检验项目、依据标准等内容，同时根据考核中心的编号规则对无损检验委托单和理化检验委托单进行编号，委托单中应能反映焊工项目考试编号。

14. 考试试件的目视检验【重要工作编号：17A】。

［管理要求］ 考试试件的目视检验应由有资格的人员，按规定的程序进行。

15. 考试试件无损检验【重要工作编号：17】。

［工作内容］焊工项目考试试件的无损检验应按照《无损检验委托单》的要求进行。试件经射线检验后底片上应显示焊工项目考试编号和检验日期。试件检验人负责向主考人提供检验报告、检验记录，对射线检验还应附底片。

16. 理化检验试样加工【重要工作编号：18A】。

17. 理化检验试样加工不符合项控制【重要工作编号：18B】。

18. 考试试件理化检验【重要工作编号：18】。

［工作内容］焊工项目考试试件的理化检验应按照《理化检验委托单》的要求进行。试样加工过程中应按规定做好标注的移植工作，试件检验人负责主考人提供理化性能检验报告。

4.3　焊工项目考试结果评定

1. 编制《焊工操作技能考试检验记录表》【重要工作编号：19】。

［工作内容］ 主考人在各项记录和证据基础上，评定焊工操作技能考试结果，填写《焊工操作技能考试检验记录表》，报考核中心常务副主任批准。

2. 焊工项目考试评定报告编制【重要工作编号：20】。

［工作内容］ 主考人根据焊工操作技能考试结果填写《焊工项目考试评定报告》，报考核中心常务副主任签字后，转交考核中心质量总监。焊工项目考试评定报告格式见附表二。

［管理要求］ 焊工项目考试评定报告应标明考试工位编号，考试监考人姓名。

3. 焊工项目考试无效的鉴别与上报【重要工作编号：21A】。

［工作内容］ 焊工项目考试过程失控，造成焊工项目考试结果不能判断的，焊工项目考试为无效，并报送国家核安全局。

［管理要求］ 焊工项目考试无效应视为严重的有损于质量的情况，申请单位必须分析原因，提出纠正措施。

4. 未合格焊工上报准备【重要工作编号：21B】。

［工作内容］ 未合格焊工指考核中心已上报焊工项目考试计划中，未参加或未通过考试的焊工焊接操作工。申请单位应将未合格焊工及其项目汇总上报，并说明情况。必要时，应分析原因。

［管理要求］未合格焊工上报与《焊工项目考试评定报告》同时进行。

5. 焊工项目考试纠正措施需求【重要工作编号：21C】。

［工作内容］对通过对参考焊工评价、焊工项目考试不符合项处理、未合格焊工上报及其原因分析、质量监查和管理部门审查中鉴别出的有损于质量的情况，应及时提出纠正措施需求。

6. 《焊工项目考试评定报告》质保确认【重要工作编号：21】。

［工作内容］质量总监审查执行完的《焊工项目考试质量计划》，在确认整个焊工项目考试均在受控状态下进行后，在《焊工项目考试评定报告》上签字后，报考核中心主任。

［管理要求］作为质量计划签点人签署质量计划依据的质量保证记录和其他工作中产生的文件，应作为质量计划的附件收集、储存和保管。其完整性是焊工项目考试受控的最基本证据。

7. 焊工项目考试评定报告生效【重要工作编号：22】。

[工作内容] 考核中心主任在《焊工项目考试评定报告》上签字，确认焊工项目考试成绩生效。

8. 焊工项目考试评定报告上报【重要工作编号：23】。

[工作内容] 质量总监以考核中心公文形式将《焊工项目考试评定报告》报国家核安全局。

4.4 存档

1. 记录与文件留存和移交【重要工作编号：24】。

[工作内容] 主考人负责保存各项记录、文件、考试录像、专项理论知识考试试卷、焊工项目考试试件的剩余材料、焊工项目考试理化试样及射线检验底片。

依据焊工项目考试档案管理程序，主考人负责向相关部门或具体组织移交焊工项目考试档案资料。

2. 焊工项目考试短存档案资料保存【重要工作编号：24A】。

[管理要求] 考试录像、专项理论知识考试试卷、焊工项目考试试件的残样、焊工项目考试理化试样及射线检验底片应保存至焊工资格正式生效为止。

3. 焊工项目考试长存档案资料暂存和移交【重要工作编号：24B】。

[管理要求] 短存档案资料外的记录和文件保存期为 5 年。

五、焊工项目考试其他工作

为了保证焊工项目考试重要工作的质量，申请单位还应控制的活动称为焊工项目考试其他工作。其中，特别重要的是：

（1）影响重要工作完成质量的控制条件，如环境条件、设备和技能等。

（2）对质量有影响的人员的培训。

（3）对焊工项目考试质量保证体系的定期评价和调整。

（4）对《焊工项目考试质量保证分大纲》的定期修订。

焊工项目考试其他工作的编号，可为所属或相近焊工项目考试重要工作编号加小横线加数字。

例如，对于编号为 2C 的重要工作——"验证考试用焊接工艺规程"可能分为试件加工、焊接操作、试件检验等其他工作。可分别用编号 2C–1 指验证试件加工、2C–2 指焊接操作、2C–3 指验证试件检验等。

附表一：

焊工项目考试计划

考试计划编号：   附件份数：

考核中心申请单位名称：						考核中心常务副主任签字：					
考核中心名称：×××（考核中心代号）						考核中心质量总监签字：					
序号	姓名	焊工项目考试报名表编号	项目代号	考试类别	焊工项目考试分类	主考人	实施计划编号	质量计划编号	操作技能考试日期	操作技能考试地点	焊工代号

注：1. 考试类别主要分为初试、扩证和复证。初试是指第一次参加考试；扩证是指扩大焊工焊接项目范围；复证是指考试合格项目期满再重新考试。

2. 焊工项目考试分类分为普用、专用、X 专项、Y 专项和 Z 专项 5 种。

3. 操作技能考试地点分为工作场所、车间名称或考点所在单位或地址。

4. 附件份数为聘用单位所报焊工项目考试报名表附件等文件的总数。

附表二：

焊工项目考试评定报告

聘用单位：　　　　　　　　　　　　　　　　　　评定报告编号：

姓名		性别		身份证号码			焊工代号	
焊工项目考试报名表编号					考试计划编号			
考试项目代号			考试用焊接工艺规程编号			质量计划编号		主考人

专项理论知识考试	考试日期	题库和试卷编号		考试成绩		主考人签字

操作技能考试	考试日期	考试试件编号	工位编号	考试监考人	试件检验负责人	考试成绩	主考人签字

考核中心常务副主任签字： 年　月　日	考核中心主任签字： 年　月　日
质量总监签字： 年　月　日	

188

国核安发〔2010〕28号附件二：

焊工项目考试质量保证补充要求

一、引言

1.1　目的

核安全设备焊工、焊接操作工考核中心受国家核安全局委托组织实施的核安全设备焊工、焊接操作工专项理论考试和操作技能考试（简称"焊工项目考试"）是保证核电厂安全的一种工作，组建核安全设备焊工、焊接操作工考核中心的申请单位应根据《民用核安全设备焊工焊接操作工资格管理规定》（HAF603）和《核电厂质量保证安全规定》（HAF003）的要求建立健全申请单位焊工项目考试质量保证体系，编制《焊工项目考试质量保证质量分大纲》。

为使申请单位根据 HAF003 和 HAF603 制定或编制的焊工项目考试质量保证分大纲作为焊工项目考试质量保证体系所有工作的综合或其概述，更加符合焊工项目考试的实际需要，本要求提出一些具体的要求、建议和范例。

1.3　责任

申请单位法人代表即为考核中心主任。考核中心主任对焊工项目考试质量保证体系的有效性负责，对焊工项目考试的质量负全责。

二、焊工项目考试质量保证体系

2.1　指导方针

2.1.1　质量目标

申请单位焊工项目考试质量保证体系的质量目标是保证焊工项目考试满足国家核安全局的管理要求、考核中心申请单位核安全设备质量保证体系的相关规定以及参考焊工所在聘用单位的其他需求。

2.1.2 焊工项目考试工作

申请单位焊工项目考试质量保证体系的控制对象包括焊工项目考试重要工作和焊工项目考试其他工作。

焊工项目考试重要工作是指国家核安全局认为考核中心为使焊工项目考试作为一种服务达到质量目标所必需的工作，验证所要求的质量目标已达到所必需的工作，以及为产生上述活动的客观证据所必需的工作。

《焊工项目考试程序》给出了所有焊工项目考试重要工作。

为了保证焊工项目考试重要工作的质量，申请单位认为还应控制的活动称为焊工项目考试其他工作。其中，特别重要的是：

（1）影响重要工作完成质量的控制条件，如环境条件、设备和技能等。

（2）对质量有影响的人员的培训。

（3）对焊工项目考试质量保证体系的定期评价和调整。

（4）对《焊工项目考试质量保证分大纲》的定期修订。

2.1.3 焊工项目考试工作的控制要求

焊工项目考试质量保证体系应对焊工项目考试重要工作进行透彻的分析，确定所要求的技能，明确承担者的责任，选择和培训合适的人员，提供适当的设备和程序，创造开展工作的良好环境。

焊工项目考试质量保证体系也应保证焊工项目考试其他工作达到相应的质量。

2.2 《焊工项目考试质量保证分大纲》

2.2.1 《焊工项目考试质量保证分大纲》的作用

《焊工项目考试质量保证分大纲》是描述申请单位焊工项目考试质量保证体系如何落实指导方针的文件。

《焊工项目考试质量保证分大纲》中的描述以及质量总监职责

的确定是考核中心申请单位为使焊工项目考试质量保证体系满足质量目标对国家核安全局作出的具体承诺，这些描述的落实和质量总监顺利开展工作是满足上述要求的实质性工作。

《焊工项目考试质量保证分大纲》中对申请单位《核安全设备质量保证大纲》描述和引用程序的借用，是为了使申请单位焊工项目考试质量保证体系满足申请单位核安全设备质量保证体系相关规定的要求。

《焊工项目考试质量保证分大纲》中应描述申请单位为满足参考焊工聘用单位在《民用核安全设备焊工焊接操作工焊工项目考试申请表》中提出的其他需求拟采取的措施。

2.2.2 《焊工项目考试质量保证分大纲》的文件结构

文件结构的基础是对申请单位质量保证体系和申请单位相关组织结构的设置情况的评价。文件结构可参照本文结构，也可参照 HAF003 的结构，但本文所有要求的要素都应有所说明。

2.2.3 《焊工项目考试质量保证分大纲》生效

国家核安全局发出选定通知后，申请单位根据选定申请审查中进行的修改，对上报《焊工项目考试质量保证分大纲》（草稿）进行修订后，由考核中心主任签署生效，并报国家核安全局备案。

在上报公文后，应附录考核中心主任声明，明确：

根据××文，我单位组建的××考核中心被选定为核安全设备焊工、焊接操作工考核中心。根据在申请文件中对国家核安全局的承诺，我单位编制了《焊工项目考试质量保证分大纲》。我已于××日批准了《焊工项目考试质量保证分大纲》，焊工项目考试质量保证体系已开始实施。

现报送经修订的我单位组建的××考核中心申请书和《焊工项目考试质量保证分大纲》以及主要程序，我保证上述文件的真实性和准确性，并保证为这些文件所涉及所有工作的顺利开展提供有利条件。

经国家核安全局批准，我认命×××为我单位焊工项目考试

191

质量总监，我授权他负责焊工项目考试质量保证工作，并对我单位上报国家核安全文件的真实性和准确性负责，同时对焊工项目考试相关工作中的问题直接向我或国家核安全局报告。

我委托×××为我的代表，在我不方便时替我签署相关文件，但这种委托不转移我的任何责任。

2.3 程序

焊工项目考试重要工作应按适用于该工作的有书面形式的程序来完成。程序为控制或验证各项焊工项目考试重要工作达到所要求的质量提供标准的工作模式。根据情况的不同，程序可能有质保程序、大纲程序、管理程序、工作程序、执行程序、规章制度、管理办法等各种形式。

申请单位至少应针对焊工项目考试形成以下程序，以保证焊工项目考试在受控状态下进行：

（1）《焊工项目考试组织机构、职责及资质管理程序》。

（2）《焊工项目考试管理程序》。

（3）《焊工项目考试质量计划管理程序》。

（4）《焊工项目考试用焊接工艺规程控制程序》。

（5）《焊工项目考试试件检验控制程序》。

2.4 焊工项目考试质量保证体系文件用语

在《焊工项目考试质量保证分大纲》中应使用本文以及国家核安全局所发相关文件的规范用语。

对于申请单位核安全设备质量保证体系内的描述用语或申请单位习惯用描述词语（简称"实际用语"），在使用前应予以说明。对于程序中使用的实际用语，应在《焊工项目考试质量保证分大纲》中集中给出实际用语与规范用语的关系。

2.5 管理部门审查

考核中心申请单位、考核中心和焊工项目考试相关部门的管理部门要对其负责的那部分焊工项目考试质量保证体系的状况和有效性定期进行审查。当焊工项目考试质量保证体系发现有问题时，应采取纠正措施。

三、焊工项目考试质量保证体系的组织

在《焊工项目考试质量保证分大纲》中，应根据申请单位原组织结构图，给出焊工项目考试组织结（机）构图。组织机构图中应反映考核中心主任、质量总监、考核中心常务副主任、考试部门及其具体组织之间的行政关系和质量管理关系。

图中应标明所有考试部门及其下属的具体组织的在申请单位内的实际名称。若图中人员承担焊工项目考试相关负责人职务的，在括号中标出，但对于质量总监应在括号中标出在申请单位内的实际职务。

3.1 焊工项目考试的组织结构

焊工项目考试质量保证体系应确定焊工项目考试的组织结构，明确规定各有关部门、具体组织和人员的责任和权力。

3.1.1 考试部门

考试部门是申请单位质保部门、考核中心、焊工集中考点、专项焊工考点和焊工项目考试相关部门的统称。

3.1.1.1 申请单位负责焊工项目考试质量保证职能的部门

申请单位应有负责实施和验证焊工项目考试质量保证职能的部门（简称申请单位质保部门），为该部门工作的质量保证专业人员称为质量保证人员。

申请单位质保部门应直接由质量总监领导，且该部门应至少有一名质量保证人员熟悉焊工项目考试的质量保证工作。质量总监直接向考核中心主任和国家核安全局负责，应可以调动足够的质量保证人员进行或参加对焊工项目考试活动及其执行部门的质量验证、纠正措施、管理部门审查、质保监查等工作。

3.1.1.2 民用核安全设备焊工、焊接操作工考核中心

申请单位内负责焊工项目考试大部分重要工作的部门（简称"考核中心"）。

3.1.1.3　焊工集中考点

设置在申请单位焊工、焊接操作工集中，有焊工项目考试需要的民用核安全设备安装活动地点，受申请单位领导，承担参考焊工焊接操作工操作考试以及考试试件检验工作的部门。

3.1.1.4　专项焊工考点

设置在可进行 Y 类专项考试的民用核安全设备制造或安装许可证持证单位内的，受考核中心申请单位焊工项目考试质量保证体系控制，承担参考焊工 Y 类专项考试焊接操作工作的部门。

3.1.1.5　焊工项目考试相关部门

申请单位内，除考核中心外，为焊工项目考试工作的部门。

3.1.2　具体组织

具体组织是指考试部门内进行或参与焊工项目考试的下属组织。在考试部门无下属组织的，可指定考试部门；在特殊情况下可指定个人。

在《焊工项目考试质量保证分大纲》中，应将具体组织的职责和基本情况填入《申请单位焊工项目考试相关具体组织情况汇总表》（见附表 1）。

3.2　焊工项目考试质量总监

焊工项目考试质量总监负责申请单位内核安全文化的宣传和普及工作，建立和维护焊工项目考试质量保证体系，在焊工项目考试全过程中组织实施质量保证工作，向国家核安全局报送相关情况。

质量总监由申请单位推荐，经国家核安全局批准后，考核中心主任任命。焊工项目考试质量总监也可称为考核中心质量总监。

3.3　考核中心人员

3.3.1　主任

3.3.2　主任代表

对于大型企业，由考核中心主任每次对考试计划和考试评定报告进行签字确实存在困难的，可由考核中心主任委托相关高层领导作为主任代表，签署相关计划或报告。这种委托不转移考核

194

中心主任的任何责任。

申请单位应在质保分大纲中提交考核中心主任的委托书，主任代表的提名需经国家核安全局认可。

3.3.3 焊工项目考试相关负责人

对于焊工项目考试重要工作，负责具体执行的是焊工项目考试相关具体组织，主要质量责任的承担者为相应的焊工项目考试相关负责人。

焊工项目考试相关负责人为负责确认焊工项目考试重要工作达到质量目标的人员，其包括质量总监、主任代表、考核中心常务副主任、主考人、专项理论知识考试负责人、试件制备负责人、考试监考人和检验负责人等。

焊工项目考试相关负责人应按自己的职责有效地执行焊工项目考试质量保证体系中的各项规定。

对于候选人员可能大于一人的焊工项目考试相关负责人岗位，申请单位应明确后备人选，后备人选均属于焊工项目考试相关负责人。

在《焊工项目考试质量保证分大纲》中，应将焊工项目考试相关负责人的情况填入《申请单位焊工项目考试相关负责人情况汇总表》（见附表 2），同时还应给出焊工项目考试相关负责人的职责和任职资格，并承诺人员变化时报国家核安全局备案。

3.4 对焊工项目考试质量有影响的人员

具体组织内为焊工项目考试工作的人员为焊工项目考试相关人员。

考核中心主任、焊工项目考试相关负责人和焊工项目考试相关人员都属于对焊工项目考试质量有影响的人员。

3.5 负责计划

申请单位应至少针对焊工项目考试重要工作编制明确的负责计划，《申请单位焊工项目考试重要工作情况汇总表》是确定负责计划的一种形式。

在《焊工项目考试质量保证分大纲》中，应将焊工项目考试重要工作的职责分工填入《申请单位焊工项目考试重要工作情况汇总表》（见附表 3）。

四、对申请单位核安全设备质量保证体系的借用

对申请单位核安全设备质量保证体系的借用是建立健全完善的焊工项目考试质量保证体系的一个重要手段。

焊工项目考试质量保证体系对申请单位核安全设备质量保证体系的借用主要有以下几个方面：

（1）文件控制。

（2）采购控制。

（3）在焊工项目考试重要物项确定为焊工项目考试所用之前的物项控制。

（4）设备试验大纲。

（5）测量和试验设备的标定和控制。

（6）物项检查和状态的显示。

（7）记录。

根据各考核中心及其申请单位情况的不同，对申请单位核安全设备质量保证体系借用的情况会有很大的差别，但对于焊工项目考试质量保证体系应通过质量验证、质保监查、文件用语协调以及物项和服务的质量确认等措施，确定两个体系的接口关系。

在《焊工项目考试质量保证分大纲》中应根据实际情况明确对《申请单位核安全设备质量保证大纲》描述的借用和程序的引用。

为明确起见，在《焊工项目考试质量保证分大纲》中应给出《申请单位焊工项目考试质量保证体系情况汇总表》（附表 4）。

五、焊工项目考试用焊接工艺规程与焊接工艺评定

5.1 概述

焊工项目考试应重点考虑的技术内容是考试用焊接工艺规程

和支持其焊接工艺评定。焊工项目考试质量保证体系应有相关规定保证焊接工艺评定的适用性和在此基础上编制的考试用焊接工艺规程得到遵守。

在《焊工项目考试质量保证分大纲》或《焊接项目考试工艺规程控制程序》中应描述对考试用工艺规程及支持其焊接工艺评定报告的编制、确认和验证的要求及控制方法。

5.2 焊接工艺评定的适用性

每个焊工项目考试用焊接工艺规程应有适用的焊接工艺评定报告作为编制的支持，并由申请单位确认其适用性。

适用的工艺评定应满足以下几点：

（1）采用国家核安全局批准的在建核电厂所采用的标准。

（2）适用范围能覆盖焊工项目考试的操作技能考试。

（3）在申请单位、聘用单位或考点所在单位应为有效状态。

评价支持考试用工艺规程的焊接工艺评定的检验方法是否满足 HAF603 的要求，也是判定其适用性的一个重要方面。

在一些情况下，申请单位可能会根据焊工项目考试的具体情况，根据 HAF603 有关要求实施的焊接工艺评定作为考试用工艺规程的支持。此时，焊工项目考试的项目代号应与所做焊接工艺评定一致，且能适用于聘用单位提出的项目代号，并征得聘用单位的同意。

5.3 考试用工艺规程的格式

考试用工艺规程应有固定的格式，应能反映编制人或组织批准时间以及支持其焊接工艺评定报告编号。

考试用工艺规程应有固定编号规则，对每个焊工项目考试实施计划都应有单独的编号。

对于复用的考试用工艺规程，应能反映确认人的姓名和确认时间，以及原考试用工艺规程编号等信息。

5.4 考试用工艺规程的实验验证

对于不能判定支持考试用工艺规程的焊接工艺评定的检验方

法满足 HAF603 的要求时，应采用实验验证。对于可能出现的特殊情况，考核中心应将解决方案报国家核安全局批准后，方能进行考试。

5.5 Z 类专项考试的考试用工艺规程

对于 Z 类专项焊接，考试用焊接工艺规程的编制和其焊接工艺评定的确定依据 HAF603 附件三。

六、焊工项目考试重要物项控制

对焊工项目考试用焊材、母材、考试试件和试样等焊工项目考试重要物项，焊工项目考试质量保证体系应规定相应的控制和验证的方法或水平，并制定出控制和验证影响该物项质量活动的措施。

对于焊材、母材，焊工项目考试质量保证体系主要规定在其被确定为焊工项目考试所用后的控制。

在《焊工项目考试质量保证分大纲》中除描述焊工项目考试质量保证体系对焊工项目考试重要物项待控制外，还应描述对其他体系提供的焊工项目考试重要物项的质量确认控制。

七、质量计划

7.1 质量计划的开启与关闭

焊工项目考试质量计划是检查大纲和质保验证的一种形式，附表 5 是推荐的质量计划格式。

质量计划应从考试用母材和焊材质量确认【重要工作编号：7B】或考试试件加工质量确认【重要工作编号：7D】开启，考核中心在质量计划开启前 10 个工作日上报焊工项目考试计划。

质量总监提出焊工项目考试纠正措施需求（重要工作编号：21C）后关闭质量计划。

7.2 焊工考试质量计划监督检查选点与签点人

焊工考试质量计划的监督检查选点分为以下 3 个层次。

质量检查（A点）：由主考人选点，签点人为焊工项目考试的各相关负责人。

质量验证（B点）：由质量总监选点，确定验证点的性质（H、R和W），并确定签点人，签点人应为质保人员。

外部监督（C点）：签点人可为国家核安全局或派出机构人员；聘用单位人员；必要时，国家核安全局可委托质量总监作为签字人。

对于承担每项焊接项目考试重要工作的工作负责人均应作为操作人或质量检查签点人，并在质量计划中反映出来。对于质量总监负责的焊接项目考试重要工作，质量总监可作为质量验证签点人，但质量总监在批准质量计划时应指定质量检查签点人。

质量计划中需要两人以上签字的签点处，可在附件上签字，在签点处只标注出附件编号。

7.3 焊接操作签字人

焊接操作（重要工作编号：11）操作人的签字人为参考焊工。质量检查签点人为考试监考人。

7.4 典型质量计划

在《焊工项目考试质量保证分大纲》中应给出典型质量计划，典型质量计划应反映申请单位认为在焊工项目考试中要进行控制的焊工项目考试重要工作或其他工作名称和编号，以及质量检查选点的最少选点要求。

在《焊工项目考试质量保证分大纲》中还应描述质量验证选点原则和外部监督选点流程。

7.5 质量计划签点依据

质量计划签点依据的质量保证记录，应作为质量计划的附件进行收集、储存和保管，其完整性是焊工项目考试受控的最基本证据。

八、不符合项的控制

《焊工项目考试质量保证分大纲》应对焊材、母材、考试试件和试样等焊工项目考试重要物项的不符合项控制进行描述。

九、纠正措施

对于在参考焊工评价、焊工项目考试不符合项处理、焊工项目考试无效的鉴别与上报、未合格焊工上报及其原因分析、质量监查和管理部门审查等工作中鉴别出有损于质量的情况，申请单位应及时采取纠正措施。

所有纠正措施应落实到《焊工项目考试质量保证分大纲》或程序的修改。

焊工项目考试过程失控，造成焊工项目考试结果不能判断的，焊工项目考试为无效。这种情况应视为严重有损于质量的情况。申请单位应分析原因，提出纠正措施，并报送国家核安全局。

申请单位在上报焊工项目考试评定报告的公文中，应明确在焊工项目考试中是否鉴别出有损于质量的情况，以及采取纠正措施的情况。必要时，应报送纠正措施报告。

十、监查

《焊工项目考试质量保证分大纲》应重点描述质保监查频度和计划安排，以及在这些工作中质量总监、申请单位质保部门、考核中心承担质保职能的具体组织或人员以及其他相关具体组织或人员的工作职责和分工。

附表 1：申请单位焊工项目考试相关具体组织情况汇总表

考试部门	具体组织	人员编制	主要工作地点	承担的焊工项目考试重要工作或其他工作	备　注

　　1. 主要工作地点在考核中心工作场所内的填考核中心工作场所；在工作场所外的填具体建筑物和房间号，并在申请单位平面图中标注具体建筑物位置。

　　2. 承担的焊工项目考试重要工作或其他工作按申请单位焊工项目重要工作或其他工作的编号和全称，对于承担部分工作的还应填写具体工作内容。

附表 2：申请单位焊工项目考试相关负责人员与后备人选情况汇总表

序号	姓名	年龄	性别	技术职称	所属考试部门和具体组织	职务	焊工项目考试职责	毕业学校和专业	毕业时间	学历	所持资质证书	现从事专业及年限	备注

附表 3：申请单位焊工项目考试重要工作情况汇总表

焊工项目考试重要工作		焊工项目考试重要工作承担者		文　件			备注
编号	名称	相关责任人	相关具体组织	使用程序	产生的记录、报告	批准人	

附表 4：申请单位焊工项目考试质量保证体系情况汇总表

《焊工项目考试质量保证分大纲》章节	借用《核安全设备质量保证大纲》章节	引 用 程 序					
		分大纲中引用程序名称	编号	专用或借用	批准人	批准时间	备注

　　1. 对于《焊工项目考试质量保证分大纲》章节名称应落实到节，必要时落实到更下层的小节。

　　2. 借用《申请单位核安全设备质量保证大纲》借用大纲的具体章节。

　　3. 引用程序写程序名和引出具体章节号；借用程序写原程序名和引出具体章节号。

附表 5：焊工项目考试质量计划推荐格式

申请单位标志	编写人：（主考人）签字：			批准人：（质量总监）签字 ：			质量计划编号：		
	考试实施计划编号：			考试项目代号：			质量计划版次：		

工作编号	焊工项目考试需控制的工作	执行程序		执行组织		工作产生记录编号	操作人签字	监督检查选点与签字			备注
		编号	版次	所在部门	具体组织			质量检查	质量验证	外部监督	

外部监督与其他情况说明：

202

国核安发［2010］28号附件三：

焊工项目考试合格项目代号编制方法
及其适用范围

一、目的

《民用核安全设备焊工焊接操作工资格管理规定》（HAF603）的附件 1、附件 2 和附件 3 确定了针对特定的核安全设备焊接活动的操作技能考试的考试和检验要求以及考试合格项目代号。为便于核安全设备焊工焊接操作工考核中心和聘用单位焊工焊接操作工资格管理工作，保证核安全设备焊接活动的顺利进行，本文件根据 HAF603 及其附件确定的原则，给出焊工项目考试合格项目代号（简称项目代号）编制方法和适用范围。

本文件是对 HAF603 的补充和解释，适用于聘用单位选择焊工项目考试申请项目代号、考核中心确定考试项目代号以及聘用单位为持证焊工、焊接操作工安排焊接活动。聘用单位以及考核中心在焊工项目考试时应根据 HAF603 和本文件确定焊工项目考试合格项目代号。

二、技能变素与适用原则

与焊接活动有关，其变化会影响焊工项目考试结果适用性的近似因素或参数的综合叫做技能变素，在 HAF603 中简称变素。为了便于管理，HAF603 将技能变素归纳为 8 个类别：焊接方法、试件形式、焊缝形式、母材类别、焊接材料、焊缝金属厚度与管材外径、焊接位置和焊接要素。

本文件通过规定变素代号或变量的表示方法以及适用原则确

203

定焊工项目考试项目代号编制方法和适用范围。在 HAF603 附件 1 和附件 3 中所用的"可免考""适用于""等效""可代替"等均是适用原则的不同表述。

三、焊工项目考试分类

焊工项目考试是民用核安全设备焊工、焊接操作工专项理论知识考试和操作技能考试的简称。除普通焊工项目考试外，焊工项目考试还包括焊工专项考试和专用焊工项目考试。

3.1 焊工专项考试

以下 3 类有特殊要求的焊工项目考试称为焊工专项考试。

（1）X 类专项考试。HAF603 附件 1 表 1 中未列的特殊焊接方法以及 HAF603 附件 1 表 2 所列Ⅸ类母材的特种金属焊接活动为 X 类专项焊接。与此相关的焊工项目考试称为 X 类专项考试。

参加 X 类专项考试的焊工、焊接操作工，在参加操作技能考试前，还应参加专项理论知识考试，并成绩合格。

（2）Y 类专项考试。由于焊接设备的原因，不宜在考核中心或考核中心申请单位内进行操作技能考试的焊接活动为 Y 类专项焊接。与此相关的焊工项目考试称为 Y 类专项考试。

（3）Z 类专项考试。HAF603 附件 3 中规定的焊接活动为 Z 类专项焊接。与此相关的焊工项目考试称为 Z 类专项考试。

3.2 专用焊工项目考试

根据焊接活动的需要，聘用单位可针对特定焊接工艺评定申请进行专用焊工项目考试，专用焊工项目考试适用范围按照 HAF603、本文件及焊接工艺评定的适用范围共同确定。

四、焊工项目考试合格项目代号

4.1 普通焊工项目考试项目代号

普通焊工项目考试项目代号由 8 组变素代号或变量组成，各变素之间用空格隔开。

对于项目代号，在变素代号和变量适用范围外的情况均为不适用。除特别声明外，变素代号或变量缺省意为全适用。

各变素组合顺序为焊接方法代号（HAF603 附件 1.1）、试件形式代号（HAF603 附件 1.3）、焊缝形式代号（HAF603 附件 1.4）、母材分类代号（HAF603 附件 1.2）、焊接材料代号（HAF603 附件 1.7）、焊缝金属厚度与管材外径（HAF603 附件 1.6）、焊接位置代号（HAF603 附件 1.5）、焊接要素代号（HAF603 附件 1.9）。

4.2 焊工专项考试项目代号

X 类焊工专项考试同普通焊工项目考试项目代号。

Y 类焊工专项考试项目代号为，Y+聘用单位代号–焊机型号–普通焊工项目考试项目代号。

对于 Z 类焊工专项考试，在普通焊工项目考试项目代号的尾部加注 Z1（例 1：奥氏体–铁素体不锈钢和镍基合金的堆焊和预堆边）、Z2（例 2：热交换器或蒸汽发生器管板焊接）、Z3（例 3：特殊的密封焊缝）、Z4（例 4：管子的承插焊）、Z5（例 5：摩擦焊）或 Z6（例 6：耐磨堆焊）。具体内容，参照本文 13 章的相关要求加注。

4.3 专用焊工项目考试项目代号

专用焊工项目考试的项目代号为：S+聘用单位代号–两位流水号–焊接工艺评定编号–焊接方法代号–试件形式代号–焊接位置代号。对于试件形式、焊接位置变素，如果工艺评定依据的标准所确定的适用范围比依据 HAF603 所确定的范围小，则应以工艺评定的范围为准；其他适用范围仍以 HAF603 为准。试样检验按焊接工艺评定要求。

对于 Y 类焊工专项考试中的专用焊工项目考试，其项目代号按此款编制。

对于 Z 类焊工专项考试中的专用焊工项目考试，在其项目代号尾部按 4.2 节加注相关内容。

4.4 变素代号的确定

项目代号中变素代号只能选择本文规定的代号。对于需要增加变素代号的，应由聘用单位提出增加的理由，并向国家核安全局提出命名建议，由国家核安全局确认后，统一使用。

国家核安全局也可能根据焊工资质管理的需要，增加变素代号。

五、焊接方法代号

5.1 总则

各类焊接方法之间不能互相适用。

对于采用不同焊接方法的组合考试，项目代号可以按照不同的焊接方法分别给出。例如，HWS/HD T GW VI 02/C t20（5/15）D200 PA ss nb（HAF603 附件 1 示例 6）应当分为两个项目代号：HWS T GW VI 02 t5 D200 PA ss nb 和 HD T GW VI C t15 D200 PA ss mb。

对于采用 5.2、5.3 节列表以外的焊接方法的情况，聘用单位应将新增的焊接方法代号报国家核安全局备案，由国家核安全局发文后统一使用。

5.2 焊工焊接方法代号

代号	适 用 范 围	备 注
HQ	气焊	
HD	焊条电弧焊	
HWS	手工钨极氩弧焊	
HRB	半自动熔化极气体保护焊	
HLS	手工等离子弧焊接	将等离子弧焊接区分手工和自动两种
HYB	半自动药芯焊丝电弧焊	

5.3 焊接操作工焊接方法代号

代号	适用范围	备注
HWZ	自动钨极氩弧焊	
HRZ	自动熔化极气体保护焊	
HLZ	自动等离子弧焊接	
HYZ	自动药芯焊丝电弧焊	
HM	埋弧焊	
HJM	带极埋弧堆焊	将带极堆焊（埋弧和电渣堆焊）分成带极埋弧堆焊和电渣堆焊
HDZ	带极电渣堆焊	
HE	电子束焊	
HS	螺柱焊	
HR	电阻焊	

六、试件形式代号

6.1 焊工试件形式代号

代号	含义	适用范围	备注
P	板-板接头	P 接头	HAF603 附件 1 第 1.3.3 条
		外径大于 500 mm 的 T 接头	
		在平焊（PA）、横角焊（PB）或横焊（PC）位置外径大于 150 mm 的 T 接头	
T	管-管的对接接头和搭接接头	试件外径大于 25 mm 的，适用于 T 接头和 P 接头	HAF603 附件 1 第 1.3.2 条
		试件外径小于 25 mm 的,适用 T 接头	
P-T	管-板接管焊接	P-T 接管焊接	HAF603 附件 1 第 1.3.4 条；
T-T	管-管接管焊接	P-T 接管焊接；T-T 接管焊接	为清楚表达，加入了 T-T 代号

6.2 焊接操作工形式代号

代号	含 义	适 用 范 围	备 注
P	板–板接头	P 接头、T 接头	HAF603 附件 1 第 1.6.2 条
T	管–管的对接接头和搭接接头		
P–T	管–板接管焊接	P–T 接管焊接	
T–T	管–管接管焊接	P–T 接管焊接；T–T 接管焊接	

接管焊接指管–管或管–板的非对接接头和非搭接接头的焊接。

七、焊缝形式代号

7.1 焊工焊缝形式代号

代号	含 义	适 用 范 围	备 注
GW	T 接头和 P 接头的对接焊缝，或接管焊接中符合 HAF603 附件 1 第 1.4.5 条条件之一的焊缝	GW 焊缝	HAF603 附件 1 第 1.4.4 条
		FW 焊缝	
FW	T 接头和 P 接头的角焊缝，接管焊接中不是 GW 焊缝的焊缝	FW 焊缝	
D	堆焊焊缝	D 焊缝	

7.2 焊接操作工焊缝形式代号

代号	含 义	适 用 范 围	备 注
GW	对接焊缝	GW 焊缝	HAF603 附件 1 第 1.4.4 条
		FW 焊缝	
FW	角焊缝	FW 焊缝	
D	堆焊焊缝	D 焊缝	

八、母材分类代号

8.1 焊接操作工项目代号不列母材分类代号，考试结果适用所有母材

8.2 同种材料焊接项目代号

代号	分类或简称	适 用 范 围	备 注
Ⅰ	碳钢	Ⅰ	Ⅰ 至 Ⅷ 类母材的分类和代号见 HAF603 附件 1 表 2； 当母材为表 2 之外的材料时，聘用单位可根据材料焊接性能试验或者焊接工艺评定的结果对母材进行分类，并将分类意见报国家核安全局备案； 除特别声明外，不能按 HAF603 附件 1 表 2 分类的母材，均列入Ⅸ类母材。Ⅸ类母材分类代号为材料代号，材料代号为母材金属或合金主要金属元素符号，或聘用单位提出命名建议报国家核安全局备案，由国家核安全局确认，统一使用
Ⅱ	合金钢	Ⅰ、Ⅱ、Ⅱ/Ⅰ	
Ⅲ	弥散强化钢	Ⅰ、Ⅱ、Ⅲ、Ⅱ/Ⅰ、Ⅲ/Ⅱ、Ⅲ/Ⅰ	
Ⅳ	马氏体不锈钢	Ⅰ、Ⅱ、Ⅲ、Ⅳ、Ⅱ/Ⅰ、Ⅲ/Ⅱ、Ⅲ/Ⅰ、Ⅳ/Ⅰ、Ⅳ/Ⅱ、Ⅳ/Ⅲ	
Ⅴ	镍钢	Ⅴ	
Ⅵ	奥氏体不锈钢	Ⅵ	
Ⅶ	镍基合金	Ⅶ	
Ⅷ	铜及铜合金	Ⅷ	
材料代号	特种金属	只适用于同一材料代号母材的焊接	

8.3 异种材料焊接项目代号

异种材料在项目代号中的表示方法用"X/Y"表示，X、Y 表示母材的分类代号。原则上，异种材料项目代号只适用于与操作技能考试相同的情况。

8.4 两个项目代号共同使用的情况

对于异种材料焊接，母材中有Ⅵ类的情况，且已对两类母材分别取得合格项目代号的，该两个项目代号可共同使用。但该款不适用于焊接材料为镍基合金材料的情况。

九、焊接材料代号

9.1 填充金属

填充材料与母材分类相同时，无须单独在项目代号中注明。

如填充材料与母材不同组别时，应在考试项目代号中母材分类代号后以括号注明焊接材料的分类代号（见 HAF603 附件一表2），项目代号只适用于与操作技能考试相同的焊接材料代号。

采用无填充焊丝、实心焊丝的代号分别为 01、02。实心焊丝适用于无填充焊丝，无填充焊丝不适用实心焊丝。

9.2 电焊条涂料

电焊条根据涂料的特性分类与适用范围见 HAF603 附件 1 表8。进口焊条可参照执行。

对于无衬垫焊接，打底焊道所使用的焊条应与项目代号的药皮类型相同。

9.3 熔化衬环

使用熔化衬环的情况，应列为专用焊工项目考试。

9.4 堆焊

当采用奥氏体不锈钢焊接材料进行耐蚀堆焊时，堆焊金属的类别号用"A"表示；采用镍及镍合金的焊接材料进行耐蚀堆焊时，堆焊金属的类别号用"Ni"表示；进行耐磨堆焊时，堆焊金属的类别号用"H"。该字母应在焊接材料代号的括号内。

各堆焊金属的类别号不相互适用。

十、焊缝金属厚度和管材外径

焊缝金属厚度和管材外径可简称焊接相关尺寸。

10.1 焊接相关尺寸的表示方法

焊缝金属厚度表示为：t+厚度，"+"意为不空格，厚度单位为 mm。当使用挡板时，另加 h+挡板高度，"+"意为不空格，高度单位为 mm。

管材外径表示为：D+外径，"+"意为不空格，外径单位为mm。

对于接管焊接的 GW 焊缝,焊缝金属厚度和管材外径表示为：t+厚度+D+主管外径/支管外径+α+支管角度，"+"意为不空格，厚度和外径单位为 mm，支管角度单位为"度"。支管角度为主管轴线或支承板平面与支管轴线的角度，支管角度缺省意为 90°。

对于 FW 焊缝只表示翼板或支管的厚度，对 D 焊缝只表示母板厚度：T+试件厚度，"+"意为不空格，试件单位为 mm。

10.2　焊工焊接相关尺寸

10.2.1　GW 焊缝

管材外径适用范围见 HAF603 附件 1 表 5。

对于接管焊接，焊缝金属厚度和管材外径分别指：

（1）骑座式（坡口开在支管上）：支管焊缝金属厚度及外径；

（2）插入式（坡口开在主管上）：主管或壳体焊缝金属厚度及支管外径。

10.2.2　接管焊接的 GW 焊缝

焊缝金属厚度和管材外径适用范围及原则同 10.2.1 的规定。

主管外径与支管外径比值的适用范围为大于或等于该比值。支管角度的适用范围为大于或等于该角度 α。

10.2.3　FW 焊缝和 D 焊缝

试件厚度的适用范围见 HAF603 附件 1 表 6 与表 7。

10.3　焊接操作工焊接相关尺寸

GW 和 FW 焊缝不限焊缝金属厚度。管材外径适用范围为大于项目代号的值。对于接管焊接，管材外径指支管外径。

D 焊缝金属厚度适用范围见 HAF603 附件 1 表 7。

十一、焊接位置代号

11.1　焊接位置的分类和代号见 HAF603 附件 1 图 1、2、3。

对于焊工接管焊接的 GW 焊缝：

（1）支管处于俯焊位置时，插入式属于 PA；骑座式属于 PC；

（2）支管处于仰焊位置时，插入式属于 PE；骑座式属于 PD；

（3）支管处于水平固定位置时，用 PF 或 PG 表示。

（4）对于母管有角度的接管焊接 GW 焊缝，用 H–L045 和 J–L045 位置考试，项目代号结果适用于任何母管角度。否则，列入专用焊工项目考试。

11.2 FW 焊缝的 PB 和 PD 焊接位置，只适用于 FW 焊缝。

11.3 对于螺柱焊接，经仰焊位置考试合格后，适用于任何位置的螺柱焊焊接，其他位置考试合格后，只适用相应位置的焊件。螺柱焊试件焊接位置见 HAF603 附件 1 图 4。

十二、焊接要素代号

12.1 GW 焊缝焊接要素的适用范围

试件的焊接要素	适 用 范 围		
	单面焊/不带衬垫（ss nb）	单面焊/带衬垫（ss mb）	双面焊（bs）
单面焊/不带衬垫（ss nb）	X	X	X
单面焊/带衬垫（ss mb）	—	X	X
双面焊（bs）	—	X	X
注："X"表示适用；"—"表示不适用。			

12.2 FW 焊缝焊接要素的适用范围

试 件	适 用 范 围	
	单层（sl）	多层（ml）
单层（sl）	X	—
多层（ml）	X	X
注："X"表示适用；"—"表示不适用。		

212

12.3　焊工焊接要素适用范围

焊　接　要　素		代　　号	适　用　范　围
气焊	左焊法	lw	左焊法
	右焊法	无	右焊法
P-T 接头	管端	gd	管端
	非管端	无	非管端

12.4　焊接操作工焊接要素适用范围

焊　接　要　素		代　　号	适　用　范　围
钨极惰性气体保护焊自动稳压系统	无	03	所有
	有	04	有
自动跟踪系统	无	05	所有
	有	06	有
每面坡口内焊层	单层	sl	单层
	多层	ml	所有
P-T 接头	管端	gd	管端
	非管端	无	非管端

十三、Z 类专项考试的项目代号编制方法与适用原则

13.1　HAF603 附件 3 中有"同工艺评定"和"符合产品技术条件"类似要求的,焊工考试时的各项变素应满足考试用焊接工艺规程的要求,项目代号的适用原则同上文。

13.2　对于 HAF603 附件 3 例 1 的项目代号,应在 Z1 后加"T+试板厚度","+"意为不空格,试板厚度的单位为 mm。

13.3　原则上,HAF603 附件 3 中的例 2 只适用于专用焊工项目考试。否则,聘用单位应先行制订焊工项目考试适用范围表(见

HAF603 附件 1）报国家核安全局批准后，方可申请焊工项目考试。

13.4 对于 HAF603 附件 3 例 4 中钨极氩弧焊的项目代号，应在 Z4 后加"ϕ+焊丝直径"，"+"意为不空格，焊丝直径的单位为 mm。

13.5 对于 HAF603 附件 3 例 6 的项目代号，应在 Z6 后加"n+堆焊层数"，"+"意为不空格。

十四、项目代号适用范围表格式

聘用单位名称				项目代号编号	
焊工项目考试合格项目代号					
变 素	代 号		含 义		适 用 范 围
焊接方法					
试件形式					
焊缝形式					
母材类别					
焊接材料					
焊接相关尺寸					
焊接位置					
焊接要素					
专用焊工项目考试工艺评定编号					
Y 类专项考试焊机型号					
Z 类专项考试举例名称					

为便于管理，聘用单位可对每个项目代号进行编号，推荐编号原则为：H–聘用单位代号–两位流水号。

214

国家核安全局函

国核安函〔2010〕71 号

关于明确民用核安全设备焊工焊接
操作工若干管理要求的通知

各考核中心及相关聘用单位：

根据核电发展形势和核安全设备管理工作需要，经研究，现对核安全设备焊工、焊接操作工有关工作要求通知如下：

一、民用核安全电气设备活动中焊接活动为流量计、电动机、电气贯穿件和应急柴油发电机组中的机械结构或密封焊接。各民用核安全电气设备活动单位应采取措施保证相关人员在 2011 年 1 月 1 日前取得焊工资质证书。

二、各聘用单位上报焊工连续操作记录的时间尽量相对固定，建议为该聘用单位第一批焊工证书生效后的每三个月的最后 10 个工作日。聘用单位上报焊工连续操作记录时，应同时上报本单位现有民用核安全设备焊工焊接操作工人数和合格项目总数，以及过去 3 个月内失效的合格项目列表。

三、鉴于焊接技术的发展，将 HWS、HWZ 分别指为手工非熔化极气体保护焊和自动非熔化极气体保护焊。

四、暂不将保护气体种类列入技能变素。

五、焊接母材和焊材的分类应结合该材料所依据的国家核安全局批准的在建核电厂所采用的标准（核电适用标准）所确定的材料焊工考核分类原则，根据 HAF603 的要求进行分类。如材料所依据的核电适用标准对该材料焊工考核暂无明确分类，该材料应视为特殊材料处理。

六、对于补焊操作考试，母材强度补焊焊缝视同为对接焊缝，堆焊层内补焊焊缝视同为堆焊焊缝。

七、对于焊接操作工管材焊接，在合格项目代号中焊接相关尺寸标注技能考试施焊最小直径，适用范围为大于该尺寸。

八、对于耐磨堆焊，焊缝材料表示为"H+焊材相应的母材金属类别号"，其适用范围同母材金属类别号。

九、为便于管理，发布《考试用焊接工艺规程基本内容和格式》。

请各单位遵照执行。

附件：考试用焊接工艺规程基本内容和格式

二〇一〇年四月二十八日

主题词：环保　核安全　焊工　管理　通知

民用核安全设备焊工、焊接操作工操作技能考试

考试用焊接工艺规程基本内容和格式

考试用焊接工艺规程应按照 HAF603 和评定合格的焊接工艺评定进行编制，规程中必须包括影响考试结果的各种技能变素，焊接参数应细化到能使焊工、焊接操作工按照考试用焊接工艺规程独立施焊。考试用焊接工艺规程至少应包括下述内容：

1. 焊接工艺规程编号和工艺评定编号。

2. 技能考试项目代号。

3. 编审批人员的签名和编制日期。

4. 编制单位的名称。

5. 自动化程度。

6. 焊接母材的牌号和类别号。

7. 焊接材料的牌号和型号。

8. 坡口形式（附焊接接头简图）：

（1）以示意图形式表示坡口角度、间隙、钝边等参数。

（2）如使用两种以上焊接方法，或选用两种以上规格的焊条，应明确每种焊接方法或每种规格焊条对应的熔敷金属厚度。

（3）对于多层焊，在焊接接头简图中给出层数范围，且标示出不同层的施焊顺序。

9. 衬垫材料及形式、截面尺寸参数。

10. 钨极氩弧焊钨极的类型和直径。

11. 熔化性电极或填充材料的尺寸。

12. 保护气体及其流量（正面、背面和尾部）。

13. 焊接位置和前进方向（如适用）。

14. 焊缝金属厚度。

15. 焊接参数。

（1）依据焊接工艺评定制定焊接参数。

（2）针对不同层，给出所用焊材直径等特征参数，并明确电流值、电压值和速度值。

16. 热处理参数：预热温度、层间温度、性能热处理或消应力热处理的温度范围和保温时间等。

17. 其他焊接技术要求，如单道焊或多道焊、背面清根方法、打底和中间层清理方法、摆动焊和线性焊等，应根据具体的工艺特征增加相关内容。

18. 对于电子束焊、螺柱焊等特种焊接方法，可按照其技能变素对推荐的工艺规程进行修改，但应在考核中心质保体系中明确其格式。

推荐的焊工考试焊接工艺规程的格式和内容见后。

考试用焊接工艺规程推荐格式

编号：

技能考试项目代号			
工艺评定报告编号/依据标准/有效期		自动化程度/稳压系统/自动跟踪系统	

焊 接 接 头		焊接接头简图（有衬垫的应标明衬垫的形式和截面尺寸）：	
坡口形式			
衬垫（材料）			
焊缝金属厚度			
管子直径			
其他			

母 材		填 充 金 属	
类别号		焊材类型（焊条、焊丝、焊带等）	
牌号		焊材型（牌）号/规格	
规格		焊剂型（牌）号	

焊接位置		保护气体类型/混合比/流量	
焊接位置		正面	
焊接方向		背面	
其他		尾部	

预热和层间温度		焊后热处理	
预热温度		温度范围	
层间温度		保温时间	
预热方式		其他	

焊 接 技 术							
最大线能量							
喷嘴尺寸			导电嘴与工件距离				
清根方法			焊缝层数范围				
钨极类型/尺寸			熔滴过渡方式				
直向焊、摆动焊及摆动方法							
背面、打底及中间焊道清理方法							

焊 接 参 数							
焊层	焊接方法	焊 材		焊 接 电 流		电压范围/V	焊接速度/（mm·min^{-1}）
		型（牌）号	规格/mm	极性	范围/A		

施 焊 操 作 要 领

编制		审核		批准	
日期		日期		日期	
编制单位名称					

220

国核安函［2010］148 号附件：

民用核安全设备焊工焊接操作工
资格管理工作会议纪要

2010 年 7 月 15 日至 16 日，我局在京组织召开了全国民用核安全设备焊工、焊接操作工资格管理第二次会议。环境保护部北方核与辐射安全监督站、机械科学研究总院核设备中心和国家核安全局选定的 13 家民用核安全设备焊工、焊接操作工考核中心及东方电气（广州）重型机器有限公司的代表和专家参加了会议。

会议对 2010 年民用核安全设备焊工、焊接操作工项目考试中发现的问题进行了讨论，部署了持证焊工的监督工作。

经过讨论，会议就一些具体问题达成了以下意见：

一、在境内参加为境内民用核设施进行的核安全设备焊接活动的焊工、焊接操作工，都应按民用核安全设备焊工、焊接操作工进行管理。

取得注册登记确认书的境外单位在完成聘用单位代号备案后，可作为聘用单位对民用核安全设备焊工、焊接操作工进行管理。

二、焊工资质证书由国家核安全局颁发。考核中心发放合格项目附页，并加盖考核中心或考核中心依托单位公章。

对于持有有效焊工资质证书的焊工，由考核中心在焊工项目考试评定报告生成后，发放合格项目附页，并加盖考核中心或考核中心依托单位公章。

三、首次参加焊工理论考试的焊工、焊接操作工，必须出示初中或以上学历毕业证书原件。

四、焊工项目考试试件的无损检验，应按照相应核安全设备最高级别焊缝的无损检验要求进行。

五、对拟采用替代试件焊接作为焊工连续操作记录的，焊工聘用单位应将替代试件的焊接纳入本单位核安全设备焊接活动核安全质量保证体系。

焊工聘用单位应指派熟悉 HAF603 以及国家核安全局相关管理文件和相关标准的焊接工程师以上人员负责该项工作。该人员应根据焊工项目考试合格项目确定替代试件的制造技术条件，确认支持焊接工艺规程的焊接工艺评定，编制或确认焊接工艺规程。

必要时，聘用单位可将替代试件的焊接纳入焊工项目考试质量保证体系。但不必向国家核安全局报送相应文件。

替代试件应根据 HAF603 的要求进行外观检验和无损检验。破坏性检验可以用体积检验代替。

六、对于连续操作记录等效项目范围与所持合格项目范围不能相互适用的，该合格项目代号应做降级处理。聘用单位应向原考核中心申请新的合格项目代号，该项目代号的有效期应为原项目代号的有效期。考核中心应在发放新的合格项目代号附页后的一周内，向国家核安全局进行备案。

七、考核中心上报焊工项目考试计划时，应上报申请单位质保验证人员名单。质保验证人员应具备质保监查员资格，并按照质量计划进行现场监督。

八、考核中心应对项目考试所依据的焊接工艺评定进行确认，编制工艺评定确认记录表（格式见附表）。

九、对于项目考试不合格焊工，补考工作应从编制实施计划开始，再次上报项目考试计划。

十、在特殊情况下，焊接工艺评定可与焊工项目考试同时进行。但应满足如下要求：

（一）应当由焊工考核中心申请单位单独上报项目考试计划，并明确参考焊工姓名、焊工聘用单位、同时进行的原因、焊接工艺评定所依据标准等，经国家核安全局批准后进行。

（二）考核中心申请单位在上报焊工项目考试评定报告时，应同时上报焊接工艺评定报告。

222

（三）工艺评定达不到所依据标准的要求，焊工项目考试也为不合格。

十一、对于 Y 类专项考试，焊工聘用单位应与考核中心依托单位协商，确定 Y 类专项考试程序或实施计划。由考核中心依托单位上报国家核安全局批准。

对于一次性 Y 类专项考试考核中心依托单位可直接上报 Y 类专项考试实施计划。

Y 类专项考试程序或实施计划应根据相关文件给出各项焊工项目考试重要工作的负责单位、负责部门和相关负责人。其中，质量总监，质量验证人员和主考人应为考核中心依托单位人员。

必要时，考核中心依托单位应编制对 Y 类专项考试所在单位的质保监查程序。

十二、考核中心依托单位应加强对焊工项目考试的管理：

（一）在焊工项目考试前，考核中心应编制有项目考试分布图，至少应包括焊工姓名、理论考试合格编号、工位编号、施焊日期、主考人、监考人等信息。考试工位处应配有考试用焊接工艺规程。

（二）焊工应持身份证参加项目考试。

（三）监考人负责检查组对完毕试件的钝边、坡口、组对间隙、施焊角度等要素，并填写检查结果。

（四）焊工项目考试施焊记录应至少包含焊接电流、层道分布、层间温度、保护气体流量（如果有）等信息，监考人员应对焊工项目考试施焊记录进行确认。

（五）对于项目考试时违反 HAF603 或考试工艺规程的情形，应由主考人直接判定考试不合格。

附：焊工项目考试工艺评定确认记录表

《民用核安全设备焊工焊接操作工资格管理工作会议纪要》附件:

焊工项目考试工艺评定确认记录表

焊工考核中心:　　　　　　　　　　　　　　　　　　　　编号:

焊工项目考试项目代号			
焊接工艺规程编号			
焊接工艺评定编号			
焊接工艺评定提供单位		评定有效期	
焊接工艺评定依据标准		标准适用工程	
技能变素	工艺评定试件	工艺评定的覆盖范围	变素代号
焊接方法			
试件形式			
焊缝形式			
母材类别			
焊接材料			
焊缝金属厚度			
管材外径			
焊接位置			
焊接要素			
试件检验与HAF603的符合性			
结论:该工艺评定按照国家核安全局认可的标准,可以覆盖操作技能考试,同意使用。			
编制		审核	批准

说明:工艺评定确认表编号为:×××(考核中心代号)–PDQR–两位年度代号–两位流水号)。

224

国核安函〔2011〕53号附件一：

2011年民用核安全设备焊工焊接操作工资格管理工作会议纪要

2011年3月2日至3日，国家核安全局组织召开了2011年全国民用核安全设备焊工、焊接操作工资格管理工作会议，环境保护部华北核与辐射安全监督站、环境保护部核与辐射安全中心、机械科学研究总院核设备安全与可靠性中心、焊工考核中心以及申请单位的代表参加了本次会议（与会人员名单见附件二）。

会上，各考核中心就2010年度工作做了总结，华北监督站通报了2010年对焊工考核和焊工考核中心的监督检查情况，并提出一系列加强焊工考核资质管理的建议。会议就这些建议进行了认真的讨论。国家核安全局介绍了人员资质信息管理系统的主要内容和进展情况。现对会议讨论结果纪要如下。

一、考核中心管理

考核中心申请单位应履行申请选定考核中心时承诺的职责，保证焊工考核工作的人员配备和硬件条件不偏离申请文件的描述；加强对相关人员核安全质量保证基本知识和要求的培训，保证焊工项目考试相关负责人掌握焊工考核质量保证体系的控制要求及其控制措施。为此，考核中心申请单位应于2011年上半年针对焊工考核工作进行一次管理部门审查和内部监查，及时修正考核中心硬件条件和过程控制与申请文件的偏差，保证焊工考核质量保证体系适用性和实施的有效性。

在今后的监督工作中，如发现不符合相关法规和管理要求的，考核中心硬件条件和过程控制与申请文件存在偏差的，将暂停相关项目考试或予以判废，并限期整改。情况严重的，暂停考核中心项目考试资格。

二、焊工理论考试管理

1. 聘用单位应如实上报参考人员信息，考核中心应严格审查理论考试报名材料，如发现不符合资格条件参加考试的，取消参考人员考试成绩。同时，将追究责任单位责任。

2. 对于焊工理论考试，参考人员入场后到开始前，允许相关人员在考核中心人员的陪同下观摩。考试开始后，考场内只能有考核中心及其申请单位的相关工作人员和国家核安全局监督人员。

三、焊工项目考试管理

1. 焊工项目考试报名表中"参加的焊工理论考试编号、地点"一栏修订为"焊工理论考试合格编号"。

2. 考核中心应保证按相关要求及时上报考试计划、考试评定报告及相关备案文件。相关备案文件应与考试计划同时上报，对于上报考试计划不足时限要求的，应将考试时间顺延。

3. 考核中心应对焊工项目考试的焊接操作明确考场范围，并采取隔离措施。考场内只能有考核中心相关工作人员和国家核安全局监督人员。相关人员可在考核中心人员的陪同下在视频监控室观摩考试。

焊接操作完毕，参考人员应立即离场，不得返回。

4. 在项目考试中，需要控制层间温度的，应由监考人员测量并记录层间温度，应由监考人员下达继续焊接指令。

5. 考核中心应分别明确短存档案和长存档案的管理要求，并建立相应制度。

四、资格证书管理

为保证焊工资格证书的严肃性，对焊工资格证书管理提出以下要求：

1. 在焊工资格证书的首页应加印批准焊工资格证书的文件号，有效期为焊工理论考试合格编号发放日期的后三年。

2. 焊工资格证书的附页应加印华北监督站项目考试监督报

告编号，项目生效日期为华北监督站项目考试监督报告批准日期（打印格式见附件三）。

3. 考核中心负责焊工资格证书的打印工作。焊工资格证书的首页和附页均不得做任何修改。确实打印错误的，考核中心负责携带原始证书到华北监督站办理注销和换证手续。

4. 考核中心使用虚假信息办理资格证书的，暂停考核中心考试资格。情节严重的，取消考核中心的选定资格。

五、Y 类项目考试

1. Y 类项目考试质量由考核中心申请单位负责。考试主考人应由考核中心人员担任，质保人员应由考核中心质量总监指定考核中心申请单位人员担任。Y 类项目考试其他考试相关负责人可由聘用单位人员担任，但须经考核中心质量总监同意。

2. Y 类项目考试中只有"焊工项目考试实施"中的"考试用母材和焊材的确认"【重要工作编号：7B】，"考前检查"【重要工作编号：9】和"考试试样检测委托"【重要工作编号：15】以外的重要工作可委托聘用单位进行。"焊工项目考试准备"，"焊工项目考试结果评定"中的重要工作均应由考核中心申请单位负责实施。

3. 由考核中心申请单位负责编写 Y 类项目考试申请文件，以考核中心申请单位公文形式向国家核安全局提出 Y 类项目考试申请；Y 类项目考试申请文件应说明考核中心进行 Y 类项目考试的基本情况，描述所有重要工作，并上报只用于 Y 类考试的程序。

4. 由聘用单位向考核中心申请单位提出 Y 类项目考试申请。考核中心应要求聘用单位根据考核中心的相关要求完成聘用单位承担的焊工考试重要工作。

5. 考核中心应在考试前 20 工作日将 Y 类考试的准备情况，质量计划和考试计划上报国家核安全局与华北监督站。

6. 考核中心应在上报考试计划前，对由聘用单位进行的重要工作的相关程序进行审查。必要时，进行现场核查。

六、焊接母材分类

对于焊接母材，如能按以下要求进行分类的，除 III 类和IX类焊接母材外，不必进行母材分类备案。

Ⅰ类母材为合金元素的总含量不超过 5%，镍含量≤2%，屈服强度不大于 300 MPa 的铁基材料。

Ⅱ类母材为合金元素的总含量不超过 5%，镍含量≤2%，屈服强度大于 300 MPa 的铁基材料。

Ⅲ类母材原则上为以美国 ASME SA-508Gr3 为代表的核电厂主设备容器用钢。

Ⅳ类母材为铬含量为 13%的马氏体或铁素体不锈钢。

Ⅴ类母材为镍含量为 2.25%～3.5%的铁基材料。

Ⅵ类母材为奥氏体不锈钢。

Ⅶ类母材为镍基合金。

Ⅷ类母材为铜及铜合金。

Ⅸ类母材为不属于前八类的焊接母材，高铬铁素体钢属于Ⅸ类母材。

七、焊工项目考试适用原则

1. 管件堆焊适用原则：

试件直径（堆焊面）D/mm	适用范围/mm
$D<25$	$D\sim 2D$
$25\leqslant D<76$	$\geqslant 25$
$D\geqslant 76$	$\geqslant 76$
$D>300$（立向下焊接位置）	$\geqslant 76$

2. P 接头项目代号分别适用于同样焊接位置的外径大于或等于 500 mm 的 T 接头。P 接头项目代号在平焊（PA）、横角焊（PB）或横焊（PC）位置的 P 接头项目代号，适用于管外径大于或等于

228

150 mm 的 T 接头。

3. P–T 接管焊接项目代号适用于同样焊接位置的主管管外径大于或等于 500 mm 的 T–T 接管焊接。在平焊（PA）、横角焊（PB）或横焊（PC）位置的 P–T 接管焊接项目代号，适用于主管管外径大于或等于 150 mm 的 T–T 接管焊接。HAF603 另有规定的除外。

4. 除专项考试和专用焊工考试外，焊工考试适用原则适用于焊接操作工。

5. 对于 Y 类考试和专用焊工考试，应按相关规定确定项目考试适用的自动焊机。

八、焊工连续操作记录

1. 连续操作记录的编号应依照国核安发［2010］28 号文中附件一《民用核安全设备焊工焊接操作工资格管理程序》13.2 的规定：焊工、焊接操作工连续操作记录编号为：C–焊工项目编号后九位–两位流水号。

2. 连续操作记录中的"焊接活动简要介绍"一栏，推荐顺序填写项目名称、系统名称、设备名称、具体任务名称。

3. 连续操作记录表中的"设备名称"一栏应填写《民用核安全设备目录（第一批）》中的设备。

附件二：（略）

附件三:

民用核安全设备焊工焊接操作工
资格证书格式

焊工资格证书首页格式:

照　片

发 文 编 号:

姓　　　名:

证 书 编 号:

身份证号码:

聘 用 单 位:

有 效 期 至:　　　年　　月　　日

焊工资格证书附页格式：

合格项目代号适用范围

监　督　报　告　编　号：

焊　工　项　目　编　号：

项目代号生效日期：

项　目　代　号　编　号：

焊工项目考试合格项目代号：

　　　　　　　变素　　　　　适用范围

焊　接　方　法：

试　件　形　式：

焊　缝　形　式：

母　材　类　别：

焊　接　材　料：

焊接相关尺寸：

焊　接　位　置：

焊　接　要　素：

专用焊工项目考试工艺评定编号：

Y 类专项考试焊机型号：

Z 类专项考试举例名称：

国核安函〔2011〕126 号附件：

2011 年民用核安全设备焊工焊接操作工资格管理工作第二次会议纪要

2011 年 8 月 21 日至 23 日，国家核安全局在大连组织召开了民用核安全设备焊工、焊接操作工资格管理工作 2011 年第二次会议，环境保护部华北核与辐射安全监督站、机械科学研究总院核设备安全与可靠性中心、焊工考核中心以及聘用单位的代表参加了本次会议。与会人员名单见附件 1。

华北监督站对 2011 年上半年焊工焊接操作工考核活动监督情况进行了总结，并通报了 2011 年上半年焊工考核活动监督检查发现的问题，提出了几点加强焊工考核活动监督管理的建议。

会上认真讨论这些管理要求以及焊工换证工作的要求、焊工理论考试题库、2012 年焊工理论考试计划等议题，并达成了共识。现纪要如下：

一、资格证书换证要求

1. 民用核安全设备焊工、焊接操作工资质证书有效期为 3 年。有效期满前，持证焊工应重新通过焊工理论考试。

为进行区别，公布换证焊工基本理论知识考试合格编号时，在原焊工理论考试合格编号加注两位年份代号。

换发的民用核安全设备焊工、焊接操作工资质证书编号为原证书编号加注两位年份代号。

2. 建议拟定"换证考试报名表"，增加"现有理论考试编号"、持证工作经历等栏。已有理论考试编号的，不需提交学历证明。

3. 对于焊工项目考试，在连续操作记录满足要求的情况下，有效期自动顺延一年。一年内，应重新通过焊工项目考试。

二、焊工考核中违规情况处理分类

1. 限期整改。不停止考试，考核中心应按要求进行整改，并向监管单位报送整改报告。

2. 停止当次考试。整改完毕重新开始考试过程。

3. 暂停考试。暂停考核中心考试并通报批评，进行至少 3 个月整改。

4. 取消考核中心选定资格。

三、焊工理论考试要求

1. 建议 2012 年进行 19 次理论考试计划。

2. 建议对讨论的题库进行修订，试题数量控制在 700 题左右，且减少核设施、核设备和特殊焊接方法方面的试题。新题库自 2012 年开始实施。

3. 明确理论考试报名截止时间应为考试前 15 个工作日，报名结束后 10 个工作日内将考试资料报国家核安全局和华北站。

4. 焊工考核中心负责审查报名资格。对聘用单位报名资料填写错误较多，且改正不利的，可拒绝其参加考试。焊工考核中心资料审查不利或考场控制不利的，视情节轻重按第二条分别处理。

5. 对于参考焊工出具职业病鉴定机构体检证明的，证明中应明确给出检查项目和鉴定结论。

6. 对参考焊工出具医院提供的体检证明的，要求医院为二级或县级以上。体检项目原则上应包括以下内容：

普测：身高、体重、血压 、左眼矫正视力、右眼矫正视力。

内科：脉率、心脏、肺、腹部、肝、胆、脾、甲状腺、浅表淋巴结。

外科：皮肤、跟腱反应、肌力、肌张力、共济运动、病理反射。

五官科：外眼、耳、鼻、口腔、咽部。

血常规、尿常规、生化项目、免疫项目、心电图、肺功能、纯音测听、胸透。

因医院能力不足不能完成个别体检项目的，由医院出具相应证明。

7. 体检证明有效期为一年。

四、焊工项目考试要求

1. 考核中心应尽量减少 Y 类考试数量。Y 类考试应限制在专用考试和所有考核中心均无法进行的项目代号的考试。

2. 对考试项目进行降级处理的，考核中心应将新旧项目对照表以书面和电子版形式报国家核安全局和华北站。华北站以监督报告形式予以确认，新项目代号有效期为原项目代号有效期。考核中心负责制作新项目代号附页，注销原项目代号附页。

3. 焊工项目考试监督中发现问题的处理：

（1）由于考核中心自身文件存在问题，或者考核中心条件变化，未按规定要求上报的，视情节轻重处理。

（2）工作管理混乱，考试工作质量低劣的；或者不依据规定进行焊工、焊接操作工考试的。分为以下两种情况：

① 对于考核中心上报的相关文件存在错误和考核中心相关程序文件缺失，视情节轻重处理。

② 已有程序规定但实际工作未按程序执行的，经警告仍不改进的，或者多次重复发生的，属严重违规，按暂停考试处理；情节严重的，取消考核中心选定资格。

（3）拒绝或者妨碍国务院核安全监管部门监督检查的；严重违规，弄虚作假的，按暂停考试处理或取消考核中心选定资格。

五、聘用单位管理

对于因聘用单位自身工作不利，造成被拒绝考试的，由聘用单位承担一切责任。

与会代表认为，聘用单位的管理水平和能力对参考及持证焊工的管理对提高焊工资质管理的水平十分重要，希望国家核安全局采取有效措施，加强对聘用单位的管理。

第四部分

焊工资质管理相关信息

第一批核安全相关人员执业单位名单

序号	执业单位名称	执业单位代号
1	阿法拉伐（江阴）设备制造有限公司	ALF
2	安徽电力建设第二工程公司	AHK
3	安徽莱恩电泵有限公司	ALP
4	安徽省辐射环境监督站	AHR
5	安徽应流集团霍山铸造有限公司	YLH
6	鞍山电磁阀有限责任公司	ADF
7	包头市辐射环境管理处	NFJ
8	包头市核新环保技术有限责任公司	NFP
9	宝山钢铁股份有限公司	BSG
10	北京核二院比尼新技术有限公司	BNT
11	北京鸿仪四方辐射技术有限公司	BHY
12	北京京城环保产业发展有限责任公司	JHB
13	北京三强核力辐射工程技术有限公司	BSQ
14	北京师范大学	BNU
15	北京市城市放射性废物管理中心	BRM
16	北京市辐射安全技术中心	BFJ
17	北京原子高科金辉辐射技术应用有限责任公司	BGF
18	渤海船舶重工有限责任公司	BSH
19	渤海重工管道有限公司	BHZ
20	常熟华新特殊钢有限公司	CSH
21	常州格林电力机械制造有限公司	GEP
22	成都乘风阀门有限责任公司	CFV
23	成都中核高通同位素股份有限公司	CGT
24	赤峰紫光辐照技术有限公司	CFF
25	大连宝原核设备有限公司	DLB

序号	执业单位名称	执业单位代号
26	大连船舶重工集团有限公司	DSN
27	大连大高阀门有限公司	DVC
28	大连帝国屏蔽电泵有限公司	DLD
29	大连海密梯克泵业有限公司	DHB
30	大连华锐重工铸钢股份有限公司	HRG
31	大连日立机械设备有限公司	DRH
32	大连深蓝泵业有限公司	DDB
33	大连苏尔寿及压缩机有限公司	SZR
34	大耐泵业有限公司	DNB
35	大亚湾核电运营管理有限责任公司	DNM
36	东北电业管理局第一工程公司	DYG
37	东方阿海珐核泵有限责任公司	ADP
38	东方电气（广州）重型机器有限公司	WQC
39	东方电气（武汉）核设备有限公司	DWH
40	东方电气集团东方汽轮机有限公司	DTC
41	东方锅炉（集团）股份有限公司（自贡）	DFN
42	二重集团（德阳）重型装备股份有限公司	EZN
43	福建福清核电有限公司	VFQ
44	福建省辐射环境监督站	FJS
45	福建省吉星辐照科技有限公司	FJF
46	甘肃省核与辐射安全局	GHF
47	甘肃中核嘉华核设备制造有限公司	HJH
48	广东核力工程勘察院	GHL
49	广东火电工程总公司	GHD
50	广东省环境科学研究院	GDS

序号	执业单位名称	执业单位代号
51	广东台山核电有限公司	VTS
52	广西壮族自治区辐射环境监督管理站	GFJ
53	贵州航天新力铸锻有限责任公司	XLH
54	国核电厂运行服务技术有限公司	VHY
55	国核工程有限公司	SNE
56	哈电集团（秦皇岛）重型装备有限公司	HEQ
57	哈电集团哈尔滨电站阀门有限公司	HVC
58	哈尔滨电机厂交直流电机有限责任公司	HMC
59	杭州赛富特设备有限公司	SFT
60	合肥国家林业辐照中心	HRC
61	河北宏润重工集团有限公司	HHR
62	河北省电力建设第一工程公司	HBD
63	河南开封高压阀门有限公司	KFV
64	河南省辐射环境安全技术中心	HFZ
65	河南省康达尔辐射技术咨询中心	KDR
66	核电秦山联营有限公司	NPQ
67	核工业北京地质研究院	HDY
68	核工业二七〇研究所	HGY
69	核工业二三〇研究所	CIU
70	核工业二四〇研究所	ESL
71	核工业工程技术研究设计院	ESS
72	核工业理化工程研究院	LHY
73	核工业无损检测中心	WWH
74	黑龙江省开拓辐射技术开发有限公司	HKT
75	黑龙江省科学院技术物理研究所	TPI

序号	执业单位名称	执业单位代号
76	湖南省火电建设公司	WNH
77	湖南湘电长沙水泵厂有限公司	CBH
78	湖州久立挤压特殊钢有限公司	JLT
79	沪东重机有限公司	HHM
80	华能山东石岛湾核电有限公司	SDW
81	环球阀门集团有限公司	HQG
82	吉林省辐射环境监督站	JLZ
83	吉林中意核管道制造有限公司	JSI
84	佳木斯电机股份有限公司	JEM
85	江南阀门有限公司	JNF
86	江苏标新久保田工业有限公司	BKH
87	江苏大秦电气有限公司	DQG
88	江苏电力装备有限公司	JSD
89	江苏福泰电力设备有限公司	CNH
90	江苏海狮泵业制造有限公司	HSB
91	江苏核电有限公司	TWS
92	江苏华光电缆电器有限公司	HGD
93	江苏华阳金属管件有限公司	JHY
94	江苏瑞迪生科技有限公司	RDS
95	江苏润扬管件有限责任公司	JSR
96	江苏神通阀门股份有限公司	STF
97	江苏省电力建设第三工程公司	JSH
98	江苏省电力建设第一工程公司	SDY
99	江苏省辐射环境保护咨询中心	JSF
100	江苏省辐射环境监测管理站	JFJ

序号	执业单位名称	执业单位代号
101	江苏双达泵阀集团有限公司	SDP
102	江苏万恒铸业有限公司	JWH
103	江苏新恒基工贸有限责任公司	NHJ
104	江苏兴洋管业股份有限公司	XYG
105	江苏星河集团有限公司	XHH
106	江苏银环精密钢管股份有限公司	JSY
107	江西核工业环境保护中心	JXH
108	江阴市恒润法兰有限公司	JHF
109	兰州兰石换热设备有限责任公司	LSE
110	力赛佳管道支架技术（上海）有限公司	LIS
111	辽宁红沿河核电有限公司	VLH
112	临沂兴大工程有限责任公司	AXD
113	六安科环环境工程有限公司	LKH
114	隆尧核辐射源科技发展有限公司	LYF
115	南方风机股份有限公司	NFV
116	南京晨光东螺波纹管有限公司	NCT
117	南通中集罐式储运设备制造有限公司	NTH
118	南阳防爆集团有限公司	NYF
119	宁波富兴管架制造有限公司	HYG
120	攀钢集团成都钢铁有限责任公司	PZG
121	颇尔过滤器（北京）有限公司	PAL
122	秦皇岛核风设备有限公司	QHF
123	秦山第三核电有限公司	TQN
124	秦山核电有限公司	QNP
125	青岛兰石重型机械设备有限公司	QLS

序号	执业单位名称	执业单位代号
126	三门核电有限公司	VSM
127	山东电力建设第二工程公司	SDE
128	山东电力建设第三工程公司	SDH
129	山东电力建设第一工程公司	SEP
130	山东核电设备制造有限公司	SEM
131	山东省辐射环境管理站	LRM
132	山东省科学院	ATC
133	山东省农业科学院原子能农业应用研究所	SFZ
134	山西北方安特优发动机有限责任公司	SNM
135	山西华康药业股份有限公司	SHY
136	山西省电力公司电力建设四公司	JHK
137	山西省辐射环境监督站	SXF
138	陕西柴油机重工有限公司	SXD
139	陕西鼓风机（集团）有限公司	SXB
140	陕西省辐射环境监督管理站	SFS
141	上海阿波罗机械制造有限公司	APL
142	上海安德森·格林伍德·克罗斯比阀门	AGC
143	上海第一机床厂有限公司	YJC
144	上海电力建设有限责任公司	SPC
145	上海电气电站设备有限公司	SAP
146	上海电气核电设备有限公司	SWC
147	上海电气集团上海电机厂有限公司	SDM
148	上海电气压缩机泵业有限公司	SYB
149	上海发电设备成套设计研究院	CTY
150	上海阀门厂有限公司	SVF

序号	执业单位名称	执业单位代号
151	上海鼓风机厂有限公司	SGU
152	上海光华仪表有限公司	SGH
153	上海核铭辐射科技有限公司	SHF
154	上海金鹏源辐照技术有限公司	SJF
155	上海凯泉泵业（集团）有限公司	KQP
156	上海凯士比泵有限公司	KSB
157	上海理工大学附属工厂	USS
158	上海良工阀门厂有限公司	SLG
159	上海耐莱斯·詹姆斯伯雷阀门有限公司	SNJ
160	上海森松压力容器有限公司	SMV
161	上海申江锻造有限公司	SHD
162	上海市辐射环境监督站	SFJ
163	上海通用阀门真空设备有限公司阀门五厂	SFW
164	上海威尔泰工业自动化股份有限公司	WET
165	上海新闵重型锻造有限公司	SXM
166	上海重型机器厂有限公司	SHM
167	上海自动化仪表股份有限公司自动化仪表七厂	SYQ
168	深圳山东核电工程有限责任公司	SNP
169	深圳中广核工程设计有限公司	GHS
170	沈阳鼓风机（集团）有限公司	SGJ
171	沈阳科金特种材料有限公司	SKJ
172	沈阳盛世高中压阀门有限公司	SSF
173	沈阳市工业泵厂（有限公司）	SGB
174	沈阳透平机械股份有限公司	SBW
175	沈阳鑫通电站设备制造有限公司	SXT

序号	执业单位名称	执业单位代号
176	慎江阀门有限公司	SJV
177	石家庄阀门一厂	SFY
178	四川长城钢管有限公司	SCC
179	四川村田机械制造有限公司	CMC
180	四川科新机电股份有限公司	KXJ
181	四川三洲川化机核能设备制造有限公司	CHJ
182	四川省原子能研究院	CNY
183	四平市巨元瀚洋板式换热器有限公司	SJY
184	四平维克斯换热设备有限公司	SPW
185	苏州高中压阀门厂	SGF
186	苏州海陆重工股份有限公司	SHL
187	苏州纽威阀门有限公司	NWV
188	苏州热工研究院有限公司	SZY
189	唐山合力辐照有限责任公司	THF
190	天津电力建设公司	TEC
191	天津金鹏源辐照技术有限公司	JPY
192	天津市辐射环境管理所	TGR
193	天津市技术物理研究所	WLS
194	无锡金龙补偿器有限公司	WXL
195	无锡市法兰锻造有限公司	WFD
196	无锡西塘核设备有限公司	WNC
197	无锡新峰管业有限公司	WXF
198	吴江市东吴机械有限责任公司	DWM
199	武汉锅炉集团阀门有限责任公司	WGF
200	武汉锅炉集团有限公司	WHG

序号	执业单位名称	执业单位代号
201	武汉重工铸锻有限责任公司文件	WZD
202	西安航空发动机集团天鼎核电设备有限公司	XHD
203	西安核设备有限公司	XNE
204	西安核仪器厂	XNI
205	西安陕鼓动力股份有限公司	SGS
206	西北核技术研究所	NIN
207	襄樊五二五泵业有限公司	WEW
208	新疆维吾尔自治区辐射环境监督站	XFS
209	烟台台海玛努尔核电设备有限公司	THM
210	扬州东方吊架有限公司	DFD
211	扬州华宇管件有限公司	HYH
212	原子能高科股份有限公司	YGK
213	云南华源核辐射技术有限公司	YNY
214	云南省辐射环境监督站	YFJ
215	张家港化工机械股份有限公司	ZCM
216	浙江金盾风机风冷设备有限公司	ZJD
217	浙江久立特材科技股份有限公司	ZJL
218	浙江三方集团有限公司	ZSF
219	浙江上风实业股份有限公司	SFG
220	浙江省火电建设公司	ZJH
221	中船重工特种设备有限责任公司	ZCT
222	中广核工程有限公司	GHG
223	中广核检测技术有限公司	CIC
224	中国船舶重工集团公司第七一八研究所	PER
225	中国第一重型机械集团公司	YHK

序号	执业单位名称	执业单位代号
226	中国工程物理研究院	ZWY
227	中国核电工程有限公司	NPP
228	中国核动力研究设计院	NPI
229	中国核工业第二二建设有限公司	HEE
230	中国核工业第二四建设有限公司	FCW
231	中国核工业第五建设有限公司	CNF
232	中国核工业二三建设有限公司	CNI
233	中国核工业华兴建设有限公司	HXC
234	中国建筑第二工程局有限公司	CSB
235	中国人民解放军海军核化安全研究所	HHS
236	中国人民解放军军事医学科学院	ZJY
237	中国原子能科学研究院	ZYY
238	中航世新燃气轮机股份有限公司沈阳分公司	ZHS
239	中核北方核燃料元件有限公司	CNC
240	中核动力设备有限公司	LNE
241	中核四〇四有限公司	SLS
242	中核苏阀科技实业股份有限公司	SUF
243	中核武汉核电运行技术股份有限公司	CNP
244	中机生产力促进中心	SCL
245	中科华核电技术研究院有限公司	CRI
246	中信重工机械股份有限公司	HIC
247	中兴能源装备股份有限公司	ZXN
248	重庆市辐射环境监督管理站	CQZ
249	重庆水泵厂有限责任公司	CQP
250	重庆仪表材料研究所	YCS

第二批核安全相关人员执业单位名单

序号	执业单位名称	执业单位代号
1	鞍钢重型机械有限责任公司	AZJ
2	北京广利核系统工程有限公司	GLH
3	福建宁德核电有限公司	NPO
4	广东大亚湾核电环保有限公司	GNE
5	贵州省辐射环境监理站	GFS
6	国电环境保护研究院	GHY
7	国核电力规划设计研究院	GDG
8	海南省辐射环境监测站	HNF
9	河南省科学院同位素研究所有限责任公司	HKS
10	核工业北京化工冶金研究院	HYY
11	核工业二〇三研究所	ZHH
12	核工业航测遥感中心	HHY
13	湖北省辐射环境管理站	HBH
14	湖南省辐射环境监督站	HFS
15	湖南省环境保护厅	HNT
16	湖南省劳动卫生职业病防治所	LWS
17	环境保护部东北核与辐射安全监督站	ROE
18	环境保护部核与辐射安全中心	NSC
19	环境保护部华北核与辐射安全监督站	RON
20	环境保护部华东核与辐射安全监督站	ROS
21	环境保护部华南核与辐射安全监督站	ROG
22	环境保护部西北核与辐射安全监督站	ROW
23	环境保护部西南核与辐射安全监督站	ROX
24	济南博瑞达环保科技有限公司	SBR
25	江苏武进不锈钢管厂集团有限公司	WBX

序号	执业单位名称	执业单位代号
26	江西省火电建设公司	JTP
27	辽宁辐洁环保技术咨询有限公司	LFJ
28	南通大通宝富风机有限公司	DTB
29	清华大学核能与新能源技术研究院	INE
30	瑞能（河南）科技有限公司	RNY
31	山东核电有限公司	SDN
32	山东宏达科技集团有限公司	JHD
33	山东泉港辐射科技发展有限公司	SQG
34	陕西椿源辐射咨询服务有限公司	CYF
35	上海电气凯士比核电泵阀有限公司	SEC
36	上海核工程研究设计院	SND
37	上海诺地乐通用设备制造有限公司	NDL
38	上海瑞纽机械装备制造有限公司	RAN
39	上海原子科兴药业有限公司	AKP
40	上虞专用风机有限公司	ZZF
41	深圳市金鹏源辐照技术有限公司	JPY
42	十堰市环境科学研究所	SHK
43	世纪鑫海（天津）环境评价有限公司	TSJ
44	四川省辐射环境管理监测中心站	SCF
45	四川省核工业地质局分析测试中心	CHC
46	四川省农业科学院生物技术核技术研究院	SHS
47	苏州大学	SDF
48	泰科流体控制（上海）有限公司	AGS
49	烟台市电缆厂	YDL
50	原子高科股份有限公司	HTA

序号	执业单位名称	执业单位代号
51	浙江瀚源电力装备制造有限公司	HYG
52	浙江省辐射环境监测站	ZJF
53	中电投江西核电有限公司	JXN
54	中国辐射防护研究院	ZFY
55	中国疾病预防控制中心辐射防护与核安全医学所	FSS
56	中国人民解放军环境科学研究中心	PHK
57	中核建中核燃料元件有限公司	CJF
58	中核兰州铀浓缩有限公司	ZLY
59	中核能源科技有限公司	CNT
60	中核四川环保工程有限责任公司	ZHC
61	中核新能核工业工程有限责任公司	XNC
62	中煤龙化哈尔滨煤化工有限公司	ZLM
63	重庆宏伟环保工程有限公司	HWP
64	中核陕西铀浓缩有限公司	SUE
65	宝银特种钢管有限公司	BYT
66	常州蓝翼飞机装备制造有限公司	CAM
67	北京大学	PKU
68	广东省环境辐射监测中心	GDR
69	中国科学院上海应用物理研究所	SIP
70	贵州航天新力铸锻有限责任公司	XLE
71	厦门万禾园辐照技术有限公司	WHY
72	张家港市中核华康辐照有限公司	HKF

民用核安全设备焊工焊接操作
工资格管理工作

名 词 解 释

一、核安全监管

1.1 法规文件

设备条例：《民用核安全设备监督管理条例》的简称。

HAF603：《民用核安全设备焊工焊接操作工资格管理规定》的法规编号。

HAF003：《核电厂质量保证安全规定》的法规编号。

焊工资质管理法规文件：与焊工资质管理有关的核安全法规、国家核安全局管理文件及其附件的统称。

《考核中心申报条件》：国核安办［2008］176 号文附件一——《民用核安全设备焊工焊接操作工考核中心申报条件》的简称。

《考核中心申请指南》：国核安办［2008］176 号文附件三——《民用核安全设备焊工焊接操作工考核中心申请指南》的简称。

《焊工资质管理程序》：国核安发［2010］28 号文附件一——《民用核安全设备焊工焊接操作工资格管理程序》的简称。

《焊工理论考试程序》：《民用核安全设备焊工焊接操作工资格管理程序》附件一。

《焊工项目考试程序》：《民用核安全设备焊工焊接操作工资格管理程序》附件二。

《焊工项目考试质保要求》：国核安发［2010］28 号文附件二——《焊工项目考试质量保证补充要求》的简称。

《项目代号适用范围》：国核安发［2010］28 号文附件三——《焊工项目考试合格项目代号编制方法及其适用范围》的简称。

252

《稻香湖会议纪要》：国核安函〔2010〕71 号文——《关于明确民用核安全设备焊工焊接操作工若干管理要求的通知》的简称。

《北七家会议纪要》：国核安函〔2010〕148 号文附件一——《民用核安全设备焊工焊接操作工资格管理工作会议纪要》的简称。

《厦门会议纪要》：国核安函〔2011〕53 号文附件——《2011年民用核安全设备焊工焊接操作工资格管理工作会议纪要》的简称。

《大连会议纪要》：国核安函〔2011〕126 号文附件——《2011年民用核安全设备焊工焊接操作工资格管理工作第二次会议纪要》的简称。

1.2　标准要求

适用规范：国家核安全局批准的在建核电厂所采用的核安全设备规范，也可称核电适用标准或核电标准。

核电适用标准：适用规范的别称。

核电标准：适用规范的别称。

标准要求：经国家核安全局认可的工程规范、标准和实践经验。也可理解为规定的相应设计要求。国家、行业和企业标准与标准要求及其下属有效标准矛盾时，以标准要求规范及其下属有效版本为准。

1.3　监管组织

民用核安全设备焊工、焊接操作工资格鉴定委员会：在国家核安全局领导下开展对民用核安全设备焊工资格管理提供咨询意见的非常设组织。

焊工资质管理工作会议：由国家核安全局不定期地召开由国家核安全局、国家核安全局监督单位、国家核安全局技术后援单位以及各考核中心的代表和专家参加有关的焊工资质管理的专题会议。此会议履行民用核安全设备焊工、焊接操作工资格鉴定委员会的职责。

国家核安全局审查单位：由国家核安全局委托或指定进行技术审查的技术后援单位。

审查单位：国家核安全局审查单位的简称。

国家核安全局监督单位：由国家核安全局委托或指定执行《设施条例》和《设备条例》中监督检查职能的单位。一般指环境保护部各地方核安全与辐射监督站，有时也可为环境保护部核安全司。

监督单位：国家核安全局监督单位的简称。

1.4 监管人员

国家核安全局监督人员：指由国家核安全监督单位派遣，持有核安全监督员证，执行人员资质管理考试见证、检查和监督任务单人员。

监督人员：国家核安全局监督人员的简称。

1.5 焊工资质管理

中华人民共和国境内的民用核安全设备焊接活动：指持有国务院核安全监管部门颁发的核安全许可证件才可进行的核安全机械设备活动中的焊接活动以及民用核安全电气设备活动中流量计、电动机、电气贯穿件和应急柴油发电机中的机械结构或密封焊接。

民用核安全设备焊接活动：中华人民共和国境内的民用核安全设备焊接活动的简称。

焊接活动：中华人民共和国境内的民用核安全设备焊接活动的简称。

焊工资质管理：由国家核安全局进行的，对民用核安全设备焊工、焊接操作工进行的资格管理工作的总称。一般包括法规标准管理，资格考核，考试监督，焊工资质管理工作会议的组织，焊工、焊接操作工相关焊接活动监督，焊工、焊接操作工违法行为调查和执法行动。

焊工、焊接操作工资格考核：在国家核安全局的统一领导下，对焊工、焊接操作工进行资格证书核准和颁发工作的总称。一般包括焊工考核报名、焊工理论考试、焊工项目考试和资格证书颁发等阶段。

焊工考核：焊工、焊接操作工资格考核的简称。

二、焊工资质管理的相关组织

2.1 考核中心组织

民用核安全设备焊工、焊接操作工考核中心申请单位：组建民用核安全设备焊工、焊接操作工考核中心的，民用核安全设备制造、安装许可证的持证单位。也可称为考核中心依托单位。

考核中心申请单位：民用核安全设备焊工、焊接操作工考核中心申请单位的简称。

申请单位：民用核安全设备焊工、焊接操作工考核中心申请单位的简称。

考核中心依托单位：考核中心申请单位的别称。

申请单位负责焊工项目考试质量保证职能的部门：申请单位中负责焊工项目考试质量保证职能的部门。

申请单位质量保证部门：申请单位负责焊工项目考试质量保证职能的部门的简称。

质保部门：申请单位负责焊工项目考试质量保证职能的部门的简称。

焊工项目考试相关部门：申请单位内，除考核中心外，为焊工项目考试工作的部门。

焊工集中考点：设置在申请单位焊工、焊接操作工集中，有焊工项目考试需要的民用核安全设备安装活动地点，受申请单位领导，承担参考焊工焊接操作工作以及考试试件检验工作的部门。

专项焊工考点：设置在可进行 Y 类专项考试的民用核安全设备制造或安装许可证持证单位内的，受考核中心申请单位焊工项目考试质量保证体系控制，承担参考焊工 Y 类专项考试焊接操作工作的部门。

考试部门：民用核安全设备焊工、焊接操作工考核中心，申请单位负责焊工项目考试质量保证职能的部门，焊工项目考试相关部门，焊工集中考点和专项焊工考点总称。

具体组织：考试部门进行或参与焊工项目考试的下属组织。在考试部门无下属组织时，可指考试部门，在特殊情况下可指个人。

在申请单位内的实际名称：指考试部门和具体组织由申请单位内人事部门认定的名称。

实际名称：在申请单位内的实际名称的简称。

2.2 聘用单位

聘用单位：聘用焊工、焊接操作工进行民用核安全设备焊接活动的法人单位。

民用核安全设备焊工、焊接操作工的聘用单位应为持有民用核安全许可证的中华人民共和国境内单位。在特殊情况下，聘用单位可为国家核安全局已经受理其许可证申请的许可证申请单位。

2.3 考核中心及其申请单位

民用核安全设备焊工、焊接操作工考核中心：由持有国家核安全局颁发的民用核安全设备制造或安装许可证的单位组建，由国家核安全局选定的，受国家核安全局委托组织实施焊工、焊接操作工基本理论知识考试、专项理论知识和操作技能考试的单位。

考核中心：民用核安全设备焊工、焊接操作工考核中心的简称。

三、焊工资质管理相关人员

3.1 焊工焊接操作工

取得资格证书的民用核安全设备焊工、焊接操作工：由聘用单位聘用具有有效的民用核安全设备焊工焊接操作工资格证书编号和适用范围的焊工、焊接操作工。

持证焊工：取得资格证书的民用核安全设备焊工、焊接操作工的简称。

核级焊工：取得资格证书的民用核安全设备焊工、焊接操作工的别称。

3.2 考核中心人员

考核中心主任：民用核安全设备焊工、焊接操作工考核中心及其进行的焊工项目考试质量的全权负责人，指定由申请单位法定代表人担任。

主任代表：对于大型企业，由考核中心主任每次对考试评定报告进行签字确实存在困难的，可由考核中心主任委托相关高层领导作为主任代表，签署相关报告。这种委托不转移考核中心主任的任何责任。

考核中心常务副主任：由申请单位任命，负责考核中心的日常工作的考核中心专职负责人员。

焊工项目考试相关负责人：负责确认焊工项目考试重要工作达到质量目标的人员。

焊工项目考试相关负责人包括质量总监、考核中心常务副主任、主考人、专项理论知识考试负责人、试件制备负责人、考试监考人和检验负责人。

考试负责人员：焊工项目考试相关负责人的简称。

焊工项目考试相关负责后备人选：对于候选人员可能大于一人的焊工项目考试相关负责人岗位，申请单位预先确定的后备人选。

后备人选：焊工项目考试相关后备负责人的简称。

申请单位焊工项目考试相关人员：具体进行或参与焊工项目考试工作的人员。

考试相关人员：申请单位焊工项目考试相关人员的简称。

工作责任人：负责某项重要工作的焊工项目考试相关负责人。

在申请单位内的实际职务：指焊工项目考试相关负责人或后备人选由申请单位人事部门认定的职务。

实际职务：在申请单位内的实际职务的简称。

3.3 焊工项目考试质保人员

申请单位焊工项目考试质量总监：申请单位焊工项目考试质量保证体系的主要执行人，负责核安全文化的宣传和普及工作，焊工项目考试质量保证体系建立和维护，针对焊工项目考试的全过程进行质量保证活动，向国家核安全局报送相关情况。也可称考核中心质量总监。

考核中心质量总监：申请单位焊工项目考试质量总监的别称。

质量总监：申请单位焊工项目考试质量总监的简称。

质量保证人员：申请单位内属于质保部门，或由其进行业务指导的专职从事质量保证职能活动的人员。

签点人：负责在焊工项目考试过程中在预先选定的点进行监督检查的焊工项目考试相关负责人。

对于质量总监负责的重要工作，可由质量总监预先指定的质保人员进行监督检查。

操作人：焊工项目考试各项工作实际的操作人员。

四、常用编号

流水号：十进制序号。

在流水号所有数位都为 9 后，流水号的第一位可用英文字母替代，并按英文字母顺序排序，但 I、O、Z 不参加排序。如两位流水号 99 后一序号为 A0，A9 后一序号为 B0；三位流水号 999 后一序号为 A00，A99 后一序号为 B00。

聘用单位代号：代表聘用单位的三位英文字母。

聘用单位代号由聘用单位给出，向国家核安全局备案，并长期使用。若出现重号，以先备案的为准，后备案的聘用单位应另给代号。

考核中心代号：以代表焊工、焊接操作工考核中心三位的英文字母。

考核中心单位代号由申请单位给出，一般同该单位作为聘用单位的聘用单位代号。

基本理论知识考试合格编号：由国家核安全局给出，核安全设备焊工、焊接操作工通过基本理论知识考试后得到的编号。

基本理论知识考试合格编号为：L+聘用单位代号+三位流水号（"+"意为不空格）。

理论考试合格编号：基本理论知识考试合格编号的简称。

五、焊工理论考试

焊工理论考试：民用核安全设备焊工、焊接操作工基本理论知识考试的简称。

《基本理论知识考试报名表》：由国家核安全局统一规定格式的，由聘用单位签署推荐意见，民用核安全设备焊工、焊接操作工向考核中心报名参加焊工理论考试的文件。《基本理论知识考试报名表》编号为：L–聘用单位代号–两位年度代号–三位流水号。

《基本理论知识考试考试通知》：由考核中心发至聘用单位的，通知民用核安全设备焊工、焊接操作工参加焊工理论考试的文件。《基本理论知识考试考试通知》编号为：基本理论知识考试编号前五位–ZK–聘用单位代号+一位流水号（"+"意为无空格）。

《焊工理论考试计划》：由考核中心编制，以考核中心申请单位公文的形式向国家核安全局报告焊工理论考试计划的文件。《焊工理论考试计划》编号为：基本理论知识考试编号前五位–JH–申请单位代号+一位流水号（"+"意为无空格）。

《焊工理论考试评定报告》：由考核中心编制，以考核中心申请单位公文的形式向国家核安全局报告焊工理论考试结果的文件。《焊工理论考试评定报告》编号为：基本理论知识考试编号前五位–PD–申请单位代号+一位流水号（"+"意为无空格）。

六、焊工项目考试的类别

焊工项目考试：民用核安全设备焊工、焊接操作工专项理论知识考试和操作技能考试的简称。

专用焊工项目考试：根据焊接活动的需要，聘用单位针对特定焊接工艺评定申请进行的焊工项目考试。

X 类专项焊接：HAF603 附件 1 表 1 中未列的特殊焊接方法以及 HAF603 附件 1 表 2 中未列母材和所列Ⅸ类母材的特种金属焊接活动。

X 类专项考试：与 X 类专项焊接相关的焊工项目考试。

Y 类专项焊接：由于焊接设备的原因，不宜在考核中心申请单位内进行操作技能考试的焊接活动。

Y 类专项考试：与 Y 类专项焊接相关的焊工项目考试。

Z 类专项焊接：HAF603 附件 3 中规定的焊接活动。

Z 类专项考试：与 Z 类专项焊接相关的焊工项目考试。

七、考核中心的选定

7.1　考核中心申请范围

考核中心申请范围：申请单位根据 HAF603 附件 1 表 1 和《焊工项目考试合格项目代号编制方法及其适用范围》明确的考核中心申请进行焊工项目考试的焊接方法和专项焊接项目。

专项考试项目：在申报焊工项目考试申请范围时，专项考试分类方式或名称。

其中：X 类专项考试按照焊接方法和母材材料申报；Y 类专项考试按照焊接方法申报；Z 类专项考试按 HAF603 附件 3 中各例的名称申报。

7.2　考核中心场所

考核中心工作场所：考核中心进行主要工作的场所。

考核中心工作场所可以是一个或若干个独立的建筑物，或是有明确界限的庭院和建筑，在特殊情况下可能是大型建筑物较为独立的一部分。

考试场地：用于焊工、焊接操作工操作技能考试的场地，在焊工操作考试时无关人员进入该场地内可能影响考试结果。

对于不在考核中心工作场所内的考试场地应有措施防止无关人员无意进入。

焊工项目考试工位：在考试场地内，拟进行操作技能考试的、有明确工位编号的、相对封闭的隔间或场地。工位编号为：考核中心代号+工位性质代号+两位流水号。

其中：考核中心工作场所内为工位性质代号 A，若多于一个工作场所分别为 B、C…；不在工作场所内的工位性质代号为 H；Y 类专项考试的工位性质代号为 Y。

考试工位：焊工项目考试工位的简称。

工位：焊工项目考试工位的简称。

工位编号标志：由申请单位按要求对考试工位进行的编号或该编号的标志物。

八、焊工项目考试质量保证

8.1 质保体系与质保大纲

申请单位焊工项目考试质量保证体系：申请单位为使焊工项目考试满足国家核安全局的管理要求、考核中心申请单位核安全设备质量保证体系的相关规定以及参考焊工所在聘用单位的需求，并提供足够的置信度所必需的一系列有计划的系统化的活动以及与这些活动相关的组织机构、职责、程序、过程和资源的综合体。

组建核安全设备焊工、焊接操作工考核中心的申请单位根据 HAF603 和 HAF003 建立健全用于控制申请单位焊工项目考试质量的质量保证体系。考核中心和焊工项目考试相关部门都属于申请单位焊工项目考试质量保证体系控制的范围。

考试质保体系：申请单位焊工项目考试质量保证体系的简称。

《申请单位焊工项目考试质量保证分大纲》：描述申请单位焊工项目考试质量保证体系的文件。

焊工项目考试质保分大纲：《申请单位焊工项目考试质量保证分大纲》的简称。

考试分大纲：《申请单位焊工项目考试质量保证分大纲》的简称。

分大纲：《申请单位焊工项目考试质量保证分大纲》的简称。

申请单位核安全设备质量保证体系：由国家核安全局认可的，申请单位保证核安全设备活动质量的组织机构、职责、程序、过程和资源的综合体。

单位质保体系：申请单位核安全设备质量保证体系的简称。

《申请单位核安全设备质量保证大纲》：经国家核安全局批准，描述申请单位核安全设备制造/安装质量保证体系的文件。

申请单位质保大纲：《申请单位核安全设备质量保证大纲》的简称。

单位大纲：《申请单位核安全设备质量保证大纲》的简称。

总大纲：《申请单位核安全设备质量保证大纲》的习惯简称。

文件：对于质量保证有关的活动、要求、程序或结果加以叙述、定义、说明、报告或证明的文字记录或图表资料。

程序：依据申请单位焊工项目考试质量保证分大纲制定的，用来有计划地、系统地实施焊工项目考试重要工作、其他工作及其质量保证活动的管理性文件。

程序是考核中心考核和管理制度最重要的组成部分。可能包括质保程序、管理程序、工作程序、执行程序、规章制度、管理办法等各种形式。

焊工项目考试规范用语：指本名词解释的描述词语。

申请单位实际用语：指申请单位核安全设备质量保证体系内的描述用语或申请单位习惯用描述词语。

不符合项：性能、文件或程序方面的缺陷，因而使某一物项的质量变得不可接受或不能确定。

监查：通过对客观证据的调查、检查和评价，为确定所制定的程序、细则、技术规格书、规程、标准、行政管理计划或运行大纲及其他文件是否齐全适用，是否得到切实遵守以及实施效果如何而进行的审核并提出书面报告的工作。

8.2 焊工项目考试工作

焊工项目考试重要工作：国务院核安全监管部门认为申请单

位为使焊工项目考试作为一种服务达到相应的质量所必需的活动，验证所要求的质量已达到所必需的活动，以及为产生上述活动的客观证据所必需的活动。

申请单位应承诺，并证明有能力，在申请单位焊工项目考试质量保证体系下按照考核和管理制度中的相关程序和规章制度进行焊工项目考试重要工作。同时，在申请文件中应说明具体做法。焊工项目考试重要工作编号是由国家核安全局给定的焊工项目考试重要工作的统一编号。

焊工项目考试其他工作：为保证焊工项目考试重要工作的质量，申请单位还应完成的焊工项目考试相关工作。焊工项目考试其他工作编号可为：所属或相近焊工项目考试重要工作编号+小横线+数字。

例如，对于编号为 2C 的重要工作——"验证考试用焊接工艺规程"可能分为试件加工、焊接操作、试件检验等其他工作。可分别用编号 2C-1 指验证试件加工、2C-2 指焊接操作、2C-3 指验证试件检验等。

申请单位应承诺，并证明有能力，在申请单位焊工项目考试质量保证体系下按照考核和管理制度中的相关程序和规章制度进行焊工项目考试其他工作。

8.3　质量计划

焊工项目考试质量计划：作为焊工项目考试一种质量保证形式，通过适合的签点人在焊工项目考试过程中预先选定的点进行监督检查，保证对焊工项目考试有适合频度的质量检查、质量验证和外来监督。

典型质量计划：在考核中心申请文件中，申请单位上报的一种文件，其应采用申请单位质量计划的格式，同时反映在焊工项目考试中要进行控制的焊工项目考试重要工作或其他工作名称和编号以及质量检查的最少签点要求。

焊工项目考试质量检查：在焊工项目考试中，被指定的具体组织或个人来进行或参与各项重要工作或其他工作，由负责该项工作的焊工项目考试相关负责人所进行的检验、校核和检查等工作的称为质量检查。

质量检查：焊工项目考试质量检查的简称。

焊工项目考试质量验证：在焊工项目考试中，对申请单位核安全设备质量保证体系建立和实施有效性和实用性进行验证的工作。质量验证应由质保人员进行。

质量验证：焊工项目考试质量验证的简称。

九、焊工项目考试报名

参考焊工：参加焊工项目考试的焊工、焊接操作工。

内部参考人员：聘用单位是考核中心申请单位的参考焊工。

外来参考人员：聘用单位不是考核中心申请单位的参考焊工。

焊工项目考试报名表：由国家核安全局统一规定格式的，由聘用单位签署推荐意见，民用核安全设备焊工、焊接操作工向考核中心报名参加焊工项目考试的文件。焊工项目考试报名表编号为：H-焊工理论考试合格编号后六位-两位年度代号+一位流水号（"+"意为不空格）。

内部参考人员和外来参考人员采用同一格式。

考试类别：主要分为初试、扩证和复证。

初试是指未持有核安全设备焊工、焊接操作工资格证书的参考焊工参加的焊工项目考试；扩证是持有核安全设备焊工、焊接操作工资格证书的参考焊工为扩大许可活动范围而参加的焊工项目考试；复证是因指考试合格项目期满或超期未连续操作而重新参加考试的焊工项目考试。

焊工类别：焊工或焊接操作工。

焊工：手工焊（包括半自动焊）焊工，指用手操纵焊钳、焊矩或焊枪，使焊条或焊丝运行以形成焊缝的焊接工人。

半自动焊焊接指送丝自动但焊枪为用手操纵的焊接。

焊接操作工：操作机械化焊接或自动化焊接焊机的工人。

HAF603 中的机械化焊接或自动化焊接是指配有相对焊件自动移动功能焊枪（安装在机械装置上）的焊接。

十、焊工项目考试过程管理

考核中心承担的考前培训：指在焊工项目考试开始前三个月内，参考焊工在考核中心人员指导下进行的培训工作。

焊工项目考试用焊接工艺规程：由适用的工艺评定支持，用于焊工、焊接操作工操作技能考试的焊接工艺规程。

考试用工艺规程：焊工项目考试用焊接工艺规程的简称。

考试规程：焊工项目考试用焊接工艺规程的简称。

考试用焊接工艺规程的实验验证：采用由核级焊工根据考试工艺规程进行施焊，用 HAF603 进行检验的方法，验证考试工艺规程的适用性。

工艺规程验证：考试用焊接工艺规程的实验验证的简称。

焊工项目考试实施计划：主考人编制考核中心常务副主任批准的包括确定焊工项目考试项目、专项理论知识考试题库、考试时间、考试地点、焊工项目考试用焊接工艺规程、专项理论知识考试负责人选，试件制备负责人选，考试监考人选和检验负责人选等的文件。《焊工项目考试实施计划》编号为：考核中心代号－两位年份代码－三位流水号。

焊工项目考试计划：由质量总监负责组织编制，向以考核中心申请单位公文形式向国家核安全局报告焊工项目考试计划的文件。《焊工项目考试计划》编号为：考核中心代号－JH－两位年份代码－两位流水号。

焊工代号：考核中心对参加某个考试项目的操作技能考试的参考焊工给出的临时编号。

由考核中心确定，但应不引起混淆。原则上，焊工代号可为一位或两位数字；也可为一位英文字母。

焊工项目考试编号：焊工项目考试实施计划编号的后三位+

焊工代号。

质量确认：在焊工项目考试时，对申请单位大纲控制的或外来的物项和服务的质量检查和验证。

质量确认主要是文件审查。如认为文件审查不能确认质量，可向考核中心主任、质量总监或常务副主任提出进行进一步监督和检查的建议。必要时，可开启不符合项。

参考焊工评价：参考焊工在完成焊工考试后对考核中心的场地条件、设备能力、使用材料和环境安全等方面进行的评价。

考核中心应对评价结果数据进行汇总、分析和存档，作为改进焊工项目考试质量的依据。

焊工项目考试评定报告：由质量总监负责组织编制，向以考核中心申请单位公文形式向国家核安全局报告焊工项目考试结果的文件。《焊工项目考试评定报告》编号为：焊工项目考试实施计划编号–PD–焊工代号。

焊工项目考试无效：焊工项目考试过程失控，造成焊工项目考试结果不能判断的，焊工项目考试为无效。

焊工项目考试无效为严重的有损于质量的情况。申请单位应分析原因，提出纠正措施，并报送国家核安全局。

未合格焊工：考核中心已上报焊工项目考试计划中，未参加或未通过考试的焊工、焊接操作工。

申请单位应将未合格焊工及其项目上报并给出情况说明，必要时分析原因。未合格焊工上报与焊工项目考试评定报告同时进行。

短存档案资料：焊工项目考试的考试录像、专项理论知识考试试卷、焊工项目考试试件的残样、焊工项目考试理化试样及射线检验底片等需要保存至焊工资格正式生效的文件或记录。

长存档案资料：除短存档案资料外的焊工项目考试产生的文件、报告或质保记录。

长存档案资料保存时间为 5 年。

十一、焊工资格证书的颁发

焊工资格证书编号：由国家核安全局给出，核安全设备焊工、焊接操作工资格证书的编号。

焊工资格证书编号为：H+焊工理论考试合格编号后六位−两位年份代号（"+"意为不空格）。

焊工项目考试合格项目代号：根据焊工项目考试结果，确定焊工资格证书适用范围的代号。

该代号由考核中心根据 HAF603 附件一与《焊工项目考试合格项目代号编制方法及其适用范围》给出。

国核安函〔2011〕125号附件二：

民用核安全设备焊工焊接操作工
基本理论知识考试题库

一、判断题

（一）核安全与核设施

1. 压水堆核电厂系统中反应堆压力容器包容和固定堆芯和堆内构件，作为一回路冷却剂的重要压力边界，起着防止裂变产物逸出的作用。（√）

2. 核电厂三废处理系统的目的是为了保护环境。（√）

3. 我国自行设计建造的第一座核电厂是大亚湾核电厂。（×）

4. 压水堆核电厂的放射性废物有放射性废气、放射性废液和放射性固体废物。（√）

5. 把一个重核分裂成两个质量约等于初始核一半的裂变碎片的核反应称裂变反应。（√）

6. 核反应堆堆型按冷却剂和慢化剂的类型可分为轻水堆、重水堆、高温气冷堆。（×）

7. 核电厂所用燃料与核武器所用的原料纯度基本一致，所以一定要做好安全防护工作。（×）

8. 为防止核电厂放射性泄漏，通常采用的三道屏障具体是：燃料包壳、压力容器及安全壳；压水堆核电厂将核能转化为电能主要是在反应堆压力容器、蒸汽发生器、汽轮机、发电机4个设备中实现的。（√）

9. 核电厂有二氧化碳、二氧化硫、一氧化碳有害气体的大量排放并对环境造成污染。（×）

10. 核安全设备的安全重要性最大的是三级。（×）

11. 核能发电是利用原子核裂变反应释放的核能来发电的。

268

（√）

12. 每条环路中反应堆压力容器与蒸汽发生器之间的主管道称为冷管段（冷腿），蒸汽发生器与主泵之间的主管道称为过渡段，主泵与反应堆压力容器之间的主管道称为热管段（热腿）。（×）

13. 核安全文化的核心在于保证核安全，严格执行程序就足够了。（×）

14. 核电厂质量保证基本要求是：凡事有章可循、凡事有人负责、凡事有据可查、凡事有人监督。（√）

15. 铀的加浓就是将天然矿石中铀的比例逐步提高的过程（√）

16. 天然铀中 U–235 只占不到 1%。（√）

17. 目前，人类用来发电的反应堆分聚变堆和裂变堆。（×）

18. 燃料增值是第四代核电厂的重要目标。（×）

19. 防核扩散就是防止放射性污染的扩散。（×）

20. 燃料增值就是经过核反应堆的辐照，将反应堆中的 U–238 转化为 U–235，从而实现"燃料越烧越多"的过程。（√）

21. 我国目前已能出口核电厂。（√）

22. 常规火电的电力产生系统与核电厂的工作原理是一样的。（√）

23. 蒸汽发生器传热管是一回路压力边界中最容易发生泄漏的部分。（√）

24. 压水堆核电厂每个回路有一个稳压器。（×）

25. 压水堆核电厂一回路有密封放射性的功能。（√）

26. 核安全总目标可以分解为辐射防护目标和技术安全目标。（√）

27. 实现核安全辐射防护目标的手段是在保证减轻事故的放射性后果的基础上，实现辐射防护最优化。（×）

28. 实现核安全技术安全目标的手段是辐射防护最优化。（×）

29. 我国的核安全体系是我国自力更生建立起来的。（×）

30. 对于核安全质量保证来讲，对于不同的质量保证控制要求，控制措施基本是一致的。（√）

31. 核安全文化的核心是强调由体制和单位管理带来的个人对核安全正确理解能力和采取正确行动的能力。（√）

32. 只要单位每个员工都自觉地提高核安全文化水平，单位的核安全文化水平就会提高。（×）

33. 核安全文化是无形的力量，只要大家共同努力地提高认识，安全就保证了。（×）

34. 不同性质的辐射照射所产生的生物效能不同。（√）

35. 辐射防护最优化原则是，应避免一切不必要的照射，所有辐射照射都应保持在可合理达到的尽量低的水平。（√）

36. 单位领导重视是提高核安全文化最重要的保证。（√）

（二）核安全设备

37. 美国机械工程师学会制定的 RCC–M 核电规范与标准是世界上应用广泛的核电基础性规范与标准，世界各国的有关核电标准大部分都是在其基础上发展和建立的。（×）

38. 民用核安全设备是指在民用核设施中使用的执行核安全功能的设备，包括核安全机械设备和核安全电气设备。（√）

39. 力学性能是指金属材料在受外力作用时所反映出来的性能，力学性能指标是选择、使用和评价金属材料的重要依据。（√）

40. 在工程上常用来表示金属材料强度的指标有屈服强度和抗剪强度。（×）

41. 抗拉强度是金属材料断裂前所承受的最大应力，故又称强度极限。常用 Rm 来表示。（√）

42. 塑性是指金属材料在外力作用下产生永久变形而不致引起破坏的性能。在外力消失后留下来的这部分不可恢复的变形，叫做塑性变形。（√）

43. 金属材料的布氏硬度用 HR 表示。（×）

44. 一般来说，晶粒愈细，强度和硬度愈高，同时塑性和韧性也愈好。（√）

45. 淬火后高温回火称调质。（√）

46. 在 ASME 标准中，316LN 中的"L"表示高碳。（×）

47. 碳钢的焊接性能主要取决于碳含量，随着碳含量的增加，焊接性能逐渐变差。（√）

48. 民用核安全设备设计、制造、安装和无损检验单位，可以根据需要将一些关键工艺环节分包给其他单位。但应对该单位进行严格的质量控制。（×）

49. 核安全设备无损检验人员都可以编制无损检验结果报告。（×）

50. 民用核安全设备持证单位应当在每年 4 月 1 日前向国家核安全局提交上一年度评估报告。（√）

51. 所有民用核设施中使用的执行核安全功能的设备都属于核安全监管部门的核安全设备质量监管范围。（×）

52. 所有核安全设备设计基准的确定原则与常规设备相同，但质量要求不同。（×）

53. 民用核安全设备规范标准，必须由国家核安全局拟定或认可。（√）

54. 对于核安全设备活动，只能使用国家核安全局针对具体项目认可的国际通用标准规范。（√）

55. 核安全设备活动单位必须给定核安全设备的安全分级。（×）

56. 由于不是压力边界，核安全设备的支承件的分级都低于核安全 2 级。（×）

57. 反应堆堆内构件都是用不锈钢制成。（×）

58. 因为金属材料硬度是客观存在，因此，不管用什么样的硬度机得到的硬度值是一样的（×）

59. 冷处理是不同于热处理的一种钢材处理方法。（×）

60. 辐照脆化是金属材料一种长期辐照效应。（√）

（三）核安全设备焊接活动

61. 由于控制棒导向管壁薄而且焊接后不能再进行机加工，所以一般采用真空电子束焊接保证其尺寸精度和预防变形。（√）

62. 控制棒驱动机构耐压壳与管座之间的Ω密封环焊接十分重要，因为其焊接难度很高，又是压力边界且在安装现场进行。（√）

63. 选用低合金钢焊条，首先要遵守等强度原则，以满足焊缝与母材等强度的要求。（√）

64. 焊条药皮中的稳弧剂能改善引弧性能，可提高电弧燃烧稳定性。（√）

65. 对于不锈钢应按焊缝化学成分类型与母材相同的原则选择焊接材料。（√）

66. 碱性焊条的工艺性能差，对油、锈及水分很敏感，因此不能用于重要结构的焊接。（×）

67. 低氢钠型和低氢钾型药皮焊条的熔敷金属都具有良好的抗裂性能和力学性能。（√）

68. 焊剂的作用主要是为了获得光滑美观的焊缝表面成型。（×）

69. 常用牌号 H08Mn2SiA 焊丝中的"A"表示 S、P 杂质含量更低。（√）

70. 焊条直径实际上是指焊芯加药皮的直径。（×）

71. 埋弧焊焊剂按制造方法可分为两大类：熔炼焊剂和非熔炼焊剂。（√）

72. 氩气对电弧的冷却作用小，所以电弧在氩气中燃烧时，热量损耗大，稳定性比较差。（×）

73. 烘干焊条和焊剂是减少焊缝金属含氢量的重要措施之一。（√）

74. 常用的牌号为 H08Mn2SiA 焊丝中的"H"表示核电用钢。（×）

75. 使用交流电时，钨极端部应磨成半球形；使用直流电时，钨极端部呈锥形或截头锥形易于高频引燃电弧，并且电弧比较稳定。（√）

76. 碱性焊条抗气孔的能力比酸性焊条强。（×）

77. 手工钨极氩弧焊时，为减少对人体危害，应尽量选用无放射性的钍钨棒来代替有放射性的铈钨棒。（×）

78. 酸性焊条和碱性焊条是按照焊条熔渣的酸碱度来区分的。（√）

79. 为防止高温含硼水对压力容器材料的腐蚀，压力容器内表面所有与冷却剂接触的部位都堆焊厚度不小于 5 mm 的不锈钢耐蚀堆焊层。（√）

80. 立式蒸汽发生器的下封头内壁与冷却剂接触表面堆焊 5～6 mm 厚的不锈钢覆盖层，以降低腐蚀，使冷却剂保持良好的水质和较低的放射性水平。（√）

81. 稳压器的电加热组件焊接是稳压器制造的关键工艺，具有一定的技术难度，需认真对待。（√）

82. 核电厂主管道属于厚壁大口径奥氏体不锈钢，对焊接过程要求极为严格，焊缝内存在微观焊接缺陷是可以接受的。（×）

83. 焊接参数对保证焊接质量是十分重要的。（√）

84. 焊缝返修时不一定需要具有相应资格的焊工担任。（×）

85. 焊接设备仪表应定期进行技术性能检测。（√）

86. 拟从事民用核安全设备制造和安装活动的焊工，具有常规压力容器资质证书即可开展核级产品的焊接活动。（×）

87. 取得民用核安全设备焊工资质的焊工已具有一定焊接水平，所以对施焊过程不用再进行监督检查。（×）

88. 取得民用核安全设备焊工资质的焊工不得从事其资格证书适用范围以外的核安全设备焊接活动。（√）

89. 民用核安全设备焊工、焊接操作工资格证书有效期自签证之日起为期两年。（×）

90. 民用核安全设备焊工、焊接操作工人员必须按照《民用核安全设备焊工焊接操作工资格管理规定》（HAF603）的要求取得资格证书。（√）

91. 核电厂一回路主设备压力容器主焊缝的焊接特点是筒节壁厚较厚，要进行多层焊接，由于内应力的积累，焊缝区残余应力较大，容易导致冷裂纹等焊接缺陷的产生。（√）

92. 核电厂一回路主设备压力容器主焊缝的焊接一般采用窄间隙埋弧焊，而根部打底采用手工氩弧焊。（×）

93. 为保证焊缝质量，每条核电厂一回路主设备压力容器主焊缝最好能将焊接过程一次完成，而不要中途停顿。（√）

94. 在核电厂一回路主设备压力容器筒身内壁堆焊不锈钢，一般堆焊两层，即过渡层和耐蚀层。（√）

95. 不锈钢手工氩弧焊堆焊过渡层时，一般采用 ER308L，而面层采用 ER309L。（×）

96. 筒节和封头不锈钢堆焊是连续施焊，需对筒节和封头进行整体预热。（√）

97. 马鞍形接管埋弧焊机适用于 $\phi 100 \sim \phi 1\,000$ mm 范围内的接管，且接管与筒体的直径比小于或等于 1／3。（×）

98. 马鞍形接管埋弧焊接过程中可采用顺时针焊接和逆时针焊接交替进行，这样能确保焊缝厚度均匀，直至外侧焊缝焊妥。（√）

99. 当接管与筒体的直径比大于 1/3 时，如采用马鞍形接管埋弧焊机焊接，需先用焊条电弧焊在较低处焊接，使整个马鞍坡口内最高点和最低点能平滑上下焊接。（√）

100. 管接头与安全端焊接，管接头需先堆焊，堆焊后的管接头可不进行消除应力热处理，待管接头与不锈钢安全端焊接后一并进行消除应力热处理。（×）

101. 管接头与安全端焊接，管接头堆焊的焊接方法目前主要采用热丝 MIG 自动焊，氩弧焊丝的牌号为 ERNiCr–3。（×）

102. 由于镍基合金和不锈钢的线膨胀系数比低合金钢大，而热导率比低合金钢小，焊接时会引起较大的应力和变形。（√）

103. 为了减少不锈钢安全端金属对焊缝的稀释，应采取由管接头镍基合金堆焊层坡口一侧向不锈钢安全端坡口一侧的焊接顺序。（√）

104. J形坡口的焊接分为两个阶段：盆形坡口的表面先进行镍基堆焊，然后镍基合金管插入盆形坡口再进行焊接。（√）

105. J形坡口的焊接需严格控制镍基堆焊的预热温度，最小预热温度为100℃，并做好记录。（×）

106. J形坡口焊接管座时，根部采用ϕ3.2 mm焊条，并需注意焊接顺序，其焊接顺序为从顶盖的周边对称交叉向顶盖的中心焊接。（×）

107. 胀接加焊接的连接形式不但消除了管子与管板孔间的缝隙腐蚀，提高了抗疲劳性能，而且增强了接头的密封和连接强度。（√）

108. 管子管板封口焊采用自动全位置氩弧焊接，焊接设备需带有脉冲电流。（√）

109. 对于管子管板封口焊接，只要每天开始焊接前在试验件上先进行3～5个焊口的试焊，就可以不记录焊接参数。（×）

110. 奥氏体不锈钢承压铸件的补焊挖补的凹槽宽度越大越好，深度视缺陷情况而定，底部需圆弧平滑过渡，不允许产生锐角。（×）

111. 承压铸件的补焊打磨的砂轮或砂轮片应采用不含碳元素的砂轮或砂轮片。（√）

112. 反应堆压力容器和蒸汽发生器之间的连接管称冷管段。（×）

113. 主管道的焊接为手工钨极氩弧焊封底，其定位焊缝长度至少为10 mm。（×）

114. 主管道的焊接，每焊至15 mm或25 mm厚度和50%的

焊缝厚度后打磨并进行 RT 检查。（√）

115. 堆焊是在工件表面通过焊接方法熔敷一层特殊的合金，其目的是提高工件表面的耐磨损、耐擦伤、耐腐蚀及耐热等性能。（√）

116. 目前较为常见的阀门密封面堆焊方法有气焊、焊条电弧堆焊、钨极氩弧堆焊和等离子弧堆焊等方法。（√）

117. 采用气焊进行阀门密封面堆焊时通常为氧乙炔焰堆焊，其生产效率高，通常用于大工件堆焊，可获得薄而均匀的堆焊层。（×）

118. 采用焊条电弧焊堆焊时最常出现的缺陷为气孔。（×）

119. 焊条电弧焊堆焊耐磨层时，焊接电流大，电弧长，则合金元素易烧损；焊接电流小，电弧短，则对合金元素过渡有利。（√）

120. 钨极氩弧堆焊稀释率低，合金元素烧损小，堆焊质量比较好。（√）

121. 等离子弧堆焊时，通常有热丝堆焊、冷丝堆焊以及粉末堆焊等。（√）

122. 钨极氩弧堆焊时多为直流反接。（×）

123. 焊条电弧堆焊时，如果母材的碳当量大于 0.4%，则预热温度应为 300 ℃以上。（×）

124. 高频高压引弧法主要用于钨极氩弧焊和等离子弧焊。（√）

125. 埋弧焊电源可以用交流（弧焊变压器）、直流（弧焊整流器）或交直流并用。要根据具体的应用条件，如焊接电流范围、单丝焊或多丝焊、焊接速度、焊剂类型等选用。（√）

126. 无论采用直流电源还是交流电源，焊件接焊接电源输出端的正极，焊条接焊接电源输出端的负极，这种接线方法叫正接。（×）

127. 一台型号为 WSM—250 的氩弧焊机仅有一条静特性曲

线。（×）

128. RCC–M 法规 S7000 规定焊条的横向摆动宽度一般不超过焊条直径的 4～6 倍。（×）

129. 当焊条电弧焊使用直流焊机焊接时，一般认为接地线处离施焊处位置越近，则偏吹越小。（√）

130. 多层多道焊对金属的塑性、韧性等有不利影响。（×）

131. 非熔化极脉冲氩弧焊的焊接电流分成基值电流和脉冲电流两部分。（√）

132. 钨极惰性保护气体焊的保护气体可采用氩气、氦气或氩氦混合气体。（√）

133. 直流钨极氩弧焊电弧燃烧很稳定。当采用直流反接时，钨极是阴极，钨极的熔点高，在高温时电子发射能力强，电弧燃烧稳定性更好。（×）

134. 在生产实际中，焊接铝、镁时一般都采用交流钨极氩弧焊。（√）

135. 钨极氩弧焊焊接高合金钢（例如不锈钢）、镍及镍合金、钛及钛合金、紫铜等，原则上焊件背面不需要采用氩气保护。（×）

136. 钨极惰性气体保护焊是以纯钨或活化钨（钍钨、铈钨等）为电极的惰性气体保护焊。（√）

137. 如果手工钨极氩弧焊的定位焊缝发现裂纹、气孔等缺陷，允许用重熔的办法修补。（×）

138. 热丝钨极氩弧焊的熔敷速度比通常所用冷丝有较大提高。（√）

139. 为提高自动钨极氩弧焊焊缝质量，氩气流量应越大越好。（×）

140. 自动钨极氩弧焊管子管板端面焊接有凸出式、埋管式、平齐式和管板开槽式 4 种形式。（√）

141. 经验表明，在自动热丝钨极氩弧焊应用中，根据焊件直径和厚度，一般采用 $\phi 0.8～\phi 1.2$ mm 的焊丝较为合适。（×）

142. 对于有色金属铝和铜，由于电阻率小，推荐采用热丝钨极氩弧焊。（×）

143. 熔化极气体保护焊通常根据保护气体种类和焊丝形式的不同分为：熔化极惰性气体保护焊、熔化极混合气体保护焊和二氧化碳气体保护焊。（√）

144. 熔化极惰性气体保护焊的焊接区通常采用惰性气体保护，这类惰性气体与液态金属发生冶金反应，并严密包围焊接区使之与空气隔离。（×）

145. 熔化极气体保护焊对工件上的油、锈及其他脏物的敏感性较小，故焊前不必清除。（×）

146. 熔化极惰性气体保护焊焊接区通常采用惰性气体氩（Ar）、氦（He）或氩与氦的混合气体保护。（√）

147. 熔化极气体保护焊时母材表面吸附的水分会在焊缝金属中产生氧气孔。（×）

148. 二氧化碳气体保护焊中右焊法是焊枪向焊接方向相反方向倾斜一个角度，又称前倾焊法；左焊法是焊枪向焊接方向倾斜一个角度，又称后倾焊法。（×）

149. 药芯焊丝电弧焊，是采用熔渣进行熔池保护的焊接方法。（×）

150. 一般实心焊丝送丝机不开槽，而药芯焊丝送丝机上下轮均开 V 形槽，增加受力点，从而减少药芯焊丝截面形状的变化，提高送丝的稳定性。（√）

151. 药芯焊丝电弧焊时焊接速度过快导致熔渣覆盖不均匀，焊缝成型变坏，当试件清理不干净、焊接速度过快时，易产生未熔合。（√）

152. 等离子弧焊与钨极氩弧焊的区别在于等离子弧焊枪有压缩喷嘴。（√）

153. 等离子弧焊与钨极氩弧焊相比，熔透法温度高、电弧能量集中，但电弧挺直性差。（×）

154. 等离子弧焊保护气体流量应与离子气流量适当匹配，否则会导致气流紊乱，影响电弧稳定性和保护效果。（√）

155. 埋弧焊时，焊丝前倾焊，则焊缝熔宽大，熔深浅。（√）

156. 埋弧焊能焊的材料已从碳素结构钢发展到低合金结构钢、不锈钢、耐热钢等以及某些有色金属，如镍基合金、钛合金、铜合金等。（√）

157. 等速送丝埋弧焊机采用电弧自身调节系统；变速送丝埋弧焊机采用电弧电压自动调节系统。（√）

158. 埋弧焊弧长增加时，焊丝熔化速度增大，弧长缩短时，焊丝熔化速度下降。（×）

159. 目前立焊、仰焊等还无法采用埋弧焊进行焊接。（√）

160. 埋弧焊直径 5 mm 的焊丝其极限电流为 500 A。（×）

161. 带极埋弧堆焊时，当堆焊材料为碳钢或低合金钢时，焊件的预热温度应由焊接工艺规程确定。（√）

162. 当采用带极埋弧堆焊时，随着焊带伸出长度的增加，堆焊层的熔深和稀释率将减少，这有利于保证堆焊质量和提高生产率。（√）

163. 带极埋弧堆焊主要用圆截面的丝状电极取代长方形断面的带状电极，利用丝极与母材之间产生的电弧熔化带极、焊剂和母材。（×）

164. 带极埋弧堆焊每一条焊道完成后，无须对整个焊道凸起边缘和弧坑处修磨。（×）

165. 电渣焊是利用电流通过液体熔渣产生的电阻热作为热源，将工件和填充金属熔合成焊缝的焊接方法。（√）

166. 带极电渣堆焊渣池深度较浅，因此应尽量提高焊接电压。（×）

167. 带极电渣堆焊中渣池使焊缝冷却速度缓慢，有利于熔池中气体、杂质有充分的时间析出，所以焊缝不易产生气孔、夹渣及裂纹等工艺缺陷。（√）

168. 电渣堆焊渣池是导电的，因此熔池在电磁力的作用下，使得熔池两边的熔敷金属向两侧流动，导致焊缝变宽。（×）

169. 在同样板厚的情况下，焊接角焊缝的电流比平焊对接时大。（√）

170. 焊缝符号是表示焊缝表面形状的符号。（×）

171. 对于 V 形坡口，坡口面角度总是等于坡口角度。（×）

172. 焊接接头是一个成分、组织和性能都不一样的不均匀体。（√）

173. 增加对接接头的强度，主要应该增大焊缝的余高。（×）

174. 在焊接热源作用下，焊件的温度随时间变化的过程，称为焊接热循环。（×）

175. 在熔池金属结晶过程中，由于冷却速度很快，化学成分来不及扩散，合金元素的分布是不均匀的，出现偏析现象。（√）

176. 熔合区是整个焊接接头中的最薄弱环节，某些缺陷如夹渣、气孔等常起源于此，危害较大。（×）

177. 所有的焊接接头中，以对接接头的应力集中最小。（√）

178. 马氏体不锈钢焊接时容易出现的缺陷之一是冷裂纹而不是热裂纹。（√）

179. 后热处理的目的主要是使焊缝中的扩散氢迅速逸出，降低焊缝和热影响区的含氢量，防止产生冷裂纹。（√）

180. 焊前预热，是防止热裂纹的有效措施之一。（×）

181. 用超声波探伤检验焊缝有不少优点，能正确判断缺陷的种类和形状。（×）

182. 低熔点共晶的存在是冷裂纹产生的内因，焊接拉应力是冷裂纹形成的外因，外因通过内因而起作用。（×）

183. 焊接接头中最危险的焊接缺陷是气孔。（×）

184. 氢不但会产生气孔，也会促使形成延迟裂纹。（√）

185. 焊缝附近的峰值残余应力，对结构脆性断裂的影响不大。（×）

186. 消除应力退火是生产中应用最广泛的行之有效的消除焊接残余应力的方法。（√）

187. ASME 规范中的焊工技能评定就是焊工考核。（√）

188. ASME 规范第Ⅸ卷焊接及钎焊评定是关于锅炉及压力容器焊接的通用性要求。（√）

189. ASME 规范第Ⅸ卷焊接及钎焊评定对母材的分组是为了减少焊接技能评定的数量。（×）

190. RCC–M 规范对核安全设备制造安装活动中焊接技术的要求都在 S 篇中。（×）

191. 焊接热循环曲线是焊接时某点的温度随时间变化的过程。（√）

192. 对于焊接热循环来讲，加热速度和冷却速度都随着离焊缝中心线距离的增大而下降。（√）

193. 预热温度越高，焊接效果越好。（×）

194. 焊接过程中，焊接熔池完全凝固以后，焊缝金属的晶体组织就基本稳定了。（×）

195. 焊缝最后获得的组织与冷却条件有很大的关系。（√）

196. 在焊接接头中，最薄弱的区域是熔合区和过热区。（√）

197. 母材金属熔入到焊缝中所占比例越大，熔合比越大。（√）

198. 焊接相同厚度的钢板，采用多层焊可以有效提高焊缝金属的性能。（√）

199. 由于跟踪回火中每道焊缝在焊接过程中将经受正火处理+回火处理，可同时改善焊缝的组织和整个焊接接头的性能。因此，在实际焊接生产中广泛应用。（√）

200. 在焊接工作完成以后，为改善焊接接头的组织性能和消除焊接残余应力而进行的热处理称为焊后热处理。（√）

201. 焊条药皮熔化后，参与焊接过程中的冶金反应。（√）

202. 焊条药皮的组成对焊缝中金属成分没有影响。（×）

203. 选择合适的焊条，对进行全位置焊接十分重要。（√）

204. 酸性焊条就是药皮为酸性物质的焊材。（×）

205. 低合金钢焊条是指焊芯成分为低合金钢的焊条。（×）

206. 焊接过程中药芯焊丝中焊剂的作用和焊条药皮的作用相同。（√）

207. 只有惰性气体才能作为保护气体。（×）

208. 在环境温度不变的情况下，只要二氧化碳气瓶中存在着液态二氧化碳，则其上方的气体压力就不会变化。（√）

209. 在焊接中，选择焊接电流与适用的电极关系不大。（×）

210. 对于埋弧焊，焊缝金属的性能和化学成分是由焊丝决定的。（×）

211. 为了在气体中产生电弧而通过电流，必须使气体发生电离。（√）

212. 焊接时发生层状撕裂往往与母材的质量有关。（√）

213. 焊接残余应力就是没有消除完的组织应力。（×）

214. 对于核安全设备来说，由于焊工、焊接操作工的技能对焊接质量很重要。因此，焊工应对自己的工作负全责。（×）

215. 作为核安全文化的基本要求之一，在进行焊接活动前，焊工、焊接操作工应明确即将开展的焊接活动范围是否与自己取得资质的许可范围一致。（√）

216. 对于自己造成的缺陷能够主动汇报，是焊工核安全文化水平高的一个表现。（√）

217. 焊接工艺评定只要依据了核工业标准，就可以使用于所有相关的核安全设备。（×）

218. 由于环境条件对焊接活动有影响，所以 RCC-M 规定在某车间或现场进行的焊接工艺评定必须相应在这样的车间或现场所施焊的产品焊缝。（√）

219. 焊材存放的基本要求是使焊材要保持原有的性能。（√）

220. 焊接完成后，应对未用焊材进行重新包装，然后存放于

焊材库的货架。（×）

221. 焊接活动结束后，焊工把焊条保温筒或焊丝筒与剩余焊材，交回烘干员检查后记录即可。（×）

222. 在焊接活动中，损坏的焊条，应及时扔掉，防止误用。（×）

223. 如果条件允许，对核电厂一回路主设备压力容器主焊缝应尽量选用窄间隙埋弧焊。（√）

224. 为了防止腐蚀，一回路水接触的都是不锈钢材料。（×）

225. 马鞍形接管埋弧焊机应保证焊接速度均匀一致。（×）

226. 核电厂一级设备安全端的焊接是将容器材料直接与安全端材料的焊接。（×）

227. 反应堆压力容器顶盖上的J形坡口焊接时，管道直接与反应堆容器焊接。（×）

228. 焊接质量控制和质量保证的最终目的就是为了在焊接过程中避免或减少焊接缺陷的发生。（×）

229. 焊缝形状缺陷可以通过外观检查发现，可采用修磨补焊方法消除。（√）

230. 焊接裂纹只发生在焊缝中。（×）

231. 冷裂纹一般发生在焊件完全冷却之后。（×）

232. 焊件冷却一段时间后，就不会发生冷裂纹了。（×）

233. 只要焊工取得了焊工资质证书，聘用单位就应安排在其证书适用范围内进行焊接工作。（×）

234. 当焊缝经无损检验发现有超标缺陷时，首先就应进行返修的工艺评定，然后才能返修。（√）

235. 对于裂纹，不查明产生的原因，就不能采取可靠的返修焊接工艺措施。（√）

236. 对于所有焊接活动，发现缺陷后，不管返修多少次，只要缺陷消失就可投入使用。（×）

237. 核电厂一回路主设备压力容器主焊缝焊接时因故停顿

后，要认真检查原因。 解决问题后就重新起弧焊接。（×）

238. 为了提高焊接效率，主管道的焊接可由多组焊工同时进行不同焊缝的焊接。（×）

239. 焊条电弧焊焊工发生触电的原因之一是：弧焊机的空载电压过低。（×）

240. 焊接过程中的辐射防护有距离防护、时间防护、屏蔽防护等。（√）

241. 可以在内有压力的压力容器和管道上焊接，不需要采用特殊措施。（×）

242. 禁止多台焊机共用一个电源开关。（√）

243. 焊机的电缆线应使用整根导线，中间不应有连接接头。当工作需要接长导线时，应使用接头连接器牢固连接，连接处应保持绝缘良好，而且接头不要超过两个。（√）

244. 电焊钳应保证操作灵便、焊钳重量不得超过 400 g。（×）

245. 压缩气瓶要有防震胶圈以及防倾倒措施，以防止气瓶跌落或受到撞击。（√）

246. 二氧化碳气体预热器所使用的电压不得高于 24 V，外壳接地可靠。（×）

247. 钍钨极和铈钨极加工时，应采用密封式或抽风式砂轮磨削，操作者应配戴口罩、手套等个人防护用品。（√）

248. 熔化极惰性气体保护焊和混合气体保护焊时，气瓶与热源距离应大于 2 m。（×）

249. 埋弧焊焊接过程中因有焊剂挡住弧光，所以焊工作业时无须戴防护眼镜。（×）

250. 埋弧焊时劳动条件较好，无需采用劳动防护装置。（×）

251. 在狭窄空间中施焊时，应设置安全哨位，必须时刻与工作者保持接触、监护，不得擅自离岗。（√）

252. 在役核电厂结构的维修焊接工作，目前主要用的是自动焊方法。（×）

253．特殊环境的焊接主要包括以下两个方面：在狭窄空间中焊接和辐射防护条件下的焊接。（√）

254．当采用手工钨极氩弧焊将要收弧撤回焊丝时，切记不要使焊丝端头急速撤出氩气保护区，以免焊丝端头被氧化，再次焊接易产生夹渣、气孔等缺陷。（√）

255．在其他条件一定时，凹形角焊缝要比凸形角焊缝应力集中小得多。（√）

256．焊件的变形量与刚性有关，在相同力作用下，刚性愈大，则变形愈大，刚性愈小，变形愈小。（×）

257．焊接对称角焊缝时，两个人同时对称地进行焊接，比单人进行焊接其结构变形量要大一些。（×）

258．焊接变形和焊接应力同时避免是不可能的。（√）

259．未经焊后热处理的焊接容器进行水压试验时，同时具有降低焊接残余应力的作用。（√）

260．奥氏体不锈钢焊后，矫正焊接变形只能采用机械矫正，不能采用火焰矫正。（√）

261．焊缝纵向收缩不会引起弯曲变形。（×）

262．当焊件拘束度较小时，冷却时能够比较自由地收缩，则焊接变形较大，而焊接残余应力较小。（√）

263．采用对称的焊接法可以减少焊件的波浪变形。（×）

264．清除焊件表面的铁锈、油漆等污物的目的是提高焊缝金属的强度。（×）

265．焊缝不对称的焊件，应该先焊焊缝少的一侧，以减少挠曲变形量。（√）

266．同样厚度的焊件，单道焊比多层多道焊产生的焊接变形小。（×）

267．在同样厚度的情况下，采用同样的焊接条件，双 V 形坡口的角变形比 V 形坡口的大。（×）

268．焊缝中较易出现的两种缺陷是气孔和夹渣，钨极氩弧焊

时焊缝中的夹钨，实际上也是一种夹渣。（√）

269. 裂纹的断口处发亮，没有明显的氧化色彩的一般是热裂纹。（×）

270. 层状撕裂一般都出现在对接接头和 T 字接头中。（×）

271. 控制棒驱动机构的Ω焊缝都是在安装现场完成的。（×）

272. 安全壳钢衬里筒体壁板拼接均使用焊条电弧焊。（×）

273. 气焊不好保证质量。因此，在核安全设备活动中，不使用气焊。（×）

274. 对于厚板焊接，对接接头坡口内的第一层打底焊道应选用较小直径的焊条（√）

275. 当采用焊条电弧焊的方法时，选择焊接电流，要考虑的因素较多，主要由焊条直径、焊接位置和焊道层次决定。焊条直径越大，选择电流也应该越大。（√）

276. 多层多道焊有利于提高焊缝金属的力学性能。（√）

277. 对于焊条电弧焊，在引弧处较易产生缺陷。（√）

278. 钨极氩弧焊的考试结果适用于钨极惰性气体保护焊。（√）

279. 钨极氩弧焊焊接电流高于极限电流时，操作不当可能会造成焊缝夹钨缺陷产生。（√）

280. 对于不同的焊接方法，焊接活动安全有不同的要求和侧重。（√）

281. 在金属容器和大直径规格的管道内焊接操作时，应保证有人监护，以防止触电。（√）

282. 氩弧焊紫外线辐射强度远大于一般电弧焊，因此在焊接过程中会产生大量的臭氧和氧氮化物，其产生量远大于焊条电弧焊。（√）

283. 埋弧焊不产生烟雾，因此不需要通风。（×）

284. 在役核安全设备的维修工作，要考虑辐射防护的问题。（√）

285. 核电厂维修工作自动化程度高，手工焊工的作用不大。

（×）

286. 正常运行核电厂集体剂量主要来自于换料大修。（√）

287. 对于核电厂大修中焊接活动，辐射防护的目的就是减少每个焊接人员的辐照计量。（×）

（四）焊工资质管理

288. HAF603 将焊工分为手工焊焊工、半自动焊焊工和焊接操作工三大类。（×）

289. 申请民用核安全设备焊接考试的焊工应具有初中或初中以上学历，身体健康，能按照焊接工艺规程进行操作，独立承担焊接工作。（√）

290. 焊工、焊接操作工基本理论知识考试合格有效期限为 2 年。（×）

291. 焊工、焊接操作工应当按照评定合格的焊接工艺评定报告焊接考试试件。（×）

292. 按 HAF603 进行焊接操作技能考试，当试件开始焊接后，各部位的焊接位置不得改变。（√）

293. 焊接操作工考试时，允许加引弧板和引出板。（√）

294. 焊工的所有考试试件，第一层焊缝中至少应当有一个停弧再焊接头；焊接操作工考试时，每一焊道中间不得停弧。（√）

295. 试件表面最后一层允许修磨和返修。（×）

296. 民用核安全设备焊工、焊接操作工只能从事考试合格项目对应范围内的民用核安全设备焊接活动。（√）

297. 连续中断焊接工作超过四个月的，焊工、焊接操作工所持资格证书自动失效。（×）

298. 连续中断考试合格项目对应的焊接工作超过六个月的，焊工、焊接操作工所持资格证书中的相应考试项目自动失效。（√）

299. HAF603 中规定自动熔化极气体保护焊用代号为"HRS"表示。（×）

300. 各种常用焊接方法的焊接操作技能考试规定也适用于耐蚀堆焊。（√）

301. 同类材料中，一种母材考试合格，不适用于该类其他材料的考试。（×）

302. 焊工采用Ⅰ～Ⅲ类材料中类别较高的考试合格后，适用于类别较低材料的焊接活动。（√）

303. HAF603中规定焊接操作工采用螺柱焊碳钢试件，经考试合格后，当焊接不锈钢的产品时，应重新考试。（×）

304. 焊工考核中心负责对持证焊工的管理。（×）

305. 国家核安全局和各地方核与辐射安全监督站共同承担HAF603赋予国务院核安全监管部门的管理职责。（√）

306. 焊工资质管理工作会议履行了民用核安全设备焊工、焊接操作工资格鉴定委员会的职责。（√）

307. 由于焊工、焊接操作工钢印的管理方法逐步退出使用。因此，焊工资质管理中不再赋予考核中心"发放焊工、焊接操作工钢印"的职责。（√）

308. HAF603中"建立并管理焊工、焊接操作工档案"的档案是指考核相关档案。（√）

309. 聘用单位在焊工资质管理中承担所有工作。（×）

310. 连续操作记录由考核中心进行管理。（×）

311. 只要是法人单位，都是焊工聘用单位。（×）

312. 境外单位不能作为聘用单位对民用核安全设备焊工、焊接操作工进行管理。（×）

313. 焊工、焊接操作工只要掌握了相关的知识和技能就能参加焊工考核。（×）

314. 民用核安全设备焊接活动指持有国家核安全局颁发的核安全许可证件方可进行的核安全机械设备活动中的焊接活动。（√）

315. 焊工项目考试就是民用核安全设备焊工、焊接操作工操

作技能考试。（×）

316. 焊工项目考试包括普通焊工项目考试，焊工专项考试和专用焊工项目考试。（√）

317. Z 类专项考试为一些难以归类的考试。（×）

318. 焊工资质管理工作是民用核安全设备焊工、焊接操作工资格管理工作的简称。（√）

319. 焊工资质证书由考核中心颁发。（×）

320. 民用核安全设备焊工、焊接操作工聘用单位也属于核安全相关人员执业单位。（√）

321. 焊工理论考试合格编号就是基本理论知识考试合格编号。（√）

322. 国家核安全局给出了考试用焊工工艺规程基本内容与格式。（√）

323. 对于焊工项目考试，在没有适用的焊接工艺评定的情况下，考核中心应根据适用的核电标准进行焊接工艺评定。（×）

324. 焊工项目考试中，只要满足适用的核电标准，就能作为支持考试用工艺规程的焊接工艺评定使用。（√）

325. 对于焊接工艺评定可与焊工项目考试同时进行的情况，考核中心申请单位应在上报焊工项目考试评定报告时，应同时上报焊接工艺评定报告。（√）

326. 对于 Y 类项目考试，聘用单位人员可以承担大部分焊工项目考试重要工作。（√）

327. Y 类项目考试中，考核中心可对聘用单位考试的准备情况进行检查。（√）

328. 合格项目附页应加印合格项目代号适用范围。（√）

329. 连续操作记录有效的必要条件是等效项目代号应与焊工所持项目代号相互适用。（√）

330. 对于连续操作记录等效项目范围与所持合格项目范围不能相互适用的，该项目代号作废或降级处理。（√）

331. 焊工、焊接操作工在有效期内未能从事核安全设备焊接活动，所持项目自动作废。（×）

332. 对拟采用替代试件焊接作为焊工连续操作记录的，焊工聘用单位不可将替代试件的焊接纳入本单位焊工项目考试质量保证体系。（×）

333. 对拟采用替代试件焊接作为焊工连续操作记录的，焊工聘用单位可将替代试件的焊接纳入本单位焊工项目考试质量保证体系。（√）

334. 对拟采用替代试件焊接作为焊工连续操作记录的，焊工聘用单位都将替代试件的焊接纳入本单位核安全设备活动核安全质量保证体系。（×）

335. 在焊工资质管理中，属于单独的技能变素的有焊接方法、试件形式、焊缝形式、母材类别、焊接材料、焊缝金属厚度与管材外径、焊接位置和焊接要素。（√）

336. 在焊工资质管理中，属于单独的技能变素的有焊接方法、焊工种类、焊缝形式、母材类别、焊接材料、焊缝金属厚度与管材外径、焊接位置和焊接要素。（×）

337. 在焊工资质管理中，属于单独的技能变素的有焊接方法、试件形式、焊缝形式、母材类别、保护气体、焊缝金属厚度与管材外径、焊接位置和焊接要素。（×）

338. 在焊工资质管理中，属于单独的技能变素的有焊接方法、试件形式、焊缝形式、焊接依据标准、焊接材料、焊缝金属厚度与管材外径、焊接位置和焊接要素。（×）

339. 在焊工资质管理中，属于单独的技能变素的有焊接方法、试件形式、焊缝形式、焊接材料、焊缝金属厚度与管材外径、焊接位置和焊接要素。（√）

340. 在焊工资质管理中，焊接活动自动化程度是一个单独的技能变素。（×）

341. 由于在焊工资质管理中没有焊接活动自动化程度这个

变素，因此焊接活动自动化程度对焊工考核没有影响。（×）

342. 在焊工资质管理中，可以通过焊接方法技能变素知道焊接活动的自动化程度。（√）

343. 在焊工资质管理中，对于需要增加变素代号的，应由聘用单位提出增加的理由，并向国家核安全局提出命名建议，由国家核安全局确认后，统一使用。（√）

344. 申请项目代号指的是聘用单位为参考焊工向焊工考核中心报名参加焊工项目考试时，提出的项目代号。（√）

345. 项目代号适用范围表是焊工项目考试合格项目代号的组成部分。（√）

346. 焊工项目考试合格项目代号只适用于焊工、焊接操作工考试的考核中心。（×）

347. 项目代号适用范围表中一定要填写焊机型号。（×）

348. 项目代号适用范围表中一定要填写焊工项目考试工艺评定编号。（×）

349. 在焊工资质管理中，堆焊焊缝考试结果适用于母材强度补焊。（×）

350. 焊工项目考试的适用范围与焊缝高度有关，与焊缝宽度无关。（√）

351. 管材堆焊的试件尺寸，一律取外径。（×）

352. 对于螺柱焊试件，仰焊位置考试结果适用于任何位置的螺柱焊试件。（√）

353. 对于马鞍形焊接，主管外径与支管外径比值的适用范围为大于或等于该比值。（√）

354. 对于异种材料焊接，已对两类母材分别取得合格项目代号的，即可免考。（×）

355. 焊工项目考试中，不允许进行修磨。（×）

356. HAF603 规定焊工项目考试完成后，要同时进行外观检验和破坏性检验。（×）

357. HAF603 规定的管材内部焊缝使用内窥镜的方法进行外观检验。（×）

358.《焊工项目考试质量保证补充要求》只适用于焊工项目考试。（√）

359. 焊工聘用单位只能是民用核安全设备持证单位。（×）

360. 申请单位项目考试质量保证体系的建立就是围绕焊工项目考试重要工作开展的。（√）

361. 焊工项目考试质量保证体系只对焊工项目重要工作进行控制。（×）

362. 参考焊工对焊工项目考试的评价也是焊工项目考试重要工作之一。（√）

二、选择题

（一）核电厂与核安全

1. 目前国内绝大多数核电厂是（A）型核电厂。

A. 压水堆　　　　　　　　　B. 重水堆

C. 沸水堆　　　　　　　　　D. 快中子堆

2. 切尔诺贝利核电厂采用的是（D）型核电厂。

A. 重水堆　　　B. 压水堆　　　C. 沸水堆　　　D. 石墨堆

3. 核电厂防放射性泄漏的第三道屏障为（C）。

A. 燃料包壳　　　　　　　　B. 压力容器及其回路

C. 安全壳　　　　　　　　　D. 应急计划

4. 从事核电活动的每个工作人员对工作中出现的错误或不符合项，都（B）及时向有关部门报告。

A. 无权　　　　　　　　　　B. 有权

C. 应问题解决后　　　　　　D. 可以

5. 永久性记录保存期限应为（B）。

A. 10 年　　　　B. 产品寿期　　　C. 20 年　　　D. 50 年

6. 在核安全设备活动中，对要达到的质量负主要责任的是该工作的（C）。

A. 策划者　　　　B. 监督者　　　　C. 承担者　　　　D. 试验者

7. 不可作为裂变核素为（C）。

A. 铀-233　　　　B. 铀-235　　　　C. 铀-238　　　　D. 钚-239

8. 可从天然得到的核燃料是（B）。

A. 铀-233　　　　B. 铀-235　　　　C. 铀-238　　　　D. 钚-239

9. 核反应堆能实现核能向什么形式能量的转换（A）。

A. 热能　　　　B. 化学能　　　　C. 电能　　　　D. 机械能

10. 核电厂属于核反应堆的设备是（D）。

A. 蒸汽发生器　　　　　　　　　B. 稳压器

C. 主泵　　　　　　　　　　　　D. 反应性控制机构

11. 秦山第三核电厂的反应堆是（C）。

A. 压水堆　　　　　　　　　　　B. 沸水堆

C. 重水堆　　　　　　　　　　　D. 石墨水冷堆

12. 日本福岛第一核电厂的反应堆是（B）。

A. 压水堆　　　　　　　　　　　B. 沸水堆

C. 重水堆　　　　　　　　　　　D. 石墨水冷堆

13. 美国三理岛核电厂的反应堆是（A）。

A. 压水堆　　　　　　　　　　　B. 沸水堆

C. 重水堆　　　　　　　　　　　D. 石墨水冷堆

14. AP1000 核电厂是由（A）个环路组成的。

A. 2　　　　B. 3　　　　C. 4　　　　D. 5

15. EPR 核电厂采用几个环路？（C）

A. 2　　　　B. 3　　　　C. 4　　　　D. 5

16. 核电厂正常运行时，绝大多数放射性产物保存在（A）

A. 燃料包壳内　　　　　　　　　B. 一回路冷却剂中

C. 放射性废水储存罐　　　　　　D. 放射性废气储存罐

17. 保证核电厂安全主要要保证几个安全功能？（B）

A. 2　　　　B. 3　　　　C. 4　　　　D. 5

18. 日本福岛第一核电厂发生事故的主要原因是（B）

A. 地震太大了　　　　　　　B. 设计基准出现问题

C. 核电厂建造质量有问题　　D. 东电公司应对失误

19. 国家核安全局成立于哪年？（B）

A. 1983　　　　B. 1984　　　　C. 1985　　　　D. 1986

20.《民用核设施安全监督管理条例》发布于哪年？（D）

A. 1983　　　　B. 1984　　　　C. 1985　　　　D. 1986

21.《民用核设施安全监督管理条例》是由哪个单位发布的？（A）

A. 国务院　　　　　　　　　B. 环保总局

C. 环保部　　　　　　　　　D. 国家核安全局

22. 国家核安全局对核设施安全是：（A）。

A. 独立监管　　　　　　　　B. 与发展部门联合监管

C. 受发展部门领导　　　　　D. 向核设施营运单位负责

23. 对核设施的核安全与辐射环境安全负有最终责任的是（A）

A. 营运单位

B. 主管部门

C. 进行操作的工作人员

D. 相关核安全设备的制造单位

24.《民用核安全设备监督管理条例》发布于（C）。

A. 2006 年 7 月　　　　　　B. 2007 年 6 月

C. 2007 年 7 月　　　　　　D. 2008 年 1 月

25. 根据《电离辐射防护与辐射源安全基本标准》，工作人员职业照射任何一年中的有效剂量不得大于（D）。

A. 1 mSv　　　　B. 5 mSv　　　　C. 20 mSv　　　D. 50 mSv

26.16～18 岁的徒工和学生的辐射剂量限值约为成人剂量限值的（C）。

A. 10%　　　　B. 20%　　　　C. 30%　　　　D. 50%

27. 根据《电离辐射防护与辐射源安全基本标准》，公众年有效剂量不得大于（A）。

    A. 1 mSv   B. 5 mSv   C. 20 mSv   D. 50 mSv

28. 不属于放射防护原则的是（B）。

    A. 实践的正当性原则

    B. 辐射防护按剂量补偿原则

    C. 辐射防护最优化原则

    D. 个人剂量限制的原则

29. 在有电离辐射源的情况下，加强通风是为了（B）。

    A. 防止外照射   B. 防止内照射

    C. 防止辐射灼伤   D. 防止弧光灼伤

（二）核安全设备

30. 核级不锈钢产品在制造过程中应采取有效防护措施与（B）隔离。

    A. 不锈钢   B. 碳钢   C. 木板   D. 防护膜

31. 碳素结构钢 Q235AF 中，"Q"代表（A）。

    A. 屈服点   B. 抗拉强度

    C. 伸长率   D. 冲击韧度

32.20 钢是含碳量为（C）碳素结构钢。

    A. 2%的优质   B. 2%的普通

    C. 0.2%的优质   D. 0.2%的普通

33. 我国秦山第一、秦山第三和在建的山东海阳等核电厂执行的是（A）。

    A. 美国 ASME 规范

    B. 法国《压水堆核岛机械设计建造规则》

    C. 俄罗斯的 ПНАЭГ 标准

    D. 我国国家标准

34. ASME 规范是专门用于什么领域的规范？（A）

    A. 机械设备   B. 电气设备

    C. 核电   D. 机械与电气设备

35. RCC–M 规范是专门用于什么领域的规范？（C）

A. 土建工程　　B. 电气设备　　C. 机械设备　　D. 防火

36. 俄罗斯的核电厂机械设备标准主要来自于（D）。

A. 美国　　　　　　　　　　B. 法国

C. 德国　　　　　　　　　　D. 本国实践

37. 反应堆压力容器常用材料是（B）

A. 不锈钢　　　　　　　　　B. 高强度低合金钢

C. 高合金钢　　　　　　　　D. 镍基合金

38. 一般压力容器焊接有接口安全端是为了（C）。

A. 防止压力容器超压　　　　B. 防止压力容器泄压

C. 便于主管道焊接　　　　　D. 便于安全人员检查

39. 俄罗斯 VVER 堆型压力容器不需要焊接接管安全端是因为（C）。

A. 该堆采用了一些新的设计理念

B. 该堆采用了先进的焊接技术

C. 主管道与压力容器材质类似

D. 该堆对焊工的焊接技术要求更为严格

40. 高温气冷堆堆内构件使用的是（D）。

A. 不锈钢　　　B. 碳钢　　　C. 低合金钢　　D. 石墨

41. 压水堆堆内构件采用的材料是（A）。

A. 不锈钢　　　B. 碳钢　　　C. 低合金钢　　D. 石墨

42. 摆锤冲击试验是用来测定金属结构材料的（C）。

A. 强度　　　B. 硬度　　　C. 冲击韧性　　D. 塑性

43. 冲击韧度试验中的冲击功是（D）。

A. 压力单位　　　　　　　　B. 压强单位

C. 比例单位　　　　　　　　D. 能量单位

44. 疲劳破坏经常造成重大事故是因为（B）。

A. 金属材料抗疲劳强度普遍较低

B. 疲劳破坏前没有明显的变形

C. 疲劳强度不好测定

D. 在工业上无法防止疲劳破坏

45. 钢在进行疲劳试验时选用的载荷交变次数是（B）。

A. 百万次　　　　B. 千万次　　　　C. 亿次　　　　D. 十亿次

46. 一般用什么作为研究金属原子排列规律的最小单位？
（C）

A. 晶体　　　　B. 晶格　　　　C. 晶胞　　　　D. 结点

47. 下列金属中含碳量最大的是（C）。

A. 工业纯铁　　B. 低碳钢　　　C. 铸铁　　　　D. 碳钢

48. 对于碳素结构钢，有害杂质元素是（A）。

A. 硫　　　　　B. 硅　　　　　C. 锰　　　　　D. 硼

49. 对于碳素结构钢，合金元素是（B）。

A. 硫　　　　　B. 硅　　　　　C. 磷　　　　　D. 氧

50. 在金属材料热处理中，冷却速度最慢的是（B）。

A. 正火　　　　B. 退火　　　　C. 淬火　　　　D. 回火

51. 不属于钢材热处理的是（A）。

A. 脱硫　　　　B. 渗碳　　　　C. 氮化　　　　D. 调质

52. ASME 第 Ⅱ 卷 A 篇为（A）。

A. 铁基材料　　　　　　　　B. 非铁基材料

C. 黑色金属　　　　　　　　D. 有色金属

53. SA-508 是美国 ASME 规范中的（A）。

A. 技术条件编号　　　　　　B. 钢号

C. 产品代号　　　　　　　　D. 成分代号

（三）核安全设备焊接活动

54. 在焊接活动中，影响质量的因素很多，但（B）是第一位
的。

A. 环境因素　　　　　　　　B. 人的因素

C. 安全因素　　　　　　　　D. 管理因素

55. 酸性焊条熔焊时，抗气孔能力与碱性焊条相比是（A）的。

A. 强   B. 弱   C. 不确定   D. 一样

56. 常用的牌号为 H08Mn2SiA 焊丝中的"Mn2"表示（C）。

A. 含锰量为 0.02%   B. 含锰量为 0.2%

C. 含锰量为 2%   D. 含锰量为 20%

57. 不锈钢焊条型号中最后两位数字为"15"，表示该焊条为碱性药皮，适用于（B）焊接。

A. 直流正接   B. 直流反接

C. 交流   D. 交直流均可

58. 焊条的直径是以（A）来表示的。

A. 焊芯直径

B. 焊条外径

C. 药皮厚度

D. 焊芯直径和药皮厚度之和

59. 碳钢、低合金钢的焊条选择通常根据其（A）等级、结构刚性、工作条件等选择相应等级的焊条。

A. 强度   B. 厚度

C. 焊缝质量要求   D. 化学成分

60. 碱性焊条比酸性焊条的焊缝抗裂性（C）。

A. 相同   B. 差   C. 好   D. 不确定

61. 酸性焊条对铁锈、氧化皮和油脂的敏感性比碱性焊条（B）。

A. 大   B. 小   C. 相同   D. 不确定

62. 按我国现行规定，氩气的纯度应达到（D）才能满足焊接的要求。

A. 98.5%   B. 99.5%   C. 99.95%   D. 99.99%

63. E4303、E5003 属于（A）药皮类型的焊条。

A. 钛钙型   B. 钛铁矿型

C. 铁氢钠型   D. 低氢钾型

64. 氩气瓶的外表涂成（B）。

A. 白色　　　　　B. 灰色　　　　　C. 天蓝色　　　D. 铝白色

65. 新的国家标准规定焊条型号中，"焊条"用字母（C）表示。

A. J　　　　　　B. H　　　　　　C. E　　　　　　D. A

66. 选用不锈钢焊条时，主要应遵守与母材（C）的原则。

A. 等强度　　　　　　　　　B. 等冲击韧度

C. 等成分　　　　　　　　　D. 等塑性

67. 直流钨极氩弧焊焊接黑色金属时（A）电极端面形状的效果最好，是目前经常采用的。

A. 锥形平端　　　　　　　　B. 平状

C. 圆球状　　　　　　　　　D. 锥形尖端

68. 目前（C）是一种理想的电极材料，是我国建议尽量采用的钨极。

A. 纯钨极　　　　　B. 钍钨极　　　　　C. 铈钨极　　　D. 锆钨极

69. 控制棒驱动机构耐压壳组件是由圆长管密封承压壳及上部位置传送器套管组成，圆长管密封承压壳由分段壳体通过（D）环焊连接而成。

A. O 形密封　　　B. 纵向密封　　　C. 横向密封　　　D. Ω密封

70. 硼注箱由筒体、封头、筒式支座、接管和人孔组成。现主体材料多为（A），内表面堆焊不锈钢，筒体直径为 1 200 mm 左右，是由 1～2 块 130 mm 左右的厚钢板卷焊而成，封头一般整体压制而成。

A. P355GH 碳钢　　　　　　B. Q235A 碳钢

C. 18-8 不锈钢　　　　　　　D. 低合金钢

71. 安注箱由筒体、封头、（B）、接管和人孔组成。现主体材料多为 Z2CN19-10 控氮不锈钢，筒体是由板材卷焊而成，封头一般由 6 块瓜瓣压制成型后拼焊而成。

A. 封头　　　　　　　　　　B. 筒式支座

C. 安全端　　　　　　　　　D. 内部构件

72. 核级阀门的阀体一般不允许采用焊接结构的阀体，因此核级阀门本身需要焊接的地方不多，除了主要铸件的补焊外，主要是硬密封阀门的密封面上堆焊（C）等材料，以提高核电阀门密封面耐磨和耐蚀性能。

    A. 镍基合金   B. 耐蚀不锈钢

    C. 硬质合金   D. 碳钢

73. 目前较为常见的阀门密封面堆焊方法有（A）、焊条电弧堆焊、钨极氩弧堆焊和等离子弧堆焊等方法。

    A. 氧乙炔焰堆焊   B. 气体保护焊

    C. 埋弧焊   D. 电渣焊

74. 在民用核安全设备焊接活动中，对首次采用的金属材料或焊接材料应进行（C）。

    A. 文件评定   B. 质量评定

    C. 工艺评定   D. 规格评定

75. 反应堆压力器主焊缝的预热温度控制在（A）范围内。

    A. 150 ℃～200 ℃   B. 100 ℃～150 ℃

    C. 200 ℃～250 ℃   D. 400 ℃～450 ℃

76. 不锈钢堆焊考虑到在堆焊金属中某些元素可能从焊剂向熔池过渡，所以要求进一步降低填充材料中（B）的含量。

    A. S.P.Si   B. C.S.P   C. S.P.Cu、H   D. Mn.P.Si

77. 马鞍形接管埋弧焊焊机座靠在接管上，焊炬在坡口内绕接管轴线旋转，同时（A）升降运动。

    A. 垂直   B. 横向   C. 倾斜   D. 不进行

78. 管接头与安全端焊接，预热温度控制在（C）之间，道间温度控制在 225 ℃以内，以防止热裂纹的产生。

    A. 20 ℃～50 ℃   B. 50 ℃～100 ℃

    C. 100 ℃～150 ℃   D. 150 ℃～250 ℃

79. J 形坡口的焊接需严格控制道间温度，以防止产生（B）。

    A. 延迟裂纹   B. 热裂纹

    C. 冷裂纹   D. 层状撕裂

80. J 形坡口的焊接，焊接材料采用镍基焊条，其种类为（B）。

A. INCONEL 52　　　　　　　　B. ENiCrFe-7

C. ERNiCr-3　　　　　　　　　D. E4303

81. 蒸汽发生器管子管板封口焊采用自动全位置氩弧焊接，一般情况选用（C）的焊接。

A. 焊丝 ERNiCr-3　　　　　　　B. 焊丝 TGS70Ncb

C. 不填丝　　　　　　　　　　D. 焊丝 ER316L

82. 主管道的焊接需严格按工艺规程的要求进行，应特别注意每条主管道焊缝的（B）和主焊环境的清洁度要求，它们是焊接的质量保证。

A. 焊接参数　　　　　　　　　B. 焊接顺序

C. 氩气纯度　　　　　　　　　D. 焊接线能量

83. 主管道上管座的焊接，手工氩弧焊打底，焊条电弧焊焊满的焊接方法，在装点管座时需留有（C）间隙，以保证焊缝根部焊透，同时要做好焊缝根部的氩气保护。

A. 0～1 mm　　　　　　　　　B. 1～2 mm

C. 2～3 mm　　　　　　　　　D. 5～8 mm

84. 随着焊接技术的发展，在主管道焊接工程中全位置窄间隙（B）焊接设备也逐渐采用。

A. 埋弧焊　　　　　　　　　　B. 热丝氩弧焊

C. 熔化极气体保护焊　　　　　D. 焊条电弧焊

85. 目前较为常见的阀门密封面堆焊方法中，没有以下哪种方法？（D）

A. 气焊　　　　　　　　　　　B. 焊条电弧堆焊

C. 等离子弧　　　　　　　　　D. 熔化极气体保护堆焊

86. 以下哪些不是氧乙炔气焊堆焊时的特点？（D）

A. 生产效率低　　　　　　　　B. 劳动条件差

C. 熔深浅　　　　　　　　　　D. 稀释率高

87. 以下哪一选项是钨极氩弧堆焊的特点？（A）

A. 合金元素烧损小 B. 堆焊质量差

C. 熔深大 D. 稀释率高

88. 以下哪一选项是焊条电弧阀门耐磨堆焊时用的焊条？（B）

A. J422 B. D507 C. J507 D. A102

89. 以下哪一选项不是焊条电弧堆焊时用的焊条？（C）

A. D507Mo B. D507 C. J507 D. D577

90. 关于焊条电弧堆焊，以下说法正确的是：（D）。

A. 多采用镍基堆焊焊条 B. 采用直流正接

C. 释稀率低 D. 常见焊接缺陷为裂纹

91. 以下哪种焊接方法不应用在阀门密封面耐磨堆焊中？（A）

A. 热丝 TIG 焊 B. 焊条电弧焊

C. 气焊 D. 等离子弧焊

92. 以下关于气焊阀门密封面耐磨堆焊的说法不正确的是：（D）。

A. 采用钴基堆焊焊丝时，其在 650 ℃高温下仍能保持耐磨性

B. 通常用于小工件堆焊

C. 堆焊层硬度可达 40～50HRC

D. 一般不进行预热和缓冷等措施

93. 关于 D507 焊条说法不正确的是：（B）。

A. 为低氢钠型堆焊焊条

B. 焊前不需要烘干

C. 采用直流反接

D. 用于堆焊工作温度在 450 ℃以下的碳钢或合金钢的阀门
等

94. 关于阀门耐磨堆焊，以下说法不正确的是：（D）。

A. 某些重要工件表面堆焊前还应进行无损检验

B. 采用焊条电弧焊时稀释率较高

C. 采用气焊时熔深浅，效率低

D. 等离子弧堆焊最早应用于阀门耐磨堆焊中

95. 护目镜片颜色深浅的选择，一般是（A）。

A. 焊接电流越大，镜片颜色应越深

B. 焊接电流越小，镜片颜色应越深

C. 选用碱性药皮焊条，镜片颜色应浅些

D. 选用酸性药皮焊条，镜片颜色应浅些

96. 发现焊工触电时，应立即（C）。

A. 报告领导   B. 剪断电缆

C. 切断电源   D. 将人推开

97. 气瓶阀冻结时解冻的方法是（B）。

A. 使用火烤   B. 使用 45 ℃～60 ℃水

C. 使用电吹风加热   D. 锤击

98. 为了防止触电，焊接时应该（A）。

A. 焊机机壳接地   B. 焊件接地

C. 焊把接地   D. 无须接地

99. 对焊工没有毒害的气体是（C）。

A. 臭氧   B. 一氧化碳

C. 二氧化碳   D. 二氧化硫

100. 若室内电线或设备着火，不应采用（D）灭火。

A. 四氯化碳   B. 砂土   C. 二氧化碳   D. 水

101. 氧气瓶在阳光下曝晒可能产生（C）。

A. 泄漏   B. 氧气不纯

C. 爆炸   D. 燃烧

102. 氧气瓶一般应（C）放置，并必须安放稳固。

A. 水平   B. 倾斜   C. 直立   D. 倒立

103. 当焊钳与工件短路时，不得启动焊机，原因是（C）。

A. 避免电阻过大烧坏焊机

B. 避免电弧电压过高烧坏焊机

C. 避免短路电流过大烧坏焊机

D. 伤害焊工

104. 氩弧焊所用的铈、钍钨棒应放在（C）中保存。

A. 纸盒　　　　　B. 木盒　　　　C. 铅盒　　　　D. 铝盒

105. 高空作业时，焊工应（A）。

A. 系安全带　　　　　　　　　B. 将焊接电缆线缠在身上

C. 将焊接电缆线缠在胳膊上　　D. 将焊接电缆线缠在腿上

106. 在密闭容器内焊接时，不得将焊机放在（A）。

A. 容器内　　　B. 容器外　　　C. 地面　　　D. 台架上

107. 在清理焊渣、飞溅时，焊工必须穿戴好（D）。

A. 绝缘胶鞋　　　　　　　　　B. 手套

C. 口罩　　　　　　　　　　　D. 手套和平光眼镜

108. 在焊接阀门时下列哪种接线方法是正确的？（B）

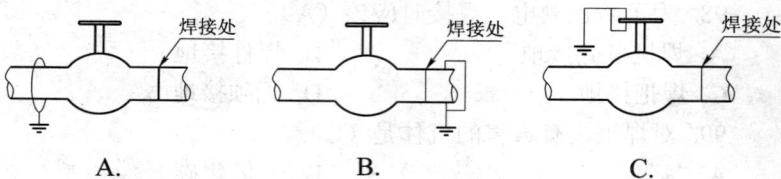

A.　　　　　　　B.　　　　　　　C.

109. 高空焊接时，（D）是不符合规定的

A. 焊工施焊时，佩戴标准安全带。

B. 焊工施焊时，电缆或氧、乙炔管不缠在身上，而固定在架子上。

C. 施焊处下方及危险区内的可燃、易燃物品应移开。

D. 施焊处的下方或危险区内停留人员。

110. 焊接设备在使用过程中发生故障，焊工的职责是（A）。

A. 立即切断电源，通知电工检查修理

B. 立即切断电源，自行检查修理

C. 带电检查修理

D. 立即通知电工检查修理

304

111. 在核容器内部施焊时，照明电压应采用（D）。

A. 80 V   B. 36 V   C. 42 V   D. 12 V

112. 在新版 HAF603 中，电子束焊接的代号为（A）。

A. HE   B. DZS   C. EB   D. HD

113. 埋弧焊焊缝的自动跟踪系统的关键装置是（B）。

A. 执行机构   B. 传感器

C. 控制线路   D. 原始对中

114. 一台型号 WS—400 手工钨极氩弧焊焊机有（D）条电弧静特性曲线。

A. 二   B. 六   C. 八   D. 无数

115. 对一台焊机而言，负载持续率越高，说明（A）。

A. 在工作周期中有负载的时间越长

B. 换焊条的时间越长

C. 整个工作周期越长

D. 焊机空载的时间越长

116. 焊机适应焊接电弧变化的特性称为（C）。

A. 电弧静特性   B. 电源外特性

C. 电源的动特性   D. 电弧的动特性

117. 焊条电弧焊电源不包括下列哪种电源？（D）。

A. 动圈式弧焊变压器   B. 动铁式弧焊变压器

C. 弧焊整流器   D. 自饱和磁放大器式电源

118. 一般情况下手工钨极氩弧焊不采取接触短路引弧的原因是（A）。

A. 钨极严重烧损且易在焊缝中引起夹钨缺陷

B. 有高频磁场和有放射性物质

C. 由于短路电流过大引起焊机烧毁

D. 钨极烧损但不易在焊缝中引起夹钨缺陷

119. 在钨极氩弧焊时，如不慎使钨极与焊丝相碰，将产生很大的飞溅和烟雾，这时焊工应该（D）。

A. 无须处理

B. 电弧不能中断，继续施焊

C. 钨极与焊丝相碰处重熔修补后，继续焊接

D. 立即停止焊接，并打磨被污染处，磨好钨极后继续焊接

120. 钨极氩弧焊时，弧柱中心的温度可达（C）。

A. 3 200 K   B. 6 000 K

C. 10 000 K   D. 20 000 K 以上

121. 下列哪项不是手工钨极氩弧焊直流正极性的优点？（C）

A. 熔池深而窄，生产率高，工件的收缩力和变形都小

B. 钨极不易过热

C. 可以焊接铝、镁等难焊金属

D. 电弧稳定性好

122. 下列关于手工钨极氩弧焊的说法错误的是：（B）。

A. 与熔化极气保焊相比工件的收缩力和变形都小

B. 与熔化极气保焊相比生产率高

C. 可以焊接铝、镁等难焊金属

D. 脉冲钨极氩弧焊热输入小

123. 用自动焊接装置完成全部焊接操作的焊接方法称为（A）。

A. 自动焊   B. 半自动焊   C. 机械化焊   D. 手工焊

124. 自动脉冲钨极氩弧焊时，峰值电流起（D）的作用。

A. 预热母材加维持电弧   B. 预热母材

C. 维持电弧   D. 熔化金属形成熔池

125. 自动钨极氩弧焊采用的焊丝，最小直径一般为（B）。

A. 0.5   B. 0.8   C. 0.2   D. 1.0

126. 当采用自动钨极氩弧焊的方法焊接 3～6 mm 厚的小直径合金钢管时，一般应选择（B）坡口。

A. X 形   B. V 形   C. I 形   D. K 形

127. 药芯焊丝电弧焊是在（C）作用下进行焊接的。

A. 电阻热　　　B. 摩擦热　　　C. 电弧热　　　D. 辐射热

128. 气体保护药芯焊丝电弧焊所用药芯焊丝中焊剂的主要作用是（D）。

A. 传导电流与填充金属

B. 传导电流、引弧和维持电弧燃烧

C. 传导电流、填充金属与熔化的母材混合形成焊缝

D. 调整化学成分，使焊缝金属具有不同的力学、冶金、耐蚀性能

129. 药芯焊丝电弧焊所采取的保护形式是属于（B）保护。

A. 气　　　　　B. 气–渣联合　　C. 渣　　　　　D. 全选

130. 以下关于气体保护药芯焊丝电弧焊的说法不正确的是（B）。

A. 焊丝制造过程复杂

B. 常用于打底焊

C. 电弧稳定、飞溅少且细颗粒

D. 焊缝成型美观，易于清渣

131. 以下关于气体保护药芯焊送丝轮的说法不正确的是（C）。

A. 两对主动轮送丝　　　　　B. 上下轮均开 V 形槽

C. 上下轮均开 U 形槽　　　　D. 槽内压花

132. 焊条电弧焊选择焊接电流的依据是：（B）。

A. 焊条长度　　　　　　　　B. 焊条直径

C. 焊接位置　　　　　　　　D. 焊机空载电压

133. 在其他条件不变的情况下，焊接电流增大会引起：（A）。

A. 熔深增大　　　　　　　　B. 熔宽减小

C. 熔深减小　　　　　　　　D. 焊条熔化速度减小

134. 采用焊条电弧焊方法焊接奥氏体不锈钢焊缝颜色应呈（B）。

A. 红色　　　　B. 金黄色　　　C. 深蓝色　　　D. 黑色

135. 采用焊条电弧焊焊接奥氏体不锈钢时，哪一项不能防止晶间腐蚀？（D）

A. 严格控制道间温度　　　　B. 采取短弧焊

C. 低的焊接热输入量　　　　D. 增大焊接电流

136. 普通单丝埋弧焊是常用的堆焊方法，它的缺点是熔深大而稀释率（B），同时生产率也较低。

A. 低　　　　B. 高　　　　C. 不变　　　　D. 不确定

137. 埋弧焊过程中，焊缝中的氧含量随着电弧电压的上升而（A）。

A. 增多　　　　B. 减小　　　　C. 不变　　　　D. 不确定

138. 以下哪种材料埋弧焊无法进行焊接？（C）。

A. 碳钢　　　　　　　　　　B. 合金钢

C. 镁及镁合金　　　　　　　D. 镍基合金

139. 以下关于埋弧焊，下列说法正确的是（D）。

A. 单丝埋弧焊代号为 122

B. HAF603 代号为 HWS

C. 焊剂仅起到遮挡弧光的作用

D. 适于焊接中厚板结构的长焊缝

140. 以下关于埋弧焊的焊接位置说法正确的是（B）

A. 多用于立焊缝焊接

B. 多用于平位置焊接

C. 不能够进行横角焊

D. 夹具合适时可以用于仰位置焊接

141. 以下核电产品制造中不是采用的埋弧焊的是（C）

A. 压力容器接管与筒体的焊接　　B. 压力容器内壁堆焊

C. 接管端镍基合金堆焊　　　　　D. 管板一次侧堆焊

142. 堆焊与一般焊接相比，熔合比（B）。

A. 较大　　　　B. 较小　　　　C. 相同　　　　D. 不确定

143. 采用同样的焊带，以同样的堆焊工艺施焊，配用不同的焊剂，所得堆焊层的性能（B）。

    A. 相同   B. 不同   C. 任选   D. A+B

144. 电渣焊的基本接头形式是（A）。

    A. I 形坡口   B. V 形坡口

    C. Y 形坡口   D. X 形坡口

145. 电渣焊是利用（D）将工件和填充金属熔合成焊缝的焊接方法。

    A. 电弧热   B. 摩擦热   C. 熔渣   D. 电阻热

146. 电渣焊的焊缝由于形成晶粒粗大和产生过热组织，焊接接头的（C）较低，一般焊后应进行热处理。

    A. 抗拉强度   B. 屈服强度   C. 冲击韧性   D. 硬度

147. 异种金属焊接时，熔合比越小越好的原因是为了（A）。

    A. 减小熔化的母材对焊缝的稀释作用

    B. 减小焊接材料的填充量

    C. 减小焊接应力

    D. 减小焊接变形

148. 以下关于焊接热输入说法不正确的是：（D）。

    A. 焊接热输入又可以称为线能量

    B. 其他条件不变，焊接速度越大，热输入越小

    C. 含碳量较低的热轧钢可以适应较大的焊接热输入

    D. 焊接热输入只和电流有关，和电压无关

149. 以下关于焊接接头位置分类说法正确的是（A）。

    A. 主壳体纵向焊接接头为 A 类接头

    B. 半球形封头与主壳体的环形接头为 B 类

    C. 法兰与接管连接的接头为 D 类

    D. 接管与封头的接头为 C 类

150. 疲劳强度最高的接头形式是（A）。

    A. 对接接头   B. T 形接头

    C. 搭接接头   D. 角接接头

151. 低合金高强度钢焊接时最易出现的焊接裂纹是（B）

A. 热裂纹　　　　　　　　　　B. 冷裂纹

C. 再热裂纹　　　　　　　　　D. 弧坑裂纹

152. 当低合金高强度钢中的碳、硫偏高或焊厚板时，焊接参数、焊缝成型系数控制不当等，产生（C）倾向较大。

A. 气孔　　　　B. 冷裂纹　　　　C. 热裂纹　　　D. 未熔合

153. 奥氏体不锈钢产生晶间腐蚀的危险温度区为（C）。

A. 150 ℃～250 ℃　　　　　　B. 300 ℃～400 ℃

C. 450 ℃～850 ℃　　　　　　D. 1 050 ℃～1 100 ℃

154. 焊前预热对防止（B）缺陷有益。

A. 咬边　　　　　　　　　　　B. 冷裂纹

C. 夹渣　　　　　　　　　　　D. 弧坑凹陷

155. 使用未烘干焊条焊接时，容易产生的缺陷是：气孔、（C）。

A. 未熔合　　　B. 夹渣　　　　C. 冷裂纹　　　D. 热裂纹

156. 焊缝中的硫和磷可形成多种（A）共晶物，如 Fe+FeS、FeS＋FeO 和 Ni+Ni3S2 等，它们可在晶体表面形成液态薄膜而消弱晶体间的联结能力，因而增加结晶裂纹倾向。

A. 低熔点　　　B. 高熔点　　　C. 沸点　　　D. 结晶

157. 硫和磷是钢中极易（D）元素，由于它可能在钢的局部区域形成低熔点共晶，从而引起结晶裂纹。

A. 结晶　　　　B. 脆化　　　　C. 氧化　　　D. 偏析

158. 焊接过程中收弧不当会产生气孔及（B）。

A. 夹渣　　　　B. 弧坑裂纹　　C. 咬边　　　D. 焊瘤

159. 焊接时，保护气体不纯，存在较多水分，主要会产生（D）。

A. 一氧化碳气孔　　　　　　　B. 氮气孔

C. 二氧化碳气孔　　　　　　　D. 氢气孔

160. 防止冷裂纹的有效措施是（A）。

A. 焊前预热　　　　　　　　　B. 填满弧坑

C. 采用酸性焊条　　　　　　　D. 焊后快冷

161. 奥氏体不锈钢与腐蚀介质接触的一面应放在（C）焊接。

A. 最先　　　　B. 中间　　　　C. 最后　　　D. 无所谓

162. 焊接过程中，焊接速度过快时，易产生焊缝尺寸不符合要求及（A）等缺陷。

A. 未焊透　　　B. 塌陷　　　　C. 焊瘤　　　D. 裂缝

163. 焊接结构的失效大部分是由（D）引起的。

A. 气孔　　　　B. 咬边　　　　C. 夹渣　　　D. 裂纹

164. 下列元素中（A）能使钢产生氢脆和形成白点，严重降低钢的韧性。

A. 氢　　　　　B. 氧　　　　　C. 氮　　　　D. 碳

165. 一般出现在焊缝内部，并多沿结晶方向分布，常呈条虫状，表面光滑的气孔为（C）。

A. 氮气孔　　　　　　　　　B. 氢气孔

C. 一氧化碳气孔　　　　　　D. 二氧化碳气孔

166. 一般来说，焊接残余变形与焊接残余应力的关系是：（B）。

A. 焊接残余变形大，则焊接残余应力大

B. 焊接残余变形大，则焊接残余应力小

C. 焊接残余变形小，则焊接残余应力小

D. 没关系

167. 焊件如果在焊接过程中能够自由收缩，则焊后（A）。

A. 变形增大　　　　　　　　B. 变形减小

C. 应力增大　　　　　　　　D. 变形不变

168. 焊接残余拉伸应力的危害性在于（C）。

A. 可能引起热裂纹和冷裂纹　　B. 可能引起热裂纹

C. 可能引起冷裂纹　　　　　　D. 可能引起层状撕裂

169. 电弧螺柱焊焊接碳钢、不锈钢时采用（A），焊接铝、镁时采用直流反接。

A. 直流正接　　B. 直流反接　　C. 任意　　　D. 交流

170. 通常电弧螺柱焊的焊接时间不超过（B）。

A. 2 秒   B. 1 秒   C. 3 秒   D. 4 秒

171. 瓷圈的底部做成锯齿形，以便从焊接区排出（C）。

A. 液体金属   B. 熔渣

C. 气体   D. 等离子体

172. 电弧螺柱焊的外特性通常为（A）外特性。

A. 陡降   B. 水平   C. 上升   D. 任意

173. 以下关于电渣焊的说法正确的是：（C）。

A. 渣池温度可达到 1 000 ℃～1 200 ℃

B. 渣池深度较浅，必须严格控制焊接电流

C. 熔嘴电渣焊适用于梁体等复杂结构的焊接

D. HAF603 的焊接方法代号是 HD

174. 以下关于电渣焊的说法不正确的是：（D）。

A. 渣池温度可达到 1 600 ℃～2 000 ℃

B. HAF603 的焊接方法代号是 HJD

C. 熔嘴电渣焊适用于梁体等复杂结构的焊接

D. 渣池在金属熔池的下部

175. 熔焊时，单位时间内完成的焊缝长度称为（C）。

A. 熔敷长度   B. 送丝速度

C. 焊接速度   D. 热输入量

176. 焊接时，为保证焊接质量而选定的各物理量的总称，叫做（B）。

A. 焊接温度场   B. 焊接参数

C. 焊接热循环   D. 热输入量

177. 承受动载荷的对接接头，焊缝的余高应（B）。

A. 越大越好   B. 趋向于零

C. 0～3 mm   D. 没有要求

178. 焊条电弧焊时，产生夹渣的原因是：（B）。

A. 焊接电流过大   B. 焊接电流过小

C. 焊接速度过慢　　　　　　　D. 焊接电压过高

179. 常用的渗透探伤方法有荧光法和（C）两种，用来探测不锈钢、铜、铝及镁合金等金属的表面和近表面的焊接缺陷。

A. 磁粉探伤　　　　　　　　　B. 射线探伤

C. 着色法　　　　　　　　　　D. 超声波探伤

180. 对焊后需要无损探伤或热处理的容器，水压试验应在无损探伤和热处理（B）进行。

A. 前　　　　　B. 后　　　　　C. 任意　　　　D. A+B

181. 常常出现在焊缝表面，断面多为螺钉状的气孔是（B）。

A. 氮气孔　　　　　　　　　　B. 氢气孔

C. 一氧化碳气孔　　　　　　　D. 二氧化碳气孔

182. 焊条药皮熔化产生的气体（B）。

A. 对焊接是有害的　　　　　　B. 可以起保护气体的作用

C. 对焊接质量无影响　　　　　D. 对焊接的影响不可控制

183. 焊条药皮组成物中造气剂的主要作用是：（B）。

A. 提高焊接电弧的稳定性

B. 保护电弧和熔池

C. 防止空气进入

D. 冶金处理　改善焊接工艺性能

184. 焊条药皮组成物中脱氧剂的主要作用是：（D）。

A. 提高焊接电弧的稳定性

B. 保护电弧和熔池

C. 防止空气进入

D. 冶金处理，改善焊接工艺性能

185. 焊条药皮组成物中稳弧剂的主要作用是：（A）。

A. 提高焊接电弧的稳定性

B. 保护电弧和熔池、

C. 防止空气进入

D. 冶金处理　改善焊接工艺性能

186. 仰焊焊条是属于哪种焊条分类？（A）

A. 用途　　　　　　　　　　B. 性能

C. 焊接母材　　　　　　　　D. 药皮主要成分

187. 以下技能变素中，对焊条的选用影响最大的是（B）

A. 试样形式　　　　　　　　B. 焊接位置

C. 焊缝形式　　　　　　　　D. 试样厚度

188. 钛型药芯焊丝熔渣为（A）。

A. 酸性渣　　B. 中性渣　　C. 碱性渣　　D. 无渣

189. 在我国焊材代号中，代表全位置焊的代号是（A）。

A. 1　　　　B. 2　　　　C. 3　　　　D. 4

190. 二氧化碳气体的杂质，危害最大的是（C）。

A. 氧气　　　B. 氮气　　　C. 水　　　D. 氩气

191. 氩气中的杂质主要是（C）。

A. 氢气　　　　　　　　　　B. 蒸汽

C. 氧气　　　　　　　　　　D. 二氧化碳

192. 以下不是焊剂类型的是（C）。

A. 高硅焊剂　　　　　　　　B. 高猛焊剂

C. 高磷焊剂　　　　　　　　D. 高氟焊剂

193. 焊接电弧是指焊接电源供给的具有一定电压的两电极间或电极与工件间，在（A）介质中产生的强烈而持久的放电现象。

A. 气体　　　B. 液体　　　C. 真空　　　D. 固体

194. 进行焊条电弧焊时，电弧电压随焊接电流增加而（B）。

A. 增加　　B. 变化很小　　C. 减少　　D. 不一定

195. 以下哪个选择不是焊接缺陷的特性？（C）

A. 多样性　　B. 易发性　　C. 确定性　　D. 隐蔽性

196. 焊缝尺寸不符合要求缺陷一般是指（A）。

A. 焊缝的几何尺寸不符合要求

B. 焊趾的母材部位产生的沟漕或凹陷

314

C. 焊缝正面塌陷、背面凸起

D. 焊缝低于母材

197. 咬边一般是指（B）。

A. 焊缝的几何尺寸不符合要求

B. 焊趾的母材部位产生的沟漕或凹陷

C. 焊缝正面塌陷、背面凸起

D. 焊缝低于母材

198. 焊接中下塌与烧穿缺陷一般是指（C）。

A. 焊缝的几何尺寸不符合要求

B. 焊趾的母材部位产生的沟漕或凹陷

C. 焊缝正面塌陷、背面凸起

D. 焊缝低于母材

199. 焊瘤一般是指（D）。

A. 焊缝的几何尺寸不符合要求

B. 焊趾的母材部位产生的沟漕或凹陷

C. 焊缝正面塌陷、背面凸起

D. 熔化金属流淌到焊缝之外未熔化的母材上所形成的金属瘤

200. 焊接的凹坑缺陷一般是指（C）。

A. 焊缝的几何尺寸不符合要求

B. 焊趾的母材部位产生的沟漕或凹陷

C. 焊缝表面形成的低于母材表面的局部低洼部分

D. 熔化金属流淌到焊缝之外未熔化的母材上所形成的金属瘤

201. 焊接中未焊透是指（A）。

A. 焊接时接头根部未完全熔透的现象，指熔焊时，焊道与母材之间或焊道与焊道之间，未完全熔化结合的部分

B. 焊趾的母材部位产生的沟漕或凹陷

C. 焊缝表面形成的低于母材表面的局部低洼部分

D. 熔化金属流淌到焊缝之外未熔化的母材上所形成的金属瘤

202. 影响冷裂纹产生的因素之一是（A）。

A. 淬硬组织   B. 低熔点化合物

C. 偏析   D. 咬边

203. 焊接应力就是因焊接而产生的存在焊件内的（C）。

A. 压应力   B. 拉应力   C. 内应力   D. 热应力

204. 焊接残余应力直接来自于（B）。

A. 热应力   B. 组织应力

C. 材料的局部塑性变形   D. 瞬时应力

205. 焊接检验中 VT 的含义为（A）。

A. 外观检验   B. 磁粉探伤

C. 射线探伤   D. 渗透探伤

206. 氦检漏试验属于（D）。

A. 渗透探伤   B. 磁粉探伤

C. 涡流检验   D. 无损检测

207. PT 是（A）。

A. 渗透探伤   B. 目视检验

C. 磁粉探伤   D. 射线探伤

208. 磁粉探伤的缩写是（C）。

A. VT   B. PT   C. MT   D. RT

209. 奥氏体不锈钢不能使用的无损检测方法是（C）。

A. 渗透探伤   B. 目视检验

C. 磁粉探伤   D. 射线探伤

210. 检验结果不直观、结果的准确性依赖于探伤人员的操作技能和职业素质、试样表面光洁度要求较高、检验对产品的使用无影响的无损检验方法是（B）

A. PT   B. UT   C. RT   D. MT

211. 涡流检测是使用（A）

A. 电磁感应原理   B. 声波原理

C. 射线穿透原理   D. 漏磁场吸附磁粉现象

212. ASME 规范焊接工艺评定重要变量是指影响焊缝（C）

性能的焊接条件的某一变化。

    A. 物理　　　　B. 化学　　　　C. 力学　　　　D. 电学

    213. 在民用核安全设备的安装活动中，常用的焊接技术主要有（C）。

    A. 蒸汽发生器管板和一次侧封头的带极堆焊

    B. 压力容器接管马鞍形焊接

    C. 波动管道焊接

    D. 接管安全端自动热丝钨极氩弧焊

    214. 在民用核安全设备的制造活动中，常用的焊接技术有（C）。

    A. 主管道焊接

    B. 波动管道焊接

    C. 稳压器电加热套管及电加热元件焊接

    D. 安全壳钢衬里焊接

    215. 反应堆压力容器、蒸汽发生器和稳压器等主焊缝一般采用（C）。

    A. 焊条电弧焊　　B. TIG 焊　　　C. 埋弧焊　　　D. 电渣焊

    216. 反应堆压力容器、蒸汽发生器和稳压器等主焊缝焊后要做消除应力处理，因为（B）。

    A. 焊接速度过快

    B. 筒节壁厚较厚多层焊时可能造成应力积累

    C. 容器所用材料焊接性能不好

    D. 为了免去焊前预热

    217. 核电厂反应堆一级设备筒体内部堆焊的主要作用是（A）。

    A. 防止一回路水腐蚀　　　　B. 防止一回路水的冲击

    C. 加强容器承压强度　　　　D. 密封一回路放射性

    218. 核电厂反应堆一级设备筒体内部堆焊的材料是（A）。

    A. 超低碳不锈钢　　　　　　B. 镍基合金

C. 碳钢   D. 低合金钢

219. 核电厂反应堆一级设备筒体内部堆焊的第一层应是（B）。

A. 面层   B. 过渡层   C. 耐蚀层   D. 密封层

220. 核电厂反应堆一级设备马鞍形接管焊接一般采用的焊接方法是（A）。

A. 焊条电弧焊   B. 熔化极气体保护焊
C. 气焊   D. 电子束焊

221. 接管安全端焊接是为了（D）。

A. 防止一回路水腐蚀

B. 防止一回路水的冲击

C. 加强容器承压强度

D. 保证容器与管道焊接的质量

222. 核岛主设备中承压铸件的补焊的焊工应进行（A）。

A. 对接焊缝考试   B. 角焊缝考试
C. 搭接焊缝考试   D. 补焊焊缝考试

223. 不用于主管道的焊接方法是（C）。

A. 手工钨极氩弧焊   B. 焊条电弧焊
C. 熔化极气体保护焊   D. 窄间隙热丝氩弧焊

224. 对于"Ω"密封焊的焊机，间隔（D）小时未使用，就需要进行试验件焊接。

A. 24   B. 48   C. 72   D. 96

225. 安全壳钢衬里焊接，一般不使用（B）。

A. 埋弧焊   B. 自动钨极氩弧焊
C. 焊条电弧焊   D. 螺柱焊

226. 钨极氩弧焊钨极直径的选择主要是根据（A）。

A. 焊接电流   B. 焊接电压
C. 保护气体种类   D. 焊接活动质量要求

227. 当采用钨极氩弧焊的方法焊接时，厚件坡口焊缝打底焊道，为防氧化，一般（C）焊件背面需用氩气保护。

A. 碳钢
B. 低合金钢

C. 不锈钢
D. 低合金耐热钢

228. 在手工焊接中，钨极氩弧焊比焊条电弧焊不增加考虑因素的是（D）。

A. 弧光
B. 有害气体

C. 高频电磁场的防护
D. 烟尘的防护

229. 与其他焊接方法相比，钨极氩弧焊还要考虑（C）。

A. 气瓶的防护
B. 弧光的防护

C. 电极放射性的防护
D. 有害气体的防护

230. 二氧化碳保护焊与焊条电弧焊相比，不要求增加控制因素的是（D）。

A. 弧光
B. 有害气体

C. 飞溅
D. 触电的防护

231. 二氧化碳气体保护焊时，产生的主要有害气体是（A）。

A. 一氧化碳
B. 臭氧

C. 一氧化氮
D. 二氧化氮

232. 压水堆核电厂主泵采用的主体材料是（B）。

A. 高强度低合金钢
B. 不锈钢

C. 镍基合金
D. 碳钢

（四）焊工资质管理

233. 申请考试焊工应至少具有（B）文化程度或同等学力，身体健康，能严格按照焊接工艺规程进行操作，独立承担焊接工作。

A. 小学毕业
B. 初中或初中以上

C. 高中
D. 大专

234. 焊工、焊接操作工基本理论知识考试合格有效期限为（C）年。

A. 2
B. 1
C. 3
D. 4

235. 焊工基本知识考试满分为 100 分，不低于（B）分为合格。

A. 50   B. 60   C. 70   D. 80

236. HAF603 中规定，焊接方法的分类号中，焊条电弧焊以（A）表示。

A. HD   B. HWS   C. HM   D. HR（B）

237. 采用手工钨极氩弧焊方法考试时，若试件母材钢号为 18MND5，考试合格后，可焊接母材类别为（C）的产品。

A. Ⅶ   B. Ⅵ   C. Ⅲ   D. 不限

238. 在 HAF603 的母材钢号分类中，下列属于Ⅵ类钢的钢号是（D）。

A. 20G   B. 1Cr13

C. Q235   D. 0Cr19Ni9

239. HAF603 规定，手工焊的板状试件两端（C）mm 内的缺陷不计。

A. 30   B. 40   C. 20   D. 25

240. HAF603 规定，外径小于 76 mm 的管材坡口焊缝试件进行通球检查。管外径大于或等于 32 mm 时，通球直径为管内径的（D）。

A. 75%   B. 60%   C. 80%   D. 85%

241. HAF603 规定，管板或接管角焊缝凸度或凹度应不大于（B）。

A. 1 mm   B. 1.5 mm   C. 2.5 mm   D. 3 mm

242. HAF603 规定，管板或接管角焊缝的焊角尺寸为（A）mm。

A. $T+$（0～3）   B. $T+$（3～6）

C. $t/2 \leqslant K \leqslant t$ D. $t/3 \leqslant K \leqslant 2t$

243. 堆焊两相邻焊道之间的凹下量不得大于（B）mm。

A. 1 mm   B. 1.5 mm   C. 2.5 mm   D. 3 mm

244. 堆焊焊道高度差应小于或等于（C）mm。

A. 3 mm   B. 2.5 mm   C. 1.5 mm   D. 1 mm

245. 堆焊焊道间搭接接头的平面度在试件范围内不得大于（A）mm。

A. 1.5 mm   B. 3 mm   C. 2.5 mm   D. 1 mm

246. 各种焊缝表面不得有裂纹、未熔合、夹渣、（C）、焊瘤和未焊透。

A. 咬边   B. 背面凹坑   C. 气孔   D. 错边

247. HAF603 规定手工焊焊缝表面的咬边深度≤0.5 mm，焊缝两侧咬边总长度不得超过焊缝总长度的（D）。

A. 25%   B. 15%   C. 20%   D. 10%

248. HAF603 规定，板状试件焊后变形的角度应不大于 3°，试件的错边量不大于板厚的（B）且不大于 2 mm。

A. 20%   B. 10%   C. 15%   D. 25%

249. 为了配合《民用核安全设备监督管理条例（国务院第 500 号令）》国家核安全监管部门正式发布实施了（C）个部门规章。

A. 2   B. 3   C. 4   D. 5

250. 《民用核安全设备焊工焊接操作工资格管理规定》法规编号是（B）。

A. HAF602   B. HAF603   C. HAF604   D. HAF605

251. 持证单位负全责的不包括下列哪一条？（D）

A. 焊工考核中心由持有核安全设备活动许可证的单位组建

B. 焊工聘用单位要求是持有核安全许可证的单位或其许可证申请已被受理的申请单位

C. 境外焊工核准由境内持证单位提出申请

D. 焊工的培训由持有相关培训许可证的单位承担

252. HAF603 在编制时，未参考的标准是（C）。

A. 欧洲标准   B. 美国标准

C. 俄国标准   D. 法国标准

253. HAF603 有几个附件？（B）

A. 4   B. 3   C. 2   D. 1

254. 在一般的情况下，聘用单位必须是（A）。

A. 核安全许可证的持证单位

B. 进行核安全设备活动的单位

C. 焊工学习焊接的单位

D. 焊工人事关系所在单位

255. 不属于民用核安全电气设备焊接活动的是什么设备的机械结构或密封焊接？（C）

A. 流量计   B. 电动机

C. 控制机柜   D. 应急柴油发电机组

256. 焊工项目考试包括（C）。

A. 基本理论知识考试   B. 注册核安全工程师考试

C. 专项理论考试   D. 核安全文化水平测试

257. 在焊工项目考试中需要进行专项理论知识考试的为（C）。

A. X 类专项考试   B. Y 类专项考试

C. Z 类专项考试   D. 专用焊工项目考试

258. 在焊工项目考试结果只适用于一种型号焊接设备的考试为（B）。

A. X 类专项考试   B. Y 类专项考试

C. Z 类专项考试   D. 专用焊工项目考试

259. 在焊工项目考试适用范围与焊接工艺评定有关的考试为（D）。

A. X 类专项考试   B. Y 类专项考试

C. Z 类专项考试   D. 专用焊工项目考试

260. 焊工考核由什么单位负责？（A）

A. 国家核安全局   B. 考核中心

C. 考核中心申请单位   D. 聘用单位

261. 焊工考核工作包括（D）。

A. 焊工的选拔　　　　　　　　B. 培训和档案管理

C. 聘用单位代号备案　　　　　D. 焊工考核报名

262. 聘用单位焊工管理工作包括（B）。

A. 焊工考核中心选定　　　　　B. 焊工考核报名

C. 焊工理论考试　　　　　　　D. 焊工项目考试

263. 到2010年止，国家核安全局选定了几家考核中心？（B）

A. 10　　　　B. 13　　　　C. 16　　　　D. 19

264. 聘用单位代号为（A）。

A. 聘用单位自己给出　　　　　B. 国家核安全局分派

C. 工商部门给出　　　　　　　D. 主管部门给出

265. 聘用单位代号为几位英文字母？（B）

A. 2　　　　　B. 3　　　　　C. 4　　　　　D. 5

266. 以下单位不是核安全相关人员执业单位的是（C）。

A. 核设施营运单位

B. 注册核安全工程师执业单位

C. 核工程监理单位

D. 民用核安全设备焊工、焊接操作工聘用单位

267. 焊工理论考试计划是（A）。

A. 由国家核安全局给出　　　　B. 由考核中心给出

C. 由聘用单位给出　　　　　　D. 由营运单位给出

268. 焊工理论考试题库密级是（A）。

A. 社会公开　　B. 秘密　　　C. 机密　　　D. 绝密

269. 负责审查报名参考焊工资格的是（C）。

A. 主管部门　　　　　　　　　B. 聘用单位

C. 考核中心　　　　　　　　　D. 国家核安全局

270. 判断焊工、焊接操作工是否有能力按照焊接工艺规程进行操作的是（B）。

A. 焊工本人　　　　　　　　　B. 聘用单位

C. 考核中心   D. 国家核安全局

271. 判断焊工、焊接操作工是否有能力独立担任焊接工作的是（B）。

A. 焊工本人   B. 聘用单位

C. 考核中心   D. 国家核安全局

272. 负责焊工理论考试出题的单位是（A）。

A. 华北核与辐射安全监督站   B. 聘用单位

C. 考核中心   D. 国家核安全局

273. 焊工理论考试合格编号对于一个焊工的有效期为（B）。

A. 终生   B. 为聘用单位工作期间

C. 三年   D. 十年

274. 负责焊工项目考试报名的是（B）。

A. 华北核与辐射安全监督站   B. 聘用单位

C. 考核中心   D. 国家核安全局

275. 《焊工项目考试程序》中规定了多少项考核中心必须做好的焊工项目考试重要工作？（C）

A. 20   B. 30   C. 40   D. 50

276. 进行和确认焊接工艺评定使用的标准应是（C）。

A. 国家标准

B. 国家核安全标准

C. 国家核安全局批准的在建核电厂所采用的标准

D. 国际标准

277. 支持考试用焊接工艺规程的焊接工艺评定必须是在（D）。

A. 考试中心申请单位有效

B. 聘用单位有效

C. 考点所在单位有效

D. 以上三种单位之一有效即可

278. 对于不能判定支持考试用工艺规程的焊接工艺评定的

324

检验方法满足 HAF603 的要求时，（B）。

A. 不能进行考试

B. 应用实验验证考试用焊接工艺规程是否满足 HAF603 的要求

C. 采取分析替代方法

D. 采取保守的方法

279. 哪个单位负责 Y 类项目考试的申请？（B）

A. 聘用单位   B. 考核中心

C. 国家核安全局   D. 营运单位

280. 对于 Y 类项目考试，（C）可由聘用单位人员担任。

A. 考试主考人   B. 质量总监

C. 检验负责人   D. 质保人员

281. 哪个单位负责编写 Y 类项目考试申请文件？（B）

A. 聘用单位   B. 考核中心

C. 国家核安全局   D. 营运单位

282. 焊工项目考试的短存档案和长存档案的管理要求，应由（C）提出。

A. 核安全局   B. 档案法规定

C. 考核中心   D. 营运单位

283. 焊工资质证书由什么单位颁发（A）。

A. 国家核安全局   B. 考核中心

C. 聘用单位   D. 营运单位

284. 焊工资格证书合格项目附页加盖（A）。

A. 考核中心或考核中心依托单位公章

B. 国家核安全局公章

C. 聘用单位公章

D. 营运单位公章

285. 焊工资格证书的附页加印（C）。

A. 批准焊工资格证书的文件号

B. 焊工理论考试合格编号

C. 华北监督站项目考试监督报告批准日期

D. 焊工理论考试合格编号批准时间

286. 对持证焊工管理负责的是（B）。

A. 国家核安全局　　　　　　　　B. 聘用单位

C. 考核中心　　　　　　　　　　D. 营运单位

287. 等效项目代号由什么单位给出？（A）

A. 聘用单位　　　　　　　　　　B. 考核中心

C. 国家核安全局　　　　　　　　D. 营运单位

288. HAF603 中的变素指（B）。

A. 焊接工艺变素　　　　　　　　B. 焊工技能变素

C. 焊接方法变素　　　　　　　　D. 保护气体变素

289. 在焊工资质管理中将技能变素归纳为几个类别？（C）

A. 6　　　　　B. 7　　　　　C. 8　　　　　D. 9

290. 在焊工资质管理中，不属于技能变素的是（D）。

A. 焊接方法　　　　　　　　　　B. 试件形式

C. 焊缝形式　　　　　　　　　　D. 保护气体

291. 《项目代号适用范围》是对 HAF603 的（A）。

A. 解释和细化　　B. 修订　　　　C. 增补　　　　D. 说明

292. 申请项目代号是由什么单位给出的？（A）

A. 聘用单位　　　　　　　　　　B. 考核中心

C. 国家核安全局　　　　　　　　D. 营运单位

293. 考试项目代号是由（　　　）确定。

A. 聘用单位　　　　　　　　　　B. 考核中心

C. 国家核安全局　　　　　　　　D. 营运单位

294. 没有特别声明，项目代号只是指（A）

A. 合格项目代号　　　　　　　　B. 申请项目代号

C. 考试项目代号　　　　　　　　D. 等效项目代号

295. 在上报连续操作记录时，聘用单位按照什么规定给出项

目代号？（D）

    A. HAF603   B.《项目代号适用范围》

    C. 焊工资质管理技术见解   D. 以上三个同时适用

296. 项目代号编号由哪个单位给出？（A）

    A. 聘用单位   B. 考核中心

    C. 国家核安全局   D. 营运单位

297. 新增的焊接方法代号应由什么单位报国家核安全局备案？（B）

    A. 营运单位   B. 聘用单位

    C. 考核中心   D. 监理单位

298. 属于手工焊接方法的是（B）。

    A. 埋弧焊   B. 焊条电弧焊

    C. 带极电渣堆焊   D. 电子束焊

299. 半自动熔化极气体保护焊属于（A）。

    A. 焊工项目考试

    B. 焊接操作工项目考试

    C. 同时属于焊工和焊接操作工项目考试

    D. 视具体情况定

300. 不属于焊接接头组成部分的是（D）。

    A. 焊缝   B. 熔合区   C. 热影响区   D. 坡口

301. 在焊工资质管理中将试件形式分为几类？（C）

    A. 2   B. 3   C. 4   D. 5

302. 在焊工资质管理中板–板接头是（A）。

    A. P 接头   B. T 接头

    C. P–T 接头   D. T–T 接头

303. 在焊工资质管理中 T 接头的含义是（B）。

    A. 板–板接头

    B. 管–管的对接接头和搭接接头

    C. 管–管接管焊接

D. 管–板接管焊接

304. 在焊工资质管理中，接管焊缝属于（A）。

A. 坡口焊缝　　　B. 对接焊缝　　　C. 角焊缝　　　D. 堆焊

305. 马鞍形焊接就是（A）。

A. P–T 接头和 P–P 接头的 GW 焊缝

B. GW 焊缝

C. 对接焊缝

D. 角焊缝

306. 对接焊缝焊工项目代号中的 T 为（A）。

A. 试件厚度　　　　　　　　B. 焊缝厚度

C. 试板宽度　　　　　　　　D. 试板长度

307. 使用挡板进行项目考试时，试件的厚度要大于（B）

A. 10 mm　　　B. 20 mm　　　C. 30 mm　　　D. 400 mm

308. 有挡板的对接焊缝试件，挡板的高度用（D）表示。

A. T　　　　B. t　　　　C. D　　　　D. h

309. 在焊工项目代号中，管件直径用（C）表示。

A. T　　　　B. t　　　　C. D　　　　D. h

310. 对于有挡板的对接焊接，其适用范围为：（B）。

A. 焊接试板厚度

B. 两倍焊缝金属厚度加挡板高度

C. 焊接试板厚度加挡板高度

D. 两倍焊接试板厚度加挡板高度

311. 在焊工项目代号中，焊缝金属厚度用（B）表示。

A. T　　　　B. t　　　　C. D　　　　D. h

312. 在焊工项目代号中，堆焊试件材料厚度用（A）表示。

A. T　　　　B. t　　　　C. D　　　　D. h

313. 在焊工资质管理中的焊接位置代号 PA 代表（A）。

A. 平焊　　　B. 横焊　　　C. 仰焊　　　D. 横角焊

314. 在焊工资质管理中的焊接位置代号 PC 代表（B）。

A. 平焊　　　　B. 横焊　　　　C. 仰焊　　　　D. 横角焊

315. 在焊工资质管理中的焊接位置代号ＰＥ代表（C）。

A. 平焊　　　　B. 横焊　　　　C. 仰焊　　　　D. 横角焊

316. 在焊工资质管理中的焊接位置代号ＰＦ代表（C）。

A. 平焊　　　　B. 仰焊　　　　C. 立向上　　　D. 立向下

317. 在焊工资质管理中的焊接位置代号ＰＧ代表（D）。

A. 平焊　　　　B. 仰焊　　　　C. 立向上　　　D. 立向下

318. 焊工项目代号中的 ss 代表（A）。

A. 单面焊　　　B. 双面焊　　　C. 不带衬垫　　D. 带衬垫

319. 焊工项目代号中的 mb 代表（D）。

A. 单面焊　　　B. 双面焊　　　C. 不带衬垫　　D. 带衬垫

320. 焊工项目代号中的 nb 代表（C）。

A. 单面焊　　　B. 双面焊　　　C. 不带衬垫　　D. 带衬垫

321. 焊工项目代号中的 bs 代表（B）。

A. 单面焊　　　B. 双面焊　　　C. 不带衬垫　　D. 带衬垫

322. 焊工项目代号中的 sl 代表（C）。

A. 单面焊　　　B. 双面焊　　　C. 单层　　　　D. 带衬垫

323. 焊工项目代号中的 ml 代表（A）。

A. 多层焊　　　B. 双面焊　　　C. 不带衬垫　　D. 带衬垫

324. 焊工项目代号中的 gd 代表（A）。

A. 管端　　　　B. 单层　　　　C. 多层　　　　D. 双面焊

325. 焊工项目代号焊接要素中的 03 代表（A）。

A. 无钨极惰性气体保护焊自动稳压系统

B. 有钨极惰性气体保护焊自动稳压系统

C. 无自动跟踪系统

D. 有自动跟踪系统

326. 在焊工资质管理中，母材分成（B）类。

A. 7　　　　　B. 9　　　　　C. 11　　　　　D. 13

327. 在焊工资质管理中，对焊条的分类使用（A）

A. 国标   B. ASME

C. RCC-M   D. 俄国标准

328. X 类专项考试的项目代号第一个字母为（A）。

A. H   B. S   C. Y   D. X

329. Y 类专项考试的项目代号第一个字母为（C）。

A. H   B. S   C. Y   D. Z

330. 专用焊工项目考试的项目代号第一个字母为（B）。

A. H   B. S   C. Y   D. Z

331. 如果同为 Y 类专项考试和专用焊工项目考试，焊工项目考试的项目代号第一个字母为（B）。

A. H   B. S   C. Y   D. Z

332. 为了进行外观检验，参考焊工在完成焊接后应（A）。

A. 保持焊后原始状态   B. 将焊缝打磨干净

C. 将表面缺陷修补好   D. 将考试试件妥善保存

333. 焊工项目考试中，不使用的破坏性试验方法是（B）。

A. 弯曲试验   B. 冲击试验

C. 金相检验   D. 断口检查

334. 《焊工项目考试质量保证补充要求》是（C）。

A. 对《核电厂质量保证安全规定》（HAF003）的修订

B. 对《民用核安全设备焊工焊接操作工资格管理规定》（HAF603）的补充

C. 对焊工项目考试质量保证工作提出一些具体做法和要求

D. 焊工项目考试中焊工操作的技术依据

335. 焊工项目考试中焊工操作的技术依据是（A）。

A. 考试用焊接工艺规程

B. 焊接工艺评定

C. HAF603

D. 《焊工项目考试质量保证补充要求》

336. 考核中心申请单位只能是（A）。

A. 核安全机械设备制造安装许可证的持证单位

B. 核安全设备活动许可证的持证单位

C. 法人单位

D. 核安全机械设备制造单位

337. 在焊工项目考试中，在保证焊工项目考试质量的前提下，考核中心申请单位对聘用单位提出的相关要求（A）。

A. 应满足   B. 可不满足

C. 视情况而定   D. 请示国家核安全局

338. 焊工项目考试质量保证目标有（B）个方面的内容。

A. 2   B. 3   C. 4   D. 5

339. 以下不是焊工项目考试质量目标是：（C）。

A. 满足焊工项目考试满足国家核安全局的管理要求

B. 满足考核中心申请单位核安全设备质量保证体系的相关规定

C. 进行焊接工艺评定

D. 满足参考焊工所在聘用单位的其他需求

340. 属于焊工考试重要工作的是（B）。

A. 对质量有影响的人员的培训

B. 编制《质量计划》

C. 对焊工项目考试质量保证体系的定期评价和调整

D. 环境条件控制

341. 焊工考核中心主任应是（A）。

A. 申请单位法人代表   B. 焊工管理部门领导人

C. 焊工培训部门领导人   D. 焊工考核中心的领导人

342. 在焊工资质管理中气焊的代号为（A）。

A. HQ   B. HWZ   C. HWS   D. HD

343. 在焊工资质管理中焊条电弧焊的代号为（B）。

A. HQ   B. HD   C. HWZ   D. HWS

344. 焊条电弧焊选择电源种类和极性主要依据（A）。

A. 焊条类型 B. 焊接电流

C. 焊接电压 D. 焊接速度

345. 对于焊条电弧焊多层多道焊接，打底焊道电流应（A）。

A. 较小 B. 较大

C. 相同 D. 根据情况定

346. 对于焊条电弧焊多层焊接，盖面层焊道电流应（A）。

A. 较小 B. 较大

C. 相同 D. 根据情况定

347. 对于焊条电弧焊，在焊接中断重新引弧时，应在（A）位置上引弧。

A. 停弧点后 10～20 mm B. 停弧点后 30～50 mm

C. 在停弧点 D. 在停弧点后

348. TIG 焊是指（C）。

A. 气焊 B. 焊条电弧焊

C. 钨极氩弧焊 D. 电子束焊

349. 在焊工资质管理中自动钨极氩弧焊代号是（C）。

A. HQ B. HD C. HWZ D. HWS